教育理论与实践研究前沿

高等教育

创立新美国大学

亚利桑那州立大学组织变革研究

桂 敏／著

全国教育科学『十三五』规划 2018 年度教育部重点课题『美国公立研究型大学与区域经济互动机制研究』（DDA180300）研究成果

北京教育科学研究院学术著作出版资助项目

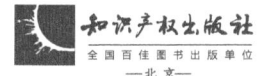

知识产权出版社
全国百佳图书出版单位
—北京—

图书在版编目（CIP）数据

创立新美国大学：亚利桑那州立大学组织变革研究 / 桂敏著 . —北京：知识产权出版社，2022.4
ISBN 978-7-5130-8080-4

Ⅰ．①创… Ⅱ．①桂… Ⅲ．①高等学校—组织管理学—研究—美国 Ⅳ．① G649.712

中国版本图书馆 CIP 数据核字（2022）第 036590 号

责任编辑：王颖超　　　　　　　　　　责任校对：潘凤越
封面设计：杨杨工作室・张冀　　　　　责任印制：孙婷婷

创立新美国大学：亚利桑那州立大学组织变革研究

桂　敏　著

出版发行：	知识产权出版社有限责任公司	网　　址：	http://www.ipph.cn
社　　址：	北京市海淀区气象路 50 号院	邮　　编：	100081
责编电话：	010-82000860 转 8655	责编邮箱：	wangyingchao@cnipr.com
发行电话：	010-82000860 转 8101/8102	发行传真：	010-82000893/82005070/82000270
印　　刷：	北京建宏印刷有限公司	经　　销：	新华书店、各大网上书店及相关专业书店
开　　本：	880mm×1230mm　1/32	印　　张：	9.625
版　　次：	2022 年 4 月第 1 版	印　　次：	2022 年 4 月第 1 次印刷
字　　数：	208 千字	定　　价：	59.00 元
ISBN 978-7-5130-8080-4			

出版权专有　侵权必究
如有印装质量问题，本社负责调换。

序

党的十九届五中全会提出，到 2035 年，我国要"关键核心技术实现重大突破，进入创新型国家前列"，同时要"坚持创新在我国现代化建设全局中的核心地位……深入实施科教兴国战略、人才强国战略、创新驱动发展战略，完善国家创新体系，加快建设科技强国"。建设创业型大学因而成为落实建设科技强国、实现创新发展新格局的关键举措。

创业型大学是研究型大学发展的新模式和新形态，能够利用知识生产进行科技创新，加速科研成果的转换，为产业发展和经济提升而服务。美国著名学者伯顿·克拉克（Burton R. Clark）甚至认为"创业型大学是 21 世纪大学组织上转型和大学进取与变革的必然趋势"。美国的斯坦福大学和麻省理工学院都已成为创业型大学的典范学校，通过与政府、产业界建立新型合作关系，在科技创新和增强区域经济实力方面起到了难以替代的作用。英国的沃里克大学、加拿大的滑铁卢大学以及荷兰的特文特大学等非传统著名大学，也成功转型为知名创业型大学，加强与政府、区域企业合作，迅速壮大并获取更多资源。

自创业型大学的概念甫一引入，我国学界及政府便对此展示出了极大的热情，相关研究可谓汗牛充栋。尤其是结合创新创业的"双创"背景，创业型大学的中国实践纷纷指向解决中国高等教育面临的突出问题，如人才培养方向，高校知识生产模式转型，高校与政府、企业界关系等。一批地方普通本科院校寄希望于转型为创业型大学而另辟蹊径，寻求学校的特色发展，积极探索创业型大学的中国道路。但创业型大学的本土化存在"水土不服"的现象，究其原因仍在于对创业型大学"表"的研究颇多，而涉及"里"的探索较少。

伯顿·克拉克归纳了创业型大学的五个典型特征，包括：强有力的领导核心；发展性外围的拓展单位；多元化的资助来源；激活的学术中心地带；整合性创业文化。因此一个成功的创业型大学必然要基于原有的大学环境，拥有一定的自主权力，具有创业愿景和变革精神，有意愿有魄力进行组织变革，并能够在相关政策框架的引导下同市场、其他机构进行创业协同合作。

桂敏博士的《创立新美国大学：亚利桑那州立大学组织变革研究》是对美国亚利桑那州立大学的组织变革之路的积极探索，回溯了一个美国地方综合性大学转型为创业型大学的发展历程。通过变革，亚利桑那州立大学迅速成为美国颇具创新力和吸引力的公立研究型大学。从人力资源储备、学术成果商业化转化、创新产品孵化等角度来看，亚利桑那州立大学的转型无疑是成功的，但在其过程中出现的文科专业遭受忽视、教师权利弱化、大学决策缺乏广泛参与等问题，也是高等教育转型所遭遇的普遍问题。桂敏博士的研究为解决这些问题提供了一种思路,并非所有的研究型大学都适合转型为创业型大学,也不是所有以回应现实需求为主的大学都是创业型大学。创业型大学是大学在后工业时代自我革新的一种新形式,是大学传统职能,如教学、研究、社会服务的功能叠加。知识经济时代,学科知识对经济和社会的强劲作用越来越受到政府和产业界的青睐,由此而来的学术资本化打破了中世纪以来学者治校的传统,学术力量让位于科层制管理,学科逻辑要主动适应市场要求,势必造成学者权力日渐式微、科研投入"重理轻文"的现象发生。创业型大学是研究型大学在面临剧烈的外部环境变化和财政危机时做出的有效变革选择,准确定位和认识大学现有地位,实施愿景指导型变革可以确保大学组织变革集合资源实现既定组织目标,有针对性地进行机构重组和管理转型。因此,更要注意平衡教职人员和行政人员的冲突,均衡应用学科和基础学科的资源配给。

高等教育发展过程中的问题皆属于改革中的阵痛,通过比较教育分析,对世界不同国家的已有实践和经验进行系统阐释,将是帮助我国实现高等教育体制改革,完善中国特色现代大学制度的有益探索。

北京师范大学教育学部
国际与比较教育学院
王英杰
2021 年 11 月 8 日

目 录

第一章　绪　论 ………………………………………… 1

　　第一节　研究背景 ……………………………………… 1
　　第二节　研究问题及意义 ……………………………… 9
　　第三节　文献综述 ……………………………………… 12
　　第四节　研究方法与理论基础 ………………………… 37

第二章　从研究型大学到创业型大学的发展进程 …… 55

　　第一节　大学组织变革的学理分析 …………………… 55
　　第二节　创业型大学的兴起 …………………………… 64
　　第三节　ASU 建设创业型大学的路径选择 ………… 88
　　本章小结 ………………………………………………… 98

第三章　顶层设计：ASU 领导模式与战略规划 …… 100

　　第一节　ASU 有效领导力的来源 …………………… 100
　　第二节　校长领导下 ASU 愿景与战略规划制定 …… 116
　　第三节　ASU 创业文化的创新实践 ………………… 135

本章小结 ·················· 151

第四章　中层转型：ASU 治理结构变革 ·········· 153

　　第一节　ASU 治理结构的基本模式 ·········· 153
　　第二节　ASU 治理行为的公司化趋向 ·········· 166
　　第三节　中层管理人员和教师的反应 ·········· 188
　　本章小结 ·················· 196

第五章　科系重构：ASU 学术组织再造 ·········· 199

　　第一节　大学跨学科组织的设定 ············ 199
　　第二节　ASU 学术组织再造的模式设计 ········ 205
　　第三节　ASU 学术机构重组中个体需求与期待 ···· 224
　　本章小结 ·················· 228

第六章　ASU 组织变革效能分析 ············ 230

　　第一节　ASU 组织变革初步成效 ············ 230
　　第二节　ASU 领导效能的权变分析 ·········· 240
　　第三节　ASU 管理效能的权变分析 ·········· 245
　　本章小结 ·················· 249

第七章　结　语 ···················· 251

　　第一节　ASU 组织变革特征分析 ············ 251
　　第二节　ASU 组织变革的深入思考 ·········· 258
　　第三节　本研究的不足与未来展望 ·········· 267

| 参考文献 | 273 |

| 附 录 | 288 |

    附录一 Consent Form ········· 288

    附录二 Interview Outline ········· 289

    附录三 The Vision of "A New American University" ········· 290

    附录四 Mission & Goals ········· 291

    附录五 Design Aspirations ········· 291

| 后 记 | 293 |

第一章 绪 论

第一节 研究背景

一、大学在经济社会中关键地位的确立

21世纪以来,世界各国的竞争主要表现为经济实力、科学技术知识和创新型人才的竞争,大学作为储备人才和生产新兴知识的场所,对国家实力和社会发展的巨大作用日益凸显。知识经济时代,市场需求变化对大学的组织形态和职能履行提出新的要求。"知识经济"时代开始于20世纪70年代,伴随着新科技革命的兴起和人类对新经济增长方式的追求而出现。知识经济的研究最早可以回溯至20世纪60年代早期,主要关注新型科学型产业及其在社会经济转型中的角色,这一类研究的核心概念是将理论知识集中当作创新的来源。这一研究的兴起体现了学者开始越来越多地认识到知识投入的非竞争性,强调知识在经济增长中的重要作用,以及对未来创新的巨大推动效用。20世纪90年代,对知识经济的讨论转向是否一些特定

的工业领域更适用于知识引导，这一时期研究集中分析哪些工业部门对产出率的增长贡献更大，但在当时宏观经济超常发展的背景下对工业部门产值的测量有所失准，新式工作与知识经济之间的联系也不甚明朗，研究主要集中于新旧模式之间的变化。到90年代中后期，研究开始关注学习的作用和公司内部的持续创新。一些组织显示出知识产量和转换方面的特长，研究者希望能找出为什么会成功以及这些成功是否可以复制。

"知识经济"一词于1983年由美国经济学家保罗·罗默（Paul M. Romer）提出。1996年，经济合作与发展组织（OECD）发表报告《以知识为基础的经济》提出"以知识为基础的经济"概念之后，才使"知识经济"一词世界皆知。所谓知识经济正是以知识作为推动经济发展的核心力量，体现为知识密集型活动所带来的产品及服务，有助于技术和科学迅速推陈出新。知识经济的关键在于对知识的倚赖要超过实际产出或自然资源，实验室的知识会直接转换为消费者的需求，对经济产生助推作用。[1]也就是说，知识经济是建立在知识的基础之上，以知识的生产、传播、应用和消费为核心的经济。知识成为提高生产率、实现经济增长的驱动器，信息、技术和教育在经济活动中成为决定性因素。[2]知识与土地、劳动力、资本共同成为财富的四大来源。掌握知识生产、传播和培训大批劳动力的大学也因此在经济社会中取得了关键地位。

---

[1] Walter W. Powell, Kaisa Snellman. The Knowledge Economy [J]. Annual Review of Sociology, 2004, 30 (1): 201.

[2] 程晓舫，袁新荣，刘景平. 知识经济时代大学的地位、责任与使命 [J]. 中国高教研究，2006 (11): 26.

大学在经济社会中的关键地位源自知识在知识经济时代的核心地位,实际也体现了经济发展的基础和生产要素结构的变化。工业化时代,大学游离于社会和经济发展之外,经济发展主要依赖于传统产业中物质资本和自然资源投入的产出率。而大学则安居象牙塔中教书育人,进行科学研究。此阶段大学的主要使命是传承并传播高深知识、研究知识、发现新知识。随着大学职能的不断拓展,大学也不再囿于教学和科学研究这两项职能,社会的发展要求大学利用其所拥有的知识和智力资源更加直接地为社会和经济服务,社会服务成为大学必须履行的责任之一。

知识经济时代是工业化时代的延续和发展,知识创造经济效益,知识拉动经济,知识取代了传统物质资本和自然资源投入生产过程中,传统产业的知识含量提升,促使资本和劳动密集型产业向知识密集型产业转型。王立成和牛勇平对长三角、珠三角和环渤海区三大经济区域的科技投入与经济增长进行研究发现,长三角地区 R&D 指数和科技投入比例最高,区域发展最快。❶

知识经济时代经济的持续发展和创新需要大学的协助,大学不仅为产业发展提供和创造知识,通过知识转换和技术转移将知识转变为生产力,同时也为产业界提供高素质的劳动力资源。大学是科技人才的聚集地,知识的拥有量对个人价值的体现及个人经济地位的提升也有巨大作用,国家之间的竞争也体

---

❶ 王立成,牛勇平. 科技投入与经济增长——基于我国沿海三大经济区域的实证分析[J]. 中国软科学,2010(8):172.

现为知识和创新能力的竞争。大学与国家利益、个人利益、社会利益息息相关，教学、科学研究和社会服务也一并成为大学的三大职能。有鉴于此，从大学自身发展逻辑加上外部环境对大学期待的变化出发，研究大学的转型则必然无法避开知识经济时代大学经济地位的转变这一宏观背景。

二、创业型大学是我国大学转型的新趋势

研究型大学转型为创业型大学是全世界高等教育发展的新趋向，相较于传统研究型大学，创业型大学充满强烈的创业意识和丰富的创新研究成果，伯顿·克拉克（Burton R. Clark）提出大学转型为创业型大学的五个基本要素：一是强有力的驾驭核心，二是拓宽的发展外围，三是多元化的资助基地，四是激活的学术心脏地带，五是整合的创业文化。❶ 首先，创业型大学拥有一批具有强烈的改变现状意识的领导者，主动调整大学的发展策略，寻求组织内部的创新变革以适应外部环境的剧烈变化。其次，创业型大学积极建立与产业界和政府的关系，拓宽资助来源渠道，从社会经济的现实问题出发，以实际问题为研究导向，实验室的成果更加直接地投入市场转化为经济效益，以此来拉动本地和全国的经济发展。突破传统学科组织设置，以问题为中心设立跨学科组织和研究机构，在全校贯彻和推广创业文化和创业精神，推崇应用科学技术的研究及发展，

---

❶ ［美］伯顿·克拉克.建立创业型大学：组织上转型的途径［M］.王承绪，译.北京：人民教育出版社，2007：4.

使创业文化和学术文化融为一体。创业型大学集中体现了知识经济时代大学从地区创新的边缘群体转向地区创新的主体的新形势。

创业型大学不仅在欧美国家出现，在我国也绝非罕见，这是大学为适应时代发展需求而做出的必然转变。《国家中长期教育改革和发展规划纲要（2010—2020年）》第七章"高等教育"中明确提出："充分发挥高校在国家创新体系中的重要作用，鼓励高校在知识创新、技术创新、国防科技创新和区域创新中作出贡献。大力开展自然科学、技术科学、哲学社会科学研究。坚持服务国家目标与鼓励自由探索相结合，加强基础研究；以重大实际问题为主攻方向，加强应用研究。促进高校、科研院所、企业科技教育资源共享，推动高校创新组织模式，培育跨学科、跨领域的科研与教学相结合的团队，促进科研与教学互动。加强高校重点科研创新基地与科技创新平台建设。完善以创新和质量为导向的科研评价机制。"2010年教育部颁发《关于大力推进高等学校创新创业教育和大学生自主创业工作的意见》，提出在高等学校中大力推进创新创业教育，教育部会同科技部，以国家大学科技园为主要依托，重点建设一批"高校学生科技创业实习基地"，并制定出台相关认定办法。省级教育行政部门要结合本地实际，通过多种形式建立省级大学生创业实习和孵化基地；同时要积极争取有关部门支持，推动本地区有关地市、高等学校、大学科技园建立大学生创业实习或孵化基地，并按其类别、规模和孵化效果，给予大力支持，充分发挥基地的辐射示范作用。2015年教育部工作要点中继续认真落实《教育部关于深化高等学校创新创业教育的实施意见》，继续推进高校学生创新创业训练计划，支持创业学生转入相关专业学习。面向自主创业学生实行"弹性学习年限制度"。建设一批大学生创业园、创业孵化基地和实习实践基地。

刘叶和邹晓东对我国三所主要研究型大学清华大学、浙江大学和华中科技大学的学术创业实践进行研究，探讨中国式创业型大学的演变路径。这三所大学都具有理工等高科技学科的优势，学校政策氛围也倾向于学术资本主义，都为应对知识资本化和学术资本主义的浪潮而做出了显著的创业变革。三所大学的变革集中在以下三个方面。第一，从办学指导思想和理念入手，华中科技大学确立了"育人为本，学、研、产三足鼎立，协调发展"的办学思想，清华大学明确了"一个根本、两个中心、三项职能"的办学理念，而浙江大学则提出"到2017年建校120周年时，把浙江大学办成具有世界先进水平的研究型、综合型、创新型的一流大学"。第二，这三所大学都具有雄厚的理工科技背景，这些学科领域的教师也主动调整思维，积极寻求与产业界的合作，从实践中发现问题，也通过解决问题而提供技术咨询，实现技术转换。第三，这三所大学在满足产业升级和战略性新型产业需求时重建了大学—产业—政府的协同关系，在国家政策的引导下兴建大学科技园。❶

---

❶ 刘叶，邹晓东. 探寻创业型大学的"中国特色与演变路径"——基于国内三所研究型大学学术创业实践的考察［J］.高等工程教育研究，2014（3）：44-46.

三、美国建设创业型大学的成熟经验

美国在经济、科学技术、艺术等领域长期处于世界领先水平,其卓越的高等教育系统对此功不可没。自20世纪70年代开始,美国联邦政府开始缩减高等教育的财政资助,拨款模式也从资助院校转为资助学生。美国公立大学不得不另辟蹊径,拓宽资金来源渠道,这其中包括主动进行创业活动,创建大学与产业界的新合作,通过科技创新及将其成果转化为市场产品来增加收益,可以说资金紧缩是促使大学进行组织变革的最主要动力。美国多所公立大学作出了组织变革的声明,如密苏里大学系统(University of Missouri System)、美国东北大学(Northeastern University)、印第安纳大学布卢明顿分校(Indiana University at Bloomington)、伊利诺伊大学香槟分校(University of Illinois at Urbana-Champaign)等大学先后在校内进行组织变革,以内部改革来应对经济压力走出困境。20世纪80年代后,公立高等教育的主导性观念已经从高等教育作为社会机构分支转为高等教育作为产业,这一理念转变对美国公立高等教育产生了重要且深远的影响。从高等教育作为产业的角度出发,公立大学被视作可以盈利的经济部门,大学被当作公司或一门生意。与之相对应,公立高等教育产出的需求逐步类比为公司效益和生产率,制造并销售产品或社会服务,训练熟练的技术劳动力,研究先进的科技知识,促进当地乃至国家的经济发展。

美国是研究型大学转型为创业型大学的先驱国家之一,斯坦福大学和麻省理工学院的成功实践为后来者提供了可资参考的案例。斯坦福大学的快速发展得益于"二战"和"冷战"时期与美国联邦政府的军工业的合作，虽然是一所私立大学，但为了提高大学学术声誉，解决财政危机，斯坦福大学打破了私立大学独善其身的独立地位，参与联邦政府的合作项目，这种协同合作促进了斯坦福组织创新和结构变革。麻省理工学院（MIT）也是创业型大学的突出代表。美国波士顿银行1997年的调查报告《MIT：冲击创新》中分析，如果把MIT校友和教师创建的公司组成一个独立的国家，那么这个国家的经济实力将排在世界第24位。[1]MIT注重实用知识的教育和研究，强调科学、技术、工程学科的开发和发展，重视实效并为促进地区经济发展而服务。时至今日，美国主要研究型大学，无论是私立还是公立都已经涉足知识资本化活动，大学转型的进程会带来美国公立大学组织剧烈变革，合并、撤销或增加一定的学科，改变大学中权力和资源的分配模式，进而影响美国公立大学未来的发展走向以及大学职能的转变，美国学者对创业型大学模式、类型和运作机制的研究也保障了美国创业型大学的良好发展，选取美国作为本研究的对象国正是出于其在创业型大学建设和实践中累积的成熟经验，希望能够对我国创业型大学建设这一方兴未艾的事业有所启示。

本研究中，笔者选取亚利桑那州立大学（Arizona State University，ASU）为对象学校。自2002年迈克尔·克洛（Michael

---

[1] 易高峰，赵文华. 创业型大学——研究型大学模式的变革与创新［J］. 复旦教育论坛，2009（1）：55.

Crow）校长上台伊始，亚利桑那州立大学调整了学校发展规划，重塑学术组织结构，转变管理模式，推广创业创新的新学术文化，借此打造一所兼具"优异、平等、社会服务"的新美国大学，以缓解 ASU 面临的财政压力，提升大学竞争力，履行公立大学所肩负的服务地区发展的使命。笔者借助前往 ASU 访学一年的机会，系统考察了 ASU 转型过程中组织变革的执行机制及其成效和影响。毫无疑问，研究型大学转型为创业型大学已经对美国高等教育产生了深刻且持久的影响。

第二节 研究问题及意义

一、研究问题

本研究的主要研究问题为：亚利桑那州立大学在转型为创业型大学过程中组织变革的起因、实施过程和主要影响。

为了充分解答这些问题，本研究还将详细探讨如下几个方面的问题。

第一，为什么亚利桑那州立大学要进行组织变革？为什么会选择转型为创业型大学，转型中组织机制和运行模式的形成是基于什么原因？

第二，亚利桑那州立大学在转型中呈现出怎样的组织机制？校内各利益群体的关系、学术组织结构、治理模式是如何重新建构的，发生了怎样的变化？新型组织机制是否与大学传统学术生态环境有所冲突？

第三，组织变革对亚利桑那州立大学有没有产生影响？影响又体现在哪些方面？这些影响是积极的还是消极的？从转型的结果中我们可以得出什么结论，汲取哪些有效的经验？

二、研究意义

首先，探讨研究大学转型可以加深对高等教育的基本问题和现代大学制度的认识。时至今日，大学早已不再局限于象牙塔内与世隔绝，而是处于知识经济社会的中心地位，成为国家经济发展和社会进步的助推器，大学组织变革并不仅仅是大学内部组织和机构发生变化，而是在外部政治、经济和社会需求共同作用下作出的必然变化。从微观的角度分析大学作为学术组织在应对外部压力和要求而作出的一系列变革，从大学转型的原因、过程和结果等方面分析这种变化，预测大学未来的发展走向，丰富高等教育的基本知识，辨析现代大学的基本制度。同时也希望借助分析美国亚利桑那州立大学学术重组进程的有益经验，为我国政策制定者和大学领导者建设创业型大学提供一定的有效借鉴。创业型大学的建设和培育是亟待大学管理者重视的重要问题和挑战，美国公立大学在此问题上已有成熟且宝贵的经验，考察其组织外围拓展、大学—企业—政府三螺旋关系、强有力的管理核心、多元化的资金来源以及创业精神和创业理念的宣传，讨论这些问题对我国高等教育的发展也具有很强的实践意义，可以在别国经验的基础上结合中国的实际情况，建设出本土化的创业型大学。

其次，本研究属于比较高等教育领域，即需要运用教育学的基本知识分析大学的发展轨迹，也需要综合运用其他多种社会科学，特别是管理学的理论知识来分析大学作为学术组织的运行规则、大学与外部的关系和大学管理模式转变等问题，从权变理论的角度研究大学组织变革，是基于大学作为开放组织这一逻辑事实而做出的合理研究。权变理论的基本观点认为组织是一个开放系统，其基本设想是组织与其环境之间以及在各分系统之间都应达到一定的一致性。因此，权变管理的主要任务是寻求组织与环境，以及组织内部各分系统之间的最大一致性，这种和谐状态会提高组织效能、效率和组织成员的满足感。组织变革要发挥作用则必然需要在变革各要素之间寻求最平衡的一致状态，管理要素、资源要素及环境要素之间需要达成稳定的相互作用关系，这也正是本研究希望找出的答案所在。利用权变理论对大学组织变革进行分析和研究，不仅是本书写作的基础，也是为了丰富比较教育学研究方法而进行的有益尝试。

第三节　文献综述

一、国外研究现状

1. 大学组织及组织变革研究

W. 理查德·斯科特（W. Richard Scott）和杰拉尔德·F. 戴维斯（Gerald F.Davis）合著的《组织理论：理性、自然与开放系统的视角》一书是组织研究领域的经典读本。该书对理性系统组织、自然系统组织和开放系统组织的系统层次、主要学派、主要观点和重点都作了总结。大学组织属于开放系统组织。但开放系统中也存在要素和要素之间联系相当松散的情况，这属于松散耦联系统的组织，松散耦联结构的另一个应用就是组织的正式行政结构往往与组织的生产系统相脱节。开放系统观点认为环境条件与环境中系统的特点之间都存在密切联系，也就是说系统的多样性不可能超过其所在环境的复杂性。除了自我调节系统组织和松散耦联系统组织，还包括作为层级系统的组织，将层级和松散耦联两个概念相结合就可以得到复杂系统的一个重要属性，即部件内部的联系和相互依赖程度要

高于部件之间的联系和相互依赖程度。❶

组织理论应用于高等教育同样受到了研究者的关注。面对日益高涨的对美国高等教育的指责之声，很多研究者纷纷希望找出能够适合高等教育改革、革新或采用的成功道路。金姆·S.卡梅隆（Kim S. Cameron）在《组织适应和高等教育》一文中力图评论所谓的组织适应并指出未来高等院校需要的组织适应的类型。卡梅隆认为组织适应就是指为适应急剧变化的外部环境，在组织内部或是对组织的某部分进行修正和改变。文章对组织适应的路径进行了研究，认为基于外部环境角色的重要性和影响组织生存的管理，至少有四类组织适应模式，包括群体生态学路径（Population Ecology Approach）、生命周期路径（Life Cycles Approach）、策略选择路径（Strategic Choice Approach）、象征行为路径（Symbolic Action Approach）。基于这些分析，文章最后讨论了一些可以帮助高校保持效率的适应策略和机构特征。在后工业时代，当高校遭遇从未遇见的外部环境时，需要同时保持稳定性（如维持明确的身份、对环境的一般阐释）以及灵活性（如较高程度的实验性、试误学习、迂回想法、随机性和即兴创作）。❷

对大学组织的研究不仅包括组织本身的研究，也包括大学作为知识组织或对大学结构的研究。美国学者罗伯特·伯恩鲍

---

❶ [美] W.理查德·斯科特，杰拉尔德·F.戴维斯.组织理论：理性、自然与开放系统的视角 [M].高俊山，译.北京：中国人民大学出版社，2015：100-120.

❷ Kim S. Cameron. Organizational Adaptation and Higher Education [J].The Journal of Higher Education, 1984, 55（2）: 140–141.

姆（Robert Birnbaum）在《大学运行模式：大学组织与领导的控制系统》中突破以往写作大学管理与控制的窠臼，将对大学运行的研究建立在组织理论的基础之上，讨论大学组织与控制的不同模式，书中对大学的各要素进行介绍，并介绍了四种主要的组织模式，分别为学会组织模式、官僚组织模式、政党组织模式、无政府组织模式。每种模式都提出一所模拟大学用来帮助分析，最后作者综合四种模式提出了控制组织模式，在该模式中组织成员通过自身行为准则指导其自身行为。伯恩鲍姆对组织理论中政党模式的优缺点进行了分析。他认为政党组织模式一个主要的特点就是：即使缺乏明确的目标，它们也能使决策得以出台，可以简化相互影响的过程，还能简化预算过程。政党组织模式的另一个优点在于其低效率有助于保持学校的稳定。人们从不同的渠道获得不同的信息资料，并根据自己的认识做出不同的解释。没有一个人知道学校发生了什么事情，人们的活动往往就像互相具有抵消作用的、无目的的运动。不过正是这些活动使学校组织得以保持稳定。政党组织模式的缺点在于有些团体会将信息看作权力的一个来源，并试图通过信息来达到自己的目的，这样就可能会削弱组织的其他功能。❶

W.沃纳·伯克（W.Warner Burke）和乔治·H.利特温（George H. Litwin）合著的《组织绩效和变革的因果模型》一文提供了组织变革模型，综合分析影响组织变革效能的各项因素并以此

---

❶ ［美］罗伯特·伯恩鲍姆.大学运行模式：大学组织与领导的控制系统［M］.别敦荣，译.青岛：中国海洋大学出版社，2003.

搭建模型。❶ 伯克又专门撰写《组织变革：理论和实践》一书对组织变革的内涵、组织变革的历史及理论基础进行了详细阐述。该书最详细的部分在于更加综合地叙述和分析了伯克－利特温组织变革模型的内容、过程和组织战略，同时也介绍了其他一些组织变革模型，并从应用的角度实际考察因果模型在企业中进行变革的实效。❷

有文章将大学中的组织变革看作范式的转变。假设：

（1）组织是由它们的范式所定义的，即组织中的成员分享着对现实的流行观点。在特殊的主导范式之下，组织的结构、战略、文化、领导力和个人角色成就都由这种流行的世界观所定义。（2）在社会建构的现实中，组织的彻底改变可能会由不间断的变化来解释。为检验假设，文章对美国明尼苏达大学（University of Minnesota）的教职员工进行了开放式访谈，研究最后证明了明尼苏达大学也正是处于旧范式和新范式相啮合的状态，新的范式正在逐渐地清除旧的范式。基于调查数据，研究表明，在社会结构中，革命性的改变并不是快速发生，通常如在科学范式中一样，新范式吸收旧范式，而不是完全地排斥它们。❸

作为研究高深学问的场所，研究大学组织中的学术结构也

---

❶ W. Warner Burke, George H. Litwin. A Causal Model of Organizational Performance and Change[J]. Journal of Management, 1992（18）: 523.

❷ ［美］W. 沃纳·伯克. 组织变革：理论和实践[M]. 北京：中国劳动社会保障出版社，2005.

❸ Hasan Simsek, Karen Seashore Louis. Organizational Change as Paradigm Shift: Analysis of the Change Process in a Large, Public University[J]. The Journal of Higher Education, 1994，65（6）.

同样重要。对组织环境与知识之间相互依赖关系的深入分析有助于高等教育研究。通过对圣何塞州立大学（San Jose State University）的案例研究，收集该校 1952—1997 年的课程资料，从十种课程中获取信息。研究强调，在保持学术结构时，大学及学院在社会中扮演着主要的智力作用。高校决定获得并维持的知识类别资源，决定值得探究的知识类别内容，本质上它们为整个社会提供知识列表。最后文章总结认为学术结构的多维本质为高校提供了必要的脚手架，帮助大学像复杂的社会机构一样去运作。多维本质是促成教学活动、协调、组织学术工作的活动、使身份职业化和专业化，以及使知识合法化的背景。❶

　　学术组织的变革关系整个高校范围内决策变更、教职人员和行政人员的行为变更、教学或研究变更、课程变更等。学术重组涉及的变化内容更加细节，是为应对外部政治经济的压力而做出的对知识变更的回应，例如重新审视已有的学术项目、合并一些项目、增设新的项目。美国斯坦福大学教授帕翠莎·甘波特（Patricia J. Gumport）对学术重组进行过详细的研究和分析，她的文章《学术重组：组织变革和制度性强制力》《重组学术环境》都对学术重组现象进行了探讨。在《学术重组：组织变革和制度性强制力》一文中，甘波特介绍公立大学作为社会公共事业向大学作为产业这个概念的转变，并认为有三种机制加速了高等教育成为产业的进程，分别是学

---

❶ Patricia J. Gumport, Stuart K. Snydman. The Formal Organization of Knowledge: An Analysis of Academic Structure [J]. The Journal of Higher Education, 2002, 73 (3): 375–408.

术管理（Academic Management）、学术消费主义（Academic Consumerism）和学术分层（Academic Stratification），这些改变对大学的未来发展提出了很大的挑战，也将引起学术发生重组。由此甘波特提出几个问题，如公立学院及大学应该主要服务经济需要并因此将学生和大学雇员视作顾客吗？公立大学能够继续同时保持知识传递、生产和创造吗？谁将评判特殊科目的学术价值，是教师、学生、州立法者还是雇主？❶ 这些都是值得进一步思考和研究的话题。在另一篇文章《重组学术环境》中，甘波特提出学术重组的路径，第一种是再设计（re-engineering），采用商业策略中试图重新设计核心工作进程的理念，高等教育中采用这个方式是为了超越"削减和联合"，获得"更多意义和更加精简"，以最小的成本获取最大的收益；第二种是私有化（privatization），是指将校园中的一些服务外包给私人承包商，甚至包括学校的一些课程；第三种是重新配置（reconfiguring），为重塑组织结构，以便于实施重组，现代大学组织的管理受公司策略的启发，将大学视作多产品组织，采用来自企业的组织和管理，组织去集中化，减小行政系统，适应变化中的环境和策略，提高大学的竞争力和效率。❷

学术重组和大学组织变革是两个相互关联的概念，对这

---

❶ Patricia J. Gumport. Academic Restructuring: Organizational Change and Institutional Imperative [J]. Higher Education, 2000 (39): 67–91.
❷ Patricia J. Gumport, Brian Pusser. Restructuring the Academic Environment [M] // M. Peterson, D. Dill, L. Mets. Planning and Management for a Changing Environment: A Handbook on Redesigning Postsecondary Institutions. San Francisco: Jossey-Bass, 1997.

两个概念都有相关研究。特伦斯·J.麦克塔格特（Terrence J. MacTaggart）和辛西娅·L.克里斯特（Cynthia L. Crist）的《重组高等教育：在重组治理时什么有效和什么无效》一书以高等教育的重组为题讨论大学治理的变革。作者以阿拉斯加州、马里兰州、马萨诸塞州、明尼苏达州和北达科他州一些大学重组为例，试图将这些分散的案例联系起来成为概念性总体，帮助政策实践者测试什么样的工作可以被视作重组的结果。书中对重组（restructuring）的定义为"监督公立高等教育，有的时候是私立高等教育被引导、资助和管理的方式的权威转向"。该书的前两章是对高校治理结构为什么没有提高学生的表现、学业质量以及教育进程的介绍。最后一章给执行重组命令的政策制定者和行政人员提出了建议，例如要有明确的重组目标，在校园决策中放权。书中还提到有一种新的结构出现在大学当中，这种重新设计的体系分散了校园中的治理，刺激提升高校效率。❶

2. 创业型大学研究

创业型大学（Entrepreneurial University）是知识经济时代出现的一种全新的大学实践形态。创业型大学研究的先驱主要包括美国纽约州立大学科学政策研究所的亨利·埃兹科维茨（Henry Etzkowitz）、加州大学洛杉矶分校的伯顿·克拉克、佐治亚大学的希拉·斯劳特（Sheila Slaughter）和拉里·莱斯利

---

❶ Terrence J. MacTaggart, Cynthia L. Crist. Restructuring Higher Education: What Works and What Doesn't in Reorganizing Governing Systems [M]. San Francisco: Jossey-Bass Publishers, 1996.

（Larry L. Leslie）等学者。

亨利·埃兹科维茨和劳伊特·雷德斯多夫（Loet Leydesdorff）曾在《大学与全球知识经济》书中首次对创业型大学进行了定义："经常得到政府政策鼓励的大学及其组成人员对从知识中收获资金的兴趣日益增强，这种兴趣和愿望又加速模糊了学术机构与公司的界限，公司这种组织对知识的兴趣总是与经济应用和回报紧密相联的。"❶ 在《麻省理工学院与创业科学的兴起》❷一书中，亨利·埃兹科维茨对创业科学的兴起和创业型大学的出现进行了更加详细的描述。该书以麻省理工学院（MIT）的发展历史为切入视角，作者站在旁观者和分析者的角度，对MIT从一所赠地学院发展为世界著名理工大学的历史进程做了充分阐述。他断言MIT"在大学将教学和科研结合起来以及知识资本化的过程中，正在创造一种新型的大学模式——创业型大学"，这种模式"正在取代哈佛模式成为学院界的榜样"。埃兹科维茨认为MIT的办学理念融合了三种学院传统，一是欧洲应用研究的多科性技术学院，二是基础研究型大学，三是集研究、培训和服务于一体，并致力于农业创新的赠地学院的新型美国研究型大学。从19世纪晚期到20世纪早期，MIT咨询争议事件的解决奠定了美国教授的教师、研究者、企业家等多重角色，扩大了教授角色内涵，在此后几十年内传遍美国其他大学并成为榜样，此举为教授将工作范围拓展到校外，直接参与

---

❶ ［美］亨利·埃兹科维茨，［荷］劳伊特·雷德斯多夫. 大学与全球知识经济［M］. 夏道源，等译. 南昌：江西教育出版社，1999：227–228.

❷ Henry Etzkowitz. MIT and the Rise of Entrepreneurial Science（Routledge Studies in Global Competition）［M］. London: Routledge, 2007.

商业行为产生了不可估量的影响。"二战"期间 MIT 与美国联邦政府的合作不仅在 MIT 学术资源累积、研究机构的创设、提升大学声誉等方面有重要帮助,同时 MIT 与军方和政府之间的交往合作关系又拉近了传统政府——大学的关系,MIT 的学者将政府与大学的关系看作大学发展前景中合作伙伴关系,并超越了赠地模式(启动资金,然后继续支持某些与实际目的相关的研究机构),这种新关系模式也与研究生教育联系在一起。大学与企业的合作关系更解决了学术专利权的争议,学术资讯在新公司成立过程中延伸,为大学——企业——政府的新联盟关系打下了基础。MIT 模式被成功引入斯坦福大学,使斯坦福大学从没有坚实产业基础的起点到建立起极具产业潜力的高科技行业。埃兹科维茨深知自 20 世纪 70 年代开始美国经济衰退,创业型大学的筹资能力吸引了更多大学领导者的注意,创业型大学模式被推广至美国研究型大学体系中,恰逢《拜杜法案》出台,更是结合了"大学——企业——政府"的三螺旋结构关系,创业精神成为大学文化的一部分。

  三螺旋理论是埃兹科维茨研究创业型大学极其重要的学理基础。埃兹科维茨在三螺旋理论和创业型大学研究方面著述颇丰,包括《创业科学的基准:大学——企业新联系的认识作用》(*The Norms of Entrepreneurial Science: Cognitive Effects of the New University-industry Linkages*)、《大学的未来和未来的大学:从象牙塔到创业范式的进化》(*The Future of the University and the University of the Future: Evolution of Ivory Tower to Entrepreneurial Paradigm*)、《研究团体是"准公司":创业型大学的发明》(*Research Groups as"Quasi-*

firms": the Invention of the Entrepreneurial University)、《当知识联姻资本：学术企业的诞生》(When Knowledge Married Capital: the Birth of Academic Enterprise)等。

《大学与全球知识经济》一书中简要地论述了三螺旋发展的四个维度：第一个维度是每一条螺旋的内部转化，通过公司战略合作或大学承担经济发展任务而形成的横向联系的发展；第二个维度是一条螺旋对另一条螺旋的影响，如政府政策（拜杜法案）对大学科技转换活动的影响；第三个维度是从三条螺旋的相互作用产生了新累叠的三边网络关系；第四个维度是三边关系（大学—企业—政府）的递归影响，即作用于其中的螺旋也可以作用于更广阔的社会。❶《三螺旋》一书奠定了埃兹科维茨"三螺旋之父"的称号，全书分为三个部分，第一部分是介绍三螺旋，第二部分是三螺旋的支撑环境，第三部分是三螺旋的运行过程，并在最后对三螺旋的实践活动提出了建议。书中首先阐述了大学—企业—政府的三螺旋关系，三螺旋关系从双边相互作用走向三边相互作用，科学研究的社会地位和投入应用的方式也受到了影响，为了激励创新，在大学—企业—政府层面上推广合作研究中心、战略联盟、孵化器、科技园等混成组织，大学科研成果的商业价值受到学者、科研团队和政府的重视。❷

伯顿·克拉克的《建立创业型大学：组织上转型的途径》

---

❶ ［美］亨利·埃兹科维茨，［荷］劳伊特·雷德斯多夫. 大学与全球知识经济［M］. 夏道源，等译. 南昌：江西教育出版社，1999：229-230.

❷ ［美］亨利·埃兹科维茨. 三螺旋［M］. 周春彦，译. 北京：东方出版社，2005.

对英国的沃里克大学、芬兰的约恩苏大学、荷兰的特文特大学、位于苏格兰的斯特拉斯格莱德大学和瑞典恰尔墨斯大学进行了追踪研究，发现这5所不同国家、不同地区、不同教育文化背景的大学在发展过程中呈现出了一些共同特征。克拉克依此总结了大学在应对变化着的复杂社会需求时所共同做出的"创业型大学"模式转型，概括为大学变革的五种途径：强有力的领导核心、加强与外界联系、多元化的资金来源、强有力的学术核心、创业型的校园文化。❶

在《大学的持续变革：创业型大学新案例和新概念》中，伯顿·克拉克选择世界14所大学为新案例，进一步总结了美国大学的创业精神特征：深思熟虑地构建大学的自力更生精神、深思熟虑构筑的科研强度、积极为大学的声誉竞争的根深蒂固的意愿。❷

希拉·斯劳特（Sheila Slallghter）和拉里·莱斯利（Larry L. Leslie）的著作《学术资本主义：政治、政策和创业型大学》也对创业型大学的含义进行概括，指出因为外部资金的竞争，大学呈现出市场化的行为，大学的管理中出现了市场化和数量化的指标，课程设置也更加倾向于满足企业需求，并寻求新的有效方式教授更多的学生，出售教育产品和服务。❸

---

❶ ［美］伯顿·克拉克.建立创业型大学：组织上转型的途径［M］.王承绪，译.北京：人民教育出版社，2007.
❷ ［美］伯顿·克拉克.大学的持续变革：创业型大学新案例和新概念［M］.王承绪，译.北京：人民教育出版社，2008.
❸ ［美］希拉·斯劳特，拉里·莱斯利.学术资本主义：政治、政策和创业型大学［M］.梁骁，黎丽，译.北京：北京大学出版社，2008.

3. 对学术资本化的研究

希拉·斯劳特和拉里·莱斯利的《学术资本主义：政治、政策和创业型大学》一书主要对公立大学改革做了详细勾勒，考察了1970—1995年，特别是20世纪八九十年代学术劳动的性质变化，用宏观政治经济学理论与国家高等教育政策来理解全球范围内高等教育、高等教育政策的变化，用资源依赖理论与有关国家高等教育财政数据来分析国家一级的中学后教育（Postseondary Education）变化的程度，用专业化过程理论与院校个案研究大学中科研人员和行政管理人员参与创业的活动，用知识社会与参与技术转让的教学科研人员的个案来分析教学科研人员在不断变化的世界中创造新的知识和知识生产模式。斯劳特和斯莱利称大学中为获得外部资金而进行的具有市场活动或市场特点的活动为"学术资本主义"。学术资本主义反映了知识的经济价值正在改变学术活动的重心。学术资本主义更容易发生在靠近市场的系和研究机构中，可以获得更多资金使这些贴近市场的专业和项目在大学中获取了更多的权利和资源，而院系领导也更愿意采取学术资本主义策略，激励研究人员参与市场活动的开发。所以斯莱特和莱斯利认为学术的重心已经从文理学科核心转向创业边缘。❶

斯劳特和盖瑞·罗兹（Gary Rhoades）合著的《学术资本主义和新经济：市场、政府和高等教育》一书更加关注公立和

---

❶ ［美］希拉·斯劳特，拉里·莱斯利. 学术资本主义：政治、政策和创业型大学［M］. 梁骁，黎丽，译. 北京：北京大学出版社，2008.

非营利性大学，本书中的调查方法和结论更加严谨。其中有很大篇幅在讲述专利和技术转换问题，第五章和第六章更用来探讨专利权所产生的问题，以及专利权对教学、教育材料和课程所产生的影响。第七章致力于讨论大学中在线课程的市场价值以及专业学位的授予。第八章从管理层和董事会的层面探讨市场行为，并关注与新经济相关的网络合作和联系。最后两章讨论了为市场需求而准备的学生，也就是大学为劳动力市场提供合格的劳动力，同时也针对市场而录取符合该类需求的学生。❶另有学者专门论述了大学中公司化文化的出现，在《公司化文化中的大学》一书中，艾瑞克·古尔德（Eric Gould）对资本市场化对高等教育文化所产生的影响作了研究，这种文化的转变对知识产出和自由教育产生作用。古尔德从经济和政治双方面对民主教育观念和知识发展的市场影响力做了调查，该书共有七章，引导读者从大学使命到现有教育发展中文化和历史因素进行分析，最后总结了知识和权力的关系。古尔德支持为了社会利益最大化的民主教育，要承认文化批评和争议的推动作用。❷

大学作为知识生产和科技研发的前沿阵地，其研发能力带来了丰厚的市场利益和资金数量的增长。随之而来的是大学教职人员与外部企业接触而产生的利益冲突。这也成为时下美国

---

❶ Sheila Slaughter, Gary Rhoades. Academic Capitalism and the New Economy: Market, State and Higher Education [M]. Baltimore: John Hopkins University Press, 1997.

❷ Eric Gould. The University in a Corporate Culture [M]. New Haven: Yale University Press, 2003.

研究型大学所面临的亟待解决的重要问题之一。例如美国哈佛大学于 2010 年出台，并于 2012 年重新修订的《哈佛大学教师及教职人员个人经济利益冲突政策》，该政策以维护哈佛大学百年声誉为出发点，重申大学使命的重要性，严格划分个人经济利益冲突的范畴，界定了经济利益冲突（Financial Conflicts of Interest）的定义，经济利益冲突可被理解为首要和次要利益冲突，指"制造出危机的一组环境，这组环境有关首要利益将会不恰当地受到次要利益影响的专业评价或行为"。同时，为阻止市场行为对大学传统的侵蚀，仅靠一再重申大学使命并不能解决根本问题，因此在该政策中对哈佛大学内部的院系所、教师个人或教师亲属所涉及的市场行为都有详细的规定，严格区分有关经济利益冲突的适用范围。教职人员与大学的利益纠纷可能会涉及信息的公开、人员的使用、研究成果的公开、研究活动的资助以及资助的企业对研究工作的干涉程度等，对此，该政策中都有一定的对策。不仅需要遵守校内的规范，哈佛大学还要求教职人员需要遵从联邦和州的相关政策法规。❶

学术资本化带来大学中管理模式的变化，"公司化大学"和"大学中的公司"等新概念出现在美国学者的研究中。盖伊·塔奇曼（Gaye Tuchman）的《渴望成功的大学：进入公司化大学内部》一书，将"追逐名利的大学"指代希望遵从精英研究型大学发展模式的中等地位的大学。为了达到成功，"追逐名

---

❶ Harvard University. Harvard University Policy on Individual Financial Conflicts Interest for Persons Holding Faculty and Teaching Appointments［R］. 2012–05–26.

利的大学"采用商业管理模式,并竭力鼓励本校教授参与校外可营利的市场行为,大学行政管理人员对待教授的做法从旁观者的管理文化转变为利益诱惑型管理文化。每一个有野心的管理人员都希望能够获得更多的收益来提升自己的工作绩效,也因此教师问责和绩效的管理方式普遍出现。塔奇曼对此提出了大学已经快速转变为关注"绩效体制"的管理文化,大学管理人员的身份从旁观者和协助者转变为管理者和推动人。❶

学术重组也对组织中的劳动力造成了很大的威胁。蕾切尔·汉瑞克森(Rachel Hendrickson)、克里斯汀·梅特兰(Christine Maitland)和盖瑞·洛德斯(Gary Rhoades)的文章《协商学术重组》中讨论了重组中劳动力问题,这关系到大学的治理。重组会影响学术项目和学术部门,技术发展会影响劳动力的组成。重组首先涉及的是全体变革,必然会来带单位的删减或升级,这些都是劳动力配置所带来的结果,重组中形成的技术发展还会改变工作的性质和劳动力的组成。因为组织中的冲突是无法避免的,所以组织中的管理人员有一个基本任务便是解决冲突,如果两个个体或部门无法达成一致,高层的权威应根据计划和目标来明确责任并做出最终决策。大学的冲突包括多种形式,行政人员和学术人员之间的冲突便是其一。❷

苏珊·A. 霍尔顿(Susan A. Holton)和杰拉尔德·菲利普(Gerald Phillips)的文章《不能与他们共存,也不能没有他们:

---

❶ Gaye Tuchman. Wannabe U: Inside the Corporate University [M]. Chicago: University of Chicago Press, 2009.

❷ Rachel Hendrickson, Christine Maitland, Gary Rhoades. Negotiating Academic Restructuring [R]. The NEA 1996 Almanac of Higher Education, 1996.

冲突中的教职人员和行政人员》对行政人员和学术人员的关系进行了恰如其分的比喻，研究分析了教职人员和行政人员产生冲突的八种原因。（1）成为行政人员并不是对一位教授的提拔，这是一条新的职业路径。当下很多的行政人员，例如学术行政人员和校长大多是来自教职人员，这其中的假设好像是一个优秀的教授，他或她也会是个好领导。（2）教授和行政人员听从不同的权威。教职人员更认同其学科而不是整所大学，因为教职人员和行政人员有不同的权威，他们也因此有不同的角色期待。（3）政策总是与地方选择权有冲突。独立的终身教职的正教授也常常会与行政人员有矛盾。因为管理独立自主的教授就如同"牧猫"。（4）有一些持久的令人恼火的事情，比如个人冲突、妒忌、终身教职和升职决定、雇用决定、新课程的开始、课程安排、政策制定，甚至还有停车问题。（5）评判的标准从来都不清晰。教授并不真正知道他们的教学、服务和奖金是怎样被评判的。学生评价、同行评价和上级评价的角色从来都不清晰。教职人员通常会感觉自己并不需要被管理、被监管或是由其他的行政人员所干涉。（6）教授们都亟须投入。这意味着他们需要按自己的方式来研究。行政人员希望给人以投入的错觉，这意味着他们按自己的方式行动却表现的好像是民主决定一样。（7）很少会知道行政人员和教职人员两方权利有多少，一方可以影响另一方有多少。教授是潜在的破坏者或游击队，行政人员是妨碍。（8）所有的老板—职员关系都天生具有刺激性，尽管有反对的意见，但行政人员就是老板。教职人员表现得更像没有老板一样，很明显当任何行政人员希望在工

作中给教职人员施加权威都是非常困难的。❶

二、国内研究现状

高等教育的组织变革和学术重组的问题同样也存在于我国大学，越来越多的中国研究者开始关注大学创业型变革，并伴随着研究者对大学使命和大学发展走向的理性反思，研究型大学转型为创业型大学的研究已成为高等教育研究领域的新热点。总的来说，我国学者的研究主要集中在大学中组织变革的内涵辨析、创业型大学的内涵和模式、组织中权力、资源的配置等方面。

1. 美国创业型大学研究

在建设"双一流"高校，推进产学研协同发展的政策背景下，创业型大学所提供的大学新模式为高校发展提供了新思路。笔者通过 CNKI，以创业型大学为关键词，共搜出 1081 篇以此为关键词的学术期刊论文，另有博士论文 19 篇。而以美国创业型大学为关键词进行搜索，共有 364 条结果，其中有 6 篇博士论文。论文多从创业型大学的内涵、生态系统、组织特征、对我国的启示等多种角度进行探讨，但大部分论文缺乏实证性、理论构建和深度。

一些论文试图从理论构建的基础上探讨美国创业型大学的

---

❶ Susan A. Holton, Gerald Phillips. Can't Live with Them, Can't Live without Them: Faculty and Administrators in Conflict [J]. New Directions for Higher Education, 1995 (92): 43–50.

发生和发展。如罗伯特·罗兹等的《美国创业型研究型大学存在的问题及其对中国高等教育的启示》❶，张金波的《三螺旋理论视野中的科技创新——基于美国创业型大学的分析》❷，刘军仪的《建立创业型大学——来自美国研究型大学的回应》❸，刘林青、夏清华、周潞的《创业型大学的创业生态系统初探——以麻省理工学院为例》❹，刘叶、邹晓东的《探寻创业型大学的"中国特色与演变路径"——基于国内三所研究型大学学术创业实践的考察》❺，宣勇、张鹏的《论创业型大学的价值取向》❻等。

邹晓东和陈汉聪的《创业型大学：概念内涵、组织特性与实践路径》分析了创业型大学的概念以及创业型大学的两种类型。第一种是伯顿·克拉克所关注的旨在应对环境变化而实施变革的"革新式"大学，以英国的沃里克大学为典型；第二种类型是以亨利·埃兹科维茨所关注的以知识转移和学术创业为特征的"引领式"大学，以MIT为典型代表。论文还分析了创

---

❶ ［美］罗伯特·罗兹，常永才.美国创业型研究型大学存在的问题及其对中国高等教育的启示［J］.高等教育研究，2011（8）：16-25.
❷ 张金波.三螺旋理论视野中的科技创新——基于美国创业型大学的分析［J］.高等工程教育研究，2009（5）：89-94.
❸ 刘军仪.建立创业型大学——来自美国研究型大学的回应［J］.比较教育研究，2009（4）：42-46.
❹ 刘林青，夏清华，周潞.创业型大学的创业生态系统初探——以麻省理工学院为例［J］.高等教育研究，2009（3）：19-26.
❺ 刘叶，邹晓东.探寻创业型大学的"中国特色与演变路径"——基于国内三所研究型大学学术创业实践的考察［J］.高等工程教育研究，2014（3）：44-49.
❻ 宣勇，张鹏.论创业型大学的价值取向［J］.教育研究，2012（4）：43-49.

业型大学的组织特性、组织目标和组织构成要素等。❶ 陈霞玲和马陆亭的《创业型大学的兴起与内涵——大学组织技术变迁的视角》一文则是从知识生产方式变迁的角度来论述创业型大学，探讨从校级层面主观推动和组织的新型知识生产方式，认为这是创业型大学在组织技术上对传统大学的超越。❷

王雁在其博士学位论文的基础上出版《创业型大学：美国研究型大学模式变革的研究》一书，该书系统地介绍、解释了创业型大学发展过程中模式的变化，并在此基础上为我国创业型大学的发展提出了宝贵建议。该书关注的是创业型大学模式中的诸多宏大问题，以创业型大学中创业为主线进行研究，首先从两次学术革命与大学的转型开始探讨创业型大学的出现，继而分析创业型大学发展的四个阶段，即大学研究职能的分化、萌芽期（大学科技园的孕育期）、成长期（政府拨款不足带来的反应）、成熟期（知识经济时代的定位）。该书对创业型大学的组织、运行机制都进行了充分描述，并通过个案研究发现研究型大学成功转型的经验，并提出对我国同类实践的建议意见。❸

张炜的《学术组织再造：大学跨学科学术组织的成长机制》一书为创业型大学的组织构建提出了不同的思路。知识经

---

❶ 邹晓东，陈汉聪．创业型大学：概念内涵、组织特性与实践路径［J］．高等工程教育研究，2011（3）：54–59.
❷ 陈霞玲，马陆亭．创业型大学的兴起与内涵——大学组织技术变迁的视角［J］．大学教育科学，2012（5）：42–48.
❸ 王雁．创业型大学：美国研究型大学模式变革的研究［M］．上海：同济大学出版社，2011.

济时代大学经济地位显著提升,以应用知识和综合学科为本的大学走向了社会中心,跨学科组织应运而生。书中首先介绍了学科发展与大学学术组织产生发展的关系,再分析跨学科研究的发展规律对大学学术组织再造产生的影响,同时结合美国、德国、日本和中国的案例分析阐述跨学科研究所引发的大学学术组织变革,最后分析跨学科学术组织的模型设计和结构特征,以及自组织运行机制与实现条件,并为我国大学跨学科学术组织的发展提出对策建议。❶

2. 大学组织变革研究

大学组织变革是大学发展中不可逆的趋势,当下我国也有越来越多的研究者关注此问题,从或宏观或微观的角度讨论大学面临的组织变革问题。宣勇的《大学组织结构研究》一书以学科为基础建构大学的组织结构,对研究型大学、教学研究型大学和教学型大学进行了分类分层,分析大学组织创设的理念和原则,构建了学校—学院—学科二级机构三级管理的新大学组织结构形式。❷ 吴志功的《现代大学组织结构设计》一书对大学组织结构进行了充分描述,介绍了组织结构设计的基本概念、要素、要素关系、结构类型、因变量关系,并以美国加州大学、日本筑波大学进行比较,分析国外大学组织结构的特征。❸

任玉珊的《建设应用型本科大学——组织转型与创新》一

---

❶ 张炜. 学术组织再造:大学跨学科学术组织的成长机制[M]. 杭州:浙江大学出版社,2012.
❷ 宣勇. 大学组织结构研究[M]. 北京:高等教育出版社,2005.
❸ 吴志功. 现代大学组织结构设计[M]. 北京:北京师范大学出版社,1998.

书从组织转型的角度论述了应用型本科大学转型的实质、动因和途径。大学组织转型涉及诸多要素,也是大学组织转型的前提条件,如领导变革、资源调配、结构重组、流程再造和文化重塑等关键要素,所以在建设应用型本科大学的实践中领导、资源、结构、流程和文化五要素具有十分重要且特殊的含义。该书认为建设应用型大学的实质是实现大学的组织转型,即组织要素变革及转型要素相互作用,进而改进大学的功能状态。❶

周清明在《浅析现代大学制度的基层学术组织重构》一文中探讨现代大学制度建设的重心——基层学术组织。大学基层学术组织及其治理制度是现代大学制度的重要组成部分,也是大学进行教学、科研和社会服务等职能活动的基本单元,基层学术组织的重构对突破长期制约、影响大学发展的制度性障碍,从下往上推动大学组织渐进式的整体变革具有重要意义。基层学术组织重构要遵循以下原则:教学与科研兼顾,学科分化与学科综合相统一,学术权力与行政权力协调,资源配置责权对等。因此作者认为大学基层学术组织的改革与创新,要立足于现代大学制度建设的高度,遵循教育的自身发展规律和作为"学者共同体"的高等学校的办学规律,确立"学术本位"的价值理念,解除制约学术生产力提高的桎梏,营造有利于创造性人才生存、发展的环境,建立体现学术性、创新性、民主性的现代大学基层学术管理体制。组织结构的变革是一项基础

---

❶ 任玉珊. 建设应用型本科大学——组织转型与创新[M]. 北京:光明日报出版社,2012.

性的工程。❶

刘国瑜在《略论大学科研及其组织重构》一文中对科研组织的变革进行了讨论。文章回溯了我国大学科研组织的演变历史，最初我国大学学术组织的结构设计和运行机制主要是学习苏联的体制，采用校—系—教研室的模式。20世纪90年代后期，随着国家"211工程"和"985工程"的实施，一大批高校确立了高水平研究型大学的发展目标，通过积极推行基层学术组织的改革，组建了一批适应科技创新的新型科研组织，如重点实验室、工程研究中心、科技创新平台等，但这种模式在一定程度上限制了多学科交叉融合以及合作创新研究的发展，教师的科研活动也限于根据个人的科研兴趣开展的自由探索或在个人自由探索基础上形成小规模松散联合。所以作者提出必须对这种科研组织进行改革，在具体构建中，既可以对校内现有各类研究机构进行重新确认，也可以根据科技发展趋势、结合国家战略需求，从现实的研究条件如学术积累、研究水平、研究队伍及基础设施等出发进行整合。但无论采取哪种方式，独立研究机构都应能集综合性、交叉性、集成性、开放性、共享性、经济性于一体，应能吸引、培养和聚集一批最优秀的科技人才，应能为优秀科技创新团队的成长和不同学术背景的高水平学者之间的交流碰撞提供支撑。❷

有关组织变革的著作也有一些，如张慧洁的《中外大学组

---

❶ 周清明.浅析现代大学制度的基层学术组织重构［J］.高等教育研究，2009（4）：34-37.
❷ 刘国瑜.略论大学科研及其组织重构［J］.国家教育行政学院学报，2007（11）：57-59.

织变革》❶、李桂荣的《大学组织变革之经济理性：理论阐释与典型分析》❷等都从各个视角对大学组织变革进行了研究。虽然大学组织变革已成为趋势，但变革同样面临诸多的问题和困境，现代大学变革成为各种利益集团纠葛的中心，成为多元目标、多重价值复杂博弈的舞台。资源配置和权力分配是大学组织研究中的重点。有些研究者从管理学的角度探讨大学组织中的资源重组，张定方在《高校组织资源重组与再造：一个管理学的视角》一文中依据管理学中资源约束理论、流程重组与再造理论和质量管理理论为研究出发点，研究如何有效地合并重组高校资源。文章首先对高校资源进行分析，然后借鉴企业流程重组与再造理论，分析大学组织的本质特征，提出高校组织资源重组与再造的路径选择，当意识到组织的成本失控或组织努力的结果不好时，大型组织经常会进行整合，大学同样需要整合。整合的关键是运行的机制起决定作用。大学组织的整合机制，可以归纳为三种基本类型，即科层机制、文化机制和市场机制。重组的部门也主要包括学术部门、行政部门和后勤部门。❸

也有一些学者从高校预算管理来对高校组织运行模式进行分析。高等院校中财政预算是学校人、财、物和事等各种组织资源的基本配置格局，具体表现在资源如何在校级和二级部门

---

❶ 张慧洁.中外大学组织变革[M].上海：复旦大学出版社，2005.
❷ 李桂荣.大学组织变革之经济理性：理论阐释与典型分析[M].北京：中国社会科学出版社，2007.
❸ 张定方.高校组织资源重组与再造：一个管理学的视角[J].现代教育管理，2009（11）：32-34.

之间，以及部门与部门之间，甚至人与人之间进行分配，是高校管理的核心资源分配模式。刘亚荣和李文长在《高校组织运行模式的分析——基于高校预算管理案例》一文中通过案例解析，从当前高校预算管理的三种基本模式出发，分析不同预算模式下的组织，并对高校组织变革提出理论预期的路径和依据。文章主要基于理性逻辑，以效率为基本理论假设。高校作为一个开放系统，外部的信息影响高校发展战略的制定，外部环境的运行规则也直接影响内部的组织机制的选择。三种模式分别是集数＋发展预算控制模式、校级领导预算控制模式、公式拨款预算管理模式等成本核算基础上的一揽子拨款模式；公式＋绩效拨款预算管理模式；分项绩效控制的二级学院预算模式。❶

在治理理论视角之下，也有一些研究讨论我国大学内部权力及其整合。汤萱的博士学位论文《基于治理视角的中国公立高校权力整合机制研究》基于政治学、组织行为学、现代领导科学、公共治理、利益相关者等基本理论，从高校治理的角度出发，对高校内部管理体制中存在的政治权力、行政权力与学术权力及其相互关系进行了研究。论文对国内外大学内部治理结构进行国际比较，通过对国外大学治理典型的美国模式、欧洲模式、英国模式的比较分析，对国外大学学术权力与行政权力的发展趋势进行了研究。文章还阐述了中国高校内部权力资源配置的历史发展进程，并对高校内部权力资源配置的现状及

---

❶ 刘亚荣，李文长. 高校组织运行模式的分析——基于高校预算管理案例［J］. 国家教育行政学院学报，2013（1）：23-28.

高校内部学术人员参与学校管理的现状进行了分析。通过分析表明，中国公立高校必须构建"强强强"的权力结构模型，才能更为有效地发挥高等学校的政治权力、行政权力和学术权力，最终实现高校和谐发展。❶

通过以上的文献梳理可以发现，创业型大学组织变革研究存在以下特征：第一，国内虽然对创业型大学或研究型大学转型为创业型大学的做法分析较为充分，但研究较多关注创业型大学的概念、大学转型的实践意义和学术资本主义的批判等领域，研究方法单一，阐释也较为扁平化；第二，英文文献中对创业型大学的研究虽深入和详细，但也较多集中于较为成熟的创业型大学，具体到某一所大学，特别是公立研究型大学的资料较少。综上，本书通过以亚利桑那州立大学转型为创业型大学的个案研究，希望能够更加全面、系统、具体地对美国公立研究型大学转型为创业型大学的改革路径进行有的放矢的分析，更期望借此丰富高等教育理论和实践研究。

---

❶ 汤萱.基于治理视角的中国公立高校权力整合机制研究［D］.武汉：武汉理工大学，2007.

第四节　研究方法与理论基础

一、研究方法

1. 研究方法的选择

质性研究处理的对象资料通常是文字而不是数字。研究者可以借助质性资料对一个可辨识的地方所发生的事件过程，做出有实据的、丰富的描绘与解释。也可借它们保留住时间流程，精确地看出哪一事件导致哪一事件，并引出精彩的解释。❶虽然质性研究可以用几十种方法来进行，但大多数质性研究都是自然取向的研究，总结来说，质性研究通常是长时间密集地与反映人们日常生活的情境相接触，可以是个人、组织或群体、社会等对象的日常生活。研究者从研究主题出发，尝试以"局内人"的身份，依据被研究对象的行为准则行动而获取资料，搁置偏见和成见，或"放入括号"中，然后经历长时间的过程对研究对象深度观察、同情的理会（Empathetic Understanding）。❷在获取了相应的材料之后，资料通常以文字的形式呈现，研究者根据研究主旨剔除不相关的内容，对合乎

---

❶ ［美］Matthew B. Miles，A. Michael Huberman. 质性资料的分析：方法与实践［M］.2版. 张芬芬，译. 重庆：重庆大学出版社，2008：2.

❷ ［美］Matthew B. Miles，A. Michael Huberman. 质性资料的分析：方法与实践［M］.2版. 张芬芬，译. 重庆：重庆大学出版社，2008：11.

主旨的内容进行分析诠释，但全部材料依然要以原始材料的形式加以保存。诠释材料的方式也有很多种，包括标准化的工具，对文字进行分类、切割和编码等，对文字进行组织，赋予文字以一定的模式和解释。

因此选择质性研究更能贴合本书的研究目的，本书的研究问题之一是州立研究型大学在转型为创业型大学的过程中变革模式的形成，通过质性研究的开展可以帮助搜集组织变革中的政策文本、组织成员反应、组织隐形文化等文字和一手资料，诠释和分析所获得的资料。所以质性研究是本研究的最佳选择。

2. 资料搜集的具体方法

围绕要研究的具体问题，本研究第一步建立了概念架构，旨在解释研究的对象问题。在具体操作过程中，根据田野工作中渐渐形成更加清晰的概念图帮助明晰要研究的问题。在此基础之上，拟定研究的范围，选取研究的个案。只有通过对重要文献的挖掘、整理和分析，才能得到有价值的研究资料。2002年，亚利桑那州立大学克洛校长一上任便提出创建"一所新美国大学"的愿景，基于此愿景规划进行学校内部组织变革。因此本研究希望以小见大，通过对美国一所特定公立大学组织变革的详细分析，从一定程度上透视美国公立研究型大学在面临严峻的内外部压力时采取变革的模式，加上有实地调研的便利机会，所以选择美国亚利桑那州立大学为研究对象。

质性访谈法是本研究获得一手资料的重要方法，笔者在大学内部选择部分教职员工和行政人员进行访谈，这是本研究非常重要的研究方法之一。质性访谈研究尤擅描述社会和政治过程，也就是事物怎样变化和为什么变化。通过质性访谈，可以理解和重构那些你没有参与的事件。❶ 同时本研究将搜集与亚利桑那州立大学发布的组织变革有关的政策、决定和报告等文献资料。

二、研究过程

本研究的核心问题聚焦于亚利桑那州立大学（Arizona State University，ASU）组织变革的运作机制，涉及 ASU 中央领导层、管理结构及学术机构设置等制度设计领域，虽然笔者在 ASU 实地调研时间有一年，但由于身份限制（访问学生难以参与或观察管理过程）、时间限制（实际可操作的访谈时间）、关系限制（是否有渠道认识被访谈者及获得回应）等客观条件约束，笔者的研究结合了访谈和文本分析两种主要研究方法，研究过程主要分为两个阶段。

1. 关键文本资料搜集

研究的第一阶段是对 ASU 组织变革关键政策文本、校情校貌的搜集。笔者通过 ASU 档案馆、ASU 图书馆以及 ASU 学校网站，搜集了亚利桑那州史、ASU 校史、管理结构、克洛校长就职演说和愿景规划、学院设计纲要、2002 年以来的年度财政报告、2002—2020 年的年度报告等重要文本资料，基于获得

---

❶ ［美］赫伯特·J.鲁宾，艾琳·S.鲁宾.质性访谈方法：聆听与提问的艺术［M］.卢晖临，连佳佳，李丁，译.重庆：重庆大学出版社，2010：2-3.

的资料和掌握的 ASU 历史制定访谈提纲，同时所搜集的文本资料也构成了本书的主体内容。

2. 访谈抽样方式及样本特征

第二阶段是对教职人员和行政人员的访谈，被访者口述的内容构成论文的一手资料，是对文本资料的补充和进一步说明。抽样对质性研究十分重要，因为时间、财力、场地等条件限制，笔者不可能研究 ASU 的每个人，这就需要决定研究谁，在何时、何地谈什么，为什么要谈。质性研究者大多只做单一个案，样本较小，而不像量化研究者在一开始便立足于大样本，为在统计上寻求样本的意义。研究者在概念问题的引领之下，为获得概念而在不同时间、地点，对不同的人找出概念的体现。研究者主要关心的是状况，究竟在何状况下这一概念或理论会起作用；而并不是关心该研究发现要类推到其他地方。❶

根据访谈提纲的设计，本研究的访谈对象主要为大学行政管理人员和普通教职人员。ASU 的行政管理人员和教职员工都符合样本要求，可以作为被访谈人员。但受到客观条件限制，不能保证所有研究对象都自愿主动地接受笔者的访谈，因此，本研究无法采用随机抽样。在笔者国外导师的引荐以及被访谈者再引荐的帮助下，2014 年 2—8 月笔者访谈了 7 个学院及校长办公室，共 22 人。因为本研究主要探讨 ASU 大学组织变革的模式，最理想的样本群体应该最能够反映学校管理结构的特征。笔者访谈对象包括 ASU 校长迈克尔·克洛，高级管理人

---

❶ ［美］Matthew B. Miles, A. Michael Huberman. 质性资料的分析：方法与实践［M］.2 版. 张芬芬，译. 重庆：重庆大学出版社，2008：41.

员 1 名,前大学委员会(University Senate)成员 1 名,某学院前系主任 1 名,其他 19 名为普通教师。受访对象中女性 9 名,男性 13 名;有教授职称者 21 名,其他专业技术职称者 1 名。因为访谈内容涉及敏感问题,除克洛校长外,被访者均签署了知情同意书,因此笔者只能简要概括被访者的身份信息,不能透露姓名和具体院系,也无法以附录的形式呈现被访者的总体样本情况。

3. 访谈过程及结果处理

访谈的处理结果以中文的形式而不是以英文的形式呈现,且 ASU 并不强制要求非英语呈现的研究结果获得伦理审查委员会(Institutional Review Board,IRB)的允许,但在国外导师的协助下,笔者仍然撰写了知情同意书(详见附录一),每次面对面访谈之前向被访谈者出示并获得他们的签署授权。

在进行正式访谈之前,笔者搜集了 ASU 进行改革的目的、涉及重组的相关人员、进行重组的学院情况等资料,基于此制定了访谈提纲(详见附录二)。笔者在每次进行访谈之前,会了解被访谈对象的基本情况,并据此调整具体的访谈提纲。除去 3 个邮件访谈,本研究共面对面访谈了 19 人。在得到 22 份访谈结果之后,笔者将所有的访谈结果转录为英文保存,保留了访谈资料的本来面貌。

在整理完录音材料后,对所有材料进行编码,根据研究主题对录音资料切割、分类,但也保留了部分与部分之间的关系。最后整理的录音文本共 75 页。根据本书的主要研究问题"ASU 组织变革研究",结合录音文本,笔者将文本资料编码为三个主题，分别是组织效率、组织文化、跨学科组织，这三个主题又分为七个分主题：变革起因、组织成员个人期待、领导/管理方式、学术文化、变革中管理层与教师的沟通、跨学科机构重组过程、组织成员重组意见/冲突（见表1-1）。

表1-1 受访教师访谈资料编码

资料背景信息代码		资料分析主题代码		
资料获得途径	受访教师身份	组织效率	组织文化	跨学科组织
访谈（I）文件（D）	校长（P）校长办公室主任（P1）院系管理人员（G）普通教授（T）	变革起因（CR）组织成员个人期待（IE）	领导/管理方式（LGS）学术文化（NAC）变革中管理层与教师的沟通（GTC）	跨学科机构重组过程（RP）组织成员重组意见/冲突（RO）

在呈现编码结果时，笔者尽可能地呈现不同被访谈者对问题的看法和观点，并在保证和尊重被访谈者隐私权的前提下，最大程度展示被访谈者因为职位、职称和学科背景的差异而带来的不同访谈结果。本书还采用Nvivo11软件对访谈对象的自然文本的词频进行分析，将22个访谈的文本转录后的高频词汇进行翻译，每个案例提取3—5个关键词，共得到20个关键词（见表1-2）。

表 1-2　受访教师访谈资料词频分类

词频分类	关键词
态度	态度中立，态度漠然，赞同重组，反对重组
重组过程	重组过程中沟通，重组过程中缺乏沟通，教职员工弱势地位
重组原因	为了提高效率更好发展，开源节流，回应现实需求，合并同类学科，跨学科建设
校长工作认同度	强势形象，认同校长工作
愿景认同度	自上而下执行愿景，赞同愿景
重组结果	重组有一定效果，重组效果有待观察，跨学科建设不成功，跨学科建设成功

三、理论基础

1. 权变理论的基本内容

权变理论是当代西方管理理论中的重要一支，"权变"（Contingency）的基本含义是"因地制宜""随机制宜"，权变理论即是权宜管理和应变管理的合称。从管理思想史来看，权变理论作为一个较为成熟的学派形成于20世纪70年代，而早在20世纪五六十年代，已经有学者的研究中出现了权变思想。20世纪50年代末期，一些学校开始将权变思想加入组织理论当中。最早运用权变思想来进行管理问题研究的是英国学者伯恩斯（Tom Burns）和斯托克（George Stalker），他们对电子工业进行了大量的案例研究，于1961年出版《创新管理》一书。❶

美国内布拉斯加大学教授卢桑斯（F. Luthans）是权变学派的主要代表人物，1973年他发表《权变管理理论：走出丛林的道路》❷一文，1976年他又出版《管理导论：一种权变学说》❸一书，在此书中系统介绍了权变管理理论，提出了用权变理论统一各种管理理论的观点。

权变理论的理论基础是超Y理论。1960年，美国麻省理工学院教授麦格雷戈在其《企业的人性面》一书中阐述了X理论和Y理论，X理论假设必须通过强迫、控制指挥并以惩罚威胁为手段才能实现组织目标，Y理论则是与X理论相反，更加符合人性，管理应当以松弛组织、参与管理、鼓励及诱导等方式进行。经过麦格雷戈的对比试验，发现Y理论在实验室的情境中效率更高，而在工厂实践的情境中则效率不如X理论。❹因此，约翰·莫尔斯（John J.Morse）和杰伊·洛希（Jay William Lorsch）在《超Y理论》❺中提出了超Y理论，认为没有一成不变的管理理论，管理的方式和思想要依据不同的员

---

❶ Tom Burns, G. M. Stalker. The Management of Innovation [M].Oxford: Oxford University, 1961.
❷ Fred Luthans. The Contingency Theory of Management: A Path out of the Jungle [J]. Business Horizons, 1973, 16 (3): 67–72.
❸ Fred Luthans. Introduction to Management: A Contingency Approach [M]. New York: McGraw-Hill Companies, 1976.
❹ Douglas McGregor. The Human Side of Enterprise [M].New York: McGraw-Hill Companies, 1960.
❺ John J.Morse, Jay William Lorsch. Beyond Theory Y [M]. Boston : Harvard Business Review, 1970.

工素质、环境特点和技术条件等来决定,没有一劳永逸的管理理论。

权变理论揭示了权变与组织结构之间的关系。用权变方法对组织进行研究的一大贡献在于区分了"机械的"和"有机的"组织与管理。机械形式的管理方式与稳定的环境和常规技术有关,而有机形式的管理方式则是与不确定的、不稳定的环境和变化的技术相关。不同形态的组织环境要求不同的组织结构,不同类型的技术或技术系统对组织结构的要求也不同。有机形式下的组织结构是组织演化不可缺少的因素,也是权变理论的根基,权变理论的核心思想即"没有最好的方式",组织设计要基于其所处的特有环境,只有当组织协调了环境因素,采用最适宜子系统的结构时才能获得效率最大化,也因此组织更加倾向于满足和迎合组织结构需求来确保员工的满意度。

总而言之,权变理论的基本观点是,组织是一个开放系统,其基本设想是组织与其环境之间以及在各分系统之间都应有一致性。❶ 由于外部环境是一直变化的,因此并不会存在一成不变的管理模式和行为,也就不会存在适用于任何情况的组织结构、战略规划和领导方式。因此,权变管理的主要任务是组织寻求与其环境,及其内部组织各分系统之间的最大一致性,这种和谐状态会提高组织效能、效率和组织成员的满足感。

---

❶ [美]弗莱蒙特·E.卡斯特,詹姆斯·E.罗森茨韦克.组织与管理:系统方法与权变方法[M].傅严,译.北京:中国社会科学出版社,2000:144.

2. 权变理论的概念模型

权变理论提出组织效率是基于内部组织设计与对外部环境的响应的恰当契合之上。组织效率与外界环境之间存在多种变量，但是这些变量并不是任意随机的。卢桑斯在论述权变学说时指出，如果从"权变"字面意义来理解，很容易认为权变管理是一种紊乱的、非科学的、"凭感官判断"的学说。他认为权变关系是两个或两个以上的变数之间的一种函数关系。❶ 权变管理就是充分考虑到环境的相关变量与管理和技术之间的关系，从而实现组织效能的最大化。卢桑斯将权变关系看作"如果—那么"的函数关系，如果是自变量，那么是因变量。应用到权变理论中，如果代表的是环境这一自变量，管理的观念、方法与技术等就是因变量，也就是说，如果存在某种环境条件，某一种管理的观念、方法与技术会比另一种观念、方法与技术更能达到组织的目标。例如，如果经济正处衰退中，而企业是在一种受少数生产者影响的市场结构中活动，那么，为了达到目标，行政的组织结构是最合适的。另外，如果经济繁荣，企业是在一种存在垄断者竞争的市场结构中活动，那么采用自由形式的联合组织结构最为恰当。在某些情况下，也会产生相反的情况，即管理变量成为自变量，而环境变量成为因变量。❷ 图 1-1 的关系模型可以体现环境变量与管理变量之间的关系。

---

❶ 郭咸纲. 西方管理思想史［M］.4 版. 北京：世界图书出版公司，2010：252.
❷ 郭咸纲. 西方管理思想史［M］.4 版. 北京：世界图书出版公司，2010：252-253.

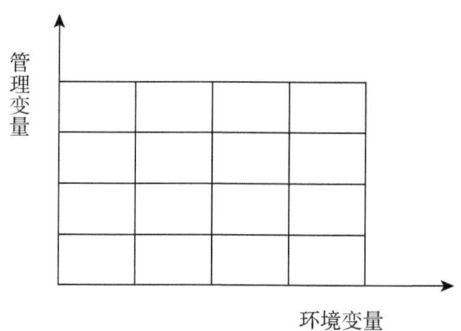

图 1-1 管理变量与环境变量的权变模型

横坐标是环境变量，包括宏观环境和微观环境，宏观环境的因素包括社会、经济、技术、政治、法律等，虽然对组织不产生直接影响，但影响力巨大，微观环境包括供应者、雇员、竞争者和股东等，这一环境对组织可以产生直接影响。在组织的内部环境中组织既有结构、决策程序、交流和控制程度。

纵坐标是管理变量，是组织中管理方式和管理理念的总和。卢桑斯把过去的管理理论划分为作业变量、计量变量、行为变量和系统变量四种，作业变量包括计划、组织、指挥、协调、控制、交流，计量变量包括决策模式和运筹学，行为变量中有组织发展动力，系统变量包括一般系统理论和信息管理理论。权变关系则是独立的环境变量与从属的管理变量之间的因变关系。卢桑斯依据环境变量、资源变量和管理变量构建了组织系统的三层模型（见图1-2）。

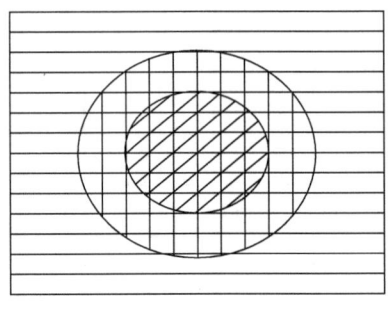

▭	环境变量（E）	
▨	资源变量（R）	第一层
▦	管理变量（M）	
▨	情势变量（E×R）	
▨	组织变量（M×R）	第二层
▦	表现特征（M×E）	
▨	系统表现（M×R×E）	第三层

图 1-2　卢桑斯组织系统权变模型

总的来说，卢桑斯的权变理论组织模型涉及三个概念：环境变量、资源变量和管理变量，以及情势变量、组织变量和表现特征。这些概念构成的变量关系模型如图 1-3 所示❶：

---

❶ Fred Luthans，Todd I. Stewart. A General Contingency Theory of Management［J］. The Academy of Management Review，1977，2（2）：187.

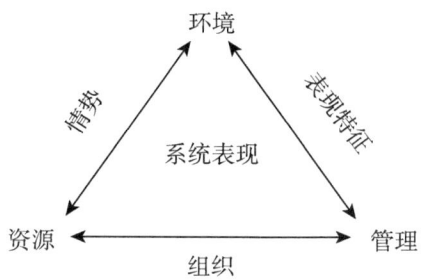

图 1-3 组织权变变量关系系统

（1）环境变量。在权变管理模型中是相对独立的变量，环境变量分为外部环境和内部环境。外部环境又分为一般外部环境和特殊外部环境，一般外部环境由社会、经济、技术、教育、政治、法律等力量所组成，特殊外部环境则包括供应商、顾客、竞争者。内部环境主要指正式组织系统，包括内部组织各变量之间，内部组织与外部环境各变量间的相互作用。

（2）资源变量。资源变量包括人力资源和非人力资源两方面。人力资源变量包括人数、技能、知识、大小、种族和年龄等人口统计特征，还包括一些个人和社会的行为特征，如需求、态度、价值观、观念、期待、目标、群体动力和冲突等。非人力资源变量包括一些原始材料、设备、车间、资本和产品或服务。这类资源变量由管理人员所操控，处于相对独立的状态。

（3）管理变量。管理变量是政策、实践和程序所呈现的概念和技术，由经理在完成组织目标时运用在恰当的资源变量之上。权变结构、过程、管理变数和行为概念的折中本质都代表了管理变量。

（4）情势变量。环境变量和资源变量的相互作用构成了情势变量，这一关系体现了在组织系统既定状态中管理人员必须要互动和操作的关系。

（5）组织变量。管理变量和资源变量之间的相互作用构成了组织变量。这一关系体现了在相对封闭的系统中组织的特定状态。例如，结构通常用来解释组织系统中成员已存在的社会关系的形成或终止，在正式组织中，管理这些社会关系可以帮助组织达成目标。

（6）表现特征。环境变量与管理变量之间的相互作用构成了表现特征，这一变量与特定组织系统有关。组织表现会以需要达成的目标的形式来体现，这也是管理者工作的主要内容。达成目标的程度由表现特征变量来评测，高层管理人员的一个重要目标就是有效地分析相关的环境变量，确定组织表现特征和目标。

3. ASU组织变革中变量关系模型

组织结构的设计实际是在寻求"权变变量"，并将之恰当融入组织结构中。结合卢桑斯的组织系统权变模型和ASU实际变革的措施，本部分将对ASU的组织结构进行分析。外部环境的变动促使ASU从管理和领导两个层次进行改革。从管理层次推动了治理结构的变革，治理结构所代表的系统实施直接影响了学术组织的重设和再造。在领导层面，管理人员对组织文化进行再定义，从发展理念、愿景制定和大学使命领域对组织进行变革，组织文化也对治理结构的下一步产生隐形影响，学术组织的再造始终围绕大学确立的发展战略而进行，最后是变革之后的结构、文化和机构对组织效能产生的最终影响。

结合已有研究，本研究基于权变理论的视角从组织内外部变量的关系辨析 ASU 组织变革，这些要素分别是外部变量、资源变量、结构变量、管理变量。资源变量包括人力资源和非人力资源两方面，要素关系如图 1-4 所示。

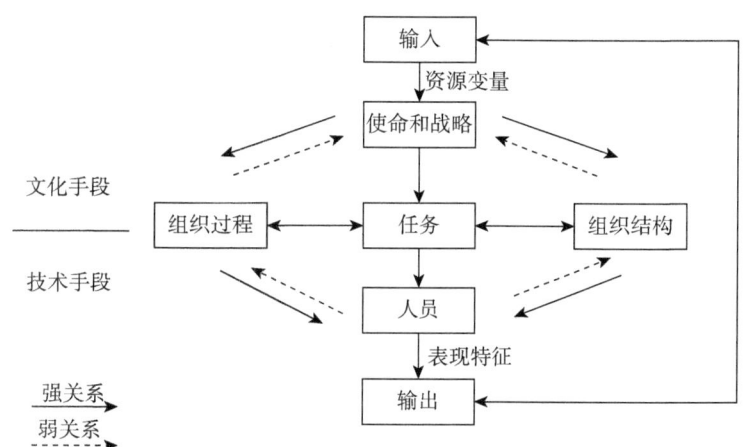

图 1-4 ASU 组织变革权变模型

也就是说，ASU 的组织变革手段如下：

（1）输入，即组织的外部环境；

（2）使命和战略；

（3）任务，即组织变革需要达成的目标；

（4）组织过程，即计划/设定目标、交流、决策；

（5）组织结构；

（6）人员；

（7）输出，即组织的效能和表现。

ASU 的资源变量主要包括人数、规模大小、成员种族和年龄，也包括已有需求、态度、价值观、观念、期待、目标、群体动力和冲突等。还有非人力资源变量包括一些原始材料、设备、车间、资本和产品或服务。外部环境和既有资源变量直接影响大学战略和使命的制定，虽然使命和战略并不完全属于同一类概念，但在图 1-4 中，本研究将 ASU 的使命和战略放在同一层次，用来说明创立"一所新美国大学"的战略选择和使命，从使命来说，ASU 在秉承大学教学、研究和社会服务的职能前提下，着力突出推动地区经济和社会发展的使命，转型为创业型大学，提倡进行应用科学研究，建设以问题为导向的跨学科组织是 ASU 基于使命作出的战略选择。ASU 的组织变革最基本的任务也就因此形成，即通过成为问题导向的高等教育机构来重塑美国高等教育，ASU 将结合学术优异、社会影响力最大化和"有教无类"的原则，基于"优异性、大众化和社会影响"的框架构建"一个新美国大学"。笔者将这一部分划分为 ASU 组织变革的文化手段，组织文化是存在于一个组织的信念体系当中，常常以语言、象征和仪式等方式来表达为信念体系所反映出的行为。大学组织是一个特殊的公共组织，由具有不同专业知识的学术人员组成，因为知识探索的独立性，学术人员天然地对组织固有的权威特性有所排斥，科层制中的威权和制度作用发挥有限，而组织文化利用共享价值观和信念来规范并管理组织成员。所以组织文化不仅是组织转型的重要方面，更是组织转型的手段。文化是一种社会现象，而管理本身也是一种文化，受文化的制约，在某种程度上文化更是一种管理手段，起制约和凝聚组织成员的作用。

从任务出发，ASU 从组织流程和组织结构入手达成已定目标，从权变理论的视角来看，这一部分属于组织内部管理变量，由政策、实践和程序所呈现的概念和技术组成，领导者在完成组织目标时运用在恰当的资源变量之上。从更微观的视角，组织过程中管理变量分为计划 / 设定目标、组织、交流和控制。行为管理变量包括可以进一步划分为个人变量（动机技巧、奖励体系等）和团体 / 内部团体变量（组织发展技巧、领导方式等）。ASU 的组织过程主要是由克洛校长及学校管理层领导，包括制订计划、与员工沟通交流、解决或缓解历史冲突，组织过程受组织任务引导继而补充调整部分任务。组织变革目标的完成必然要求结构调整，克洛校长提出的"一所新美国大学"标新立异，在全校推广跨学科组织。组织过程和组织结构属于 ASU 组织变革的技术手段。

权变观点中环境变量与管理变量之间的相互作用构成了表现特征变量，组织结构与外部环境的兼容程度会体现在组织表现之中。组织表现会以需要达成目标的形式来体现，这也是管理者工作的重要内容。从 ASU 组织变革的案例来看，运用权变理论进行分析可以充分考虑到大学这一开放系统在回应外部环境压力时可能会做出的一系列应对措施。从环境变量、管理变量所产生的变量关系来分析 ASU 实施组织转型的初衷、计划、措施，并在内外部要素综合的情况下分析 ASU 组织运行的一致性。在 ASU 的实际情况中，根据笔者的访谈材料和侧重点，组织员工受文化手段和技术手段的直接影响，集中体现在员工态度和期待，但笔者发现在 ASU 的具体文化情境和实际管理中，员工对组织过程和组织结构产生的影响甚微。在组织具体输出方面，笔者将根据 ASU 学生入学人数、种族、家庭背景、科研产出、社会贡献率、创业率等因素分析组织变革的输出。组织输出并不是单线的行为，输出的结果同样会对输入产生相互作用，如 ASU 大学声誉提升吸引更多资源、优秀生源或者师资，进而重新影响组织变革的流程，获得不同的输出。

第二章 从研究型大学到创业型大学的发展进程

第一节 大学组织变革的学理分析

一、大学组织的概念辨析

组织是现代社会最重要的组成部分,影响着社会生活的方方面面。人类是构成组织的基本成员,人的本性是社会性,相互依存的活动关系决定了最早的组织的产生,人类创造了组织,组织反过来也影响人类生活。研究大学组织变革首先要能够解释什么是组织,组织做了什么,大学组织的含义,然后才谈到大学组织如何改变。

1. 组织

组织本身具有一定的共性使之与其他社会形式相区别,组织可能是现代社会最突出的特征,各种组织无处不在,数量庞大,包罗万象。"组织"一词在古希腊文中源自"Organon",有"工具""手段"的意思,即"组织成员以共同利益的达成为基础，组织成为其成员为达到某目标而运用的一种工具的思维范式"。英文词"Organization"则源自"Organ"（器官）一词，主要说明有生命的物体的组合状态，延伸为生物整体、器官之间的协调动作和彼此之间的关系。《现代汉语词典》中将组织定义为"按照一定的宗旨和系统建立起来的集体"。最初人们为了实现某一目标而聚集在一起互相协作，形成团体。但我们现今所熟知的各种组织形式直到17—18世纪才产生于欧洲和美国，时值启蒙运动和欧美政治、经济扩展时期，时至今日组织不仅数量激增，甚至规模也日益庞大，组织更加制度化和规章化。斯科特（W. Richard Scott）和戴维斯（Gerald. F. Davis）认为组织本身是一种工具，是系统化地将我们生活的各个方面理性化的工具——被计划、被系统化、被科学化、使其更加有效和有序及接受"专家"的管理，组织对个人活动有非常重大的影响。❶鲍曼（Lee G. Bolman）和迪尔（Ferrence E. Deal）分析了组织的一些特征：第一，组织具有复杂性，因为组织是由人组成，而人的行为难以预测和理解，不同个体和群体之间的互动更加剧了组织的复杂性；第二，组织是令人惊奇的，结果总是与预期有着戏剧性的反差，令人难以猜到结果会是什么；第三，组织具有欺骗性，为了掩饰自己的不安或者弱点，组织会对自己进行一定程度的伪装；第四，组织具有模糊性（不确定性），复杂性、不可预见性、欺骗性综合在一起就导致了模

---

❶ ［美］W. 理查德·斯科特，杰拉尔德·F. 戴维斯. 组织理论：理性、自然与开放系统的视角［M］. 高俊山，译. 北京：中国人民大学出版社，2011.

第二章 从研究型大学到创业型大学的发展进程

糊性。❶

在管理史上,泰勒(Frederick Taylor)、法约尔(Henri Fayol)、韦伯(Max Weber)等管理学家早已对组织问题进行了研究,在这一时期,组织研究的主要领域为生产车间,重点关注权力与行为的关系。泰勒和韦伯都相信管理是要在知识的基础上实施控制,以某种权力为基础,权力层级为组织带来秩序和分工。法约尔则主要强调管理方面的教育,注重计划、组织、命令、协调和控制的重要性。

林德尔·厄威克(Lyndall F. Urwick)和卢瑟·古利克(Luther Halsey Gulick)提出了构成组织的七大要素(POSDCRB):计划(Planning)、组织(Organizing)、人事(Staffing)、指挥(Directing)、协调(Coordinating)、报告(Reporting)和预算(Budgeting)。这七种职能基本上包括了从古典管理学派到当时的有关管理过程论述的各个方面。❷

林德尔还提出了适用于所有组织的 8 条原则:共同目标原则、权责相符原则、绝对权威原则、组织阶层原则、控制幅度原则、工作专业原则、协调一致原则、明确规定原则。❸ 随着组织的成长和多样化发展,也同时唤起了对组织领导者素质和能力的要求,20 世纪 60 年代开始,组织理论从激励、群体动力学和领导力三方面对人和组织进行了重点分析。麦格雷戈提出 X 理论和 Y 理论是两组关于人性的假设,X 理论的假设是

---

❶ 方振邦,韩宁.管理百年[M].北京:中国人民大学出版社,2016:121.
❷ 方振邦,韩宁.管理百年[M].北京:中国人民大学出版社,2016:121.
❸ 方振邦,韩宁.管理百年[M].北京:中国人民大学出版社,2016:117.

（1）普通人生来厌恶工作，而且只要有可能就想逃避工作……（2）由于厌恶工作是人类的本性，因此对绝大多数人必须使用惩罚措施来强迫、控制、指挥和胁迫他们，以鞭策他们竭尽全力实现组织的目标……（3）普通人倾向于受人指挥，希望逃避责任，相对而言几乎没有进取心，将工作安全看得重于一切。Y理论将个人目标与组织目标整合在一起，产生一种使组织成员能够通过共同努力使组织获得成功的氛围，从而更好地实现自己的目标。Y理论中管理者不会控制或严密监管工作环境，减少外部控制，为下属提供更广泛的自主权，鼓励创造力和自我控制。❶ 综上，本书中的组织是指按照一定的方式将相互关联的各要素合理地组合在一起，具有一定功能的开放协作的系统，这些要素包括组织目标、人员、制度、资源、文化、结构、流程。

2. 大学组织

大学组织，顾名思义是大学加组织的概念，大学是文艺复兴、欧洲城市和经济复兴、社会活动激增以及因商业繁荣和十字军东征使交通更为便利时期的产物。❷ 大学（university）一词由抽象的古拉丁词汇"universitas"演变而来，中世纪法学家用"universitas"这个术语指称各种类型的社团和法人（行

---

❶ ［美］丹尼尔·A.雷恩，阿瑟·G.贝德安.管理思想史［M］.6版.孙健敏，黄小勇，李原，译.北京：中国人民大学出版社，2011：336-338.

❷ ［英］艾伦·B.科班.中世纪大学：发展与组织［M］.周常明，王晓宇，译.济南：山东教育出版社，2013：22.

会、商会、兄弟会等）。❶ 从 11 世纪后半期到 12 世纪，结成行会得到中世纪社会的普遍认可，也正是从这一时期开始，泛指行业公会的"universitas"一词开始逐渐演变为专门指称由学者组成的学术性行会的专用语。❷ 中世纪学生求学并不是去大学，而是去"研究班"（studia）或"普通研究班"（stadium generale），这些机构是当时的教育圣地、高等教育的培养场所。到了 13 世纪，欧洲大陆上出现了 3 所举世公认的杰出教育中心，分别是以医学见长的萨勒诺（Salerno）、法学渊薮的博洛尼亚（Bologna）以及教授神学与文学的巴黎（Paris）。若一位教师曾经在上述任何一个学术圣地中的权威教师行会有过教学经历的话，他会直接获得其他任何次级学术研究中心的认可，并理所当然地有资格从事教学和研究活动。❸ 一个"研究班"有三个特征：（1）学校吸引或至少是广邀各地的学生，不仅仅是一个特殊国家或地区的学生；（2）它是一个高等教育的地方；也就是说，至少学院的科目——神学、法学、医学——在那里被教授；（3）这些科目由大量——至少很多——教师来教授。但真正构成大学内核的依然是行会组织，包括学者行会和学生行会。❹ 尽管历来经无数学者考证，但大学组织出现的确切时间一直模糊不清，唯一可以肯定的是大学形成于 12 世

---

❶ ［比］希尔德·德·里德 – 西蒙斯. 欧洲大学史·中世纪大学［M］. 张斌贤，程玉红，和震，等译. 保定：河北大学出版社，2008：40.
❷ 张磊. 欧洲中世纪大学［M］. 北京：商务印书馆，2010：11.
❸ ［英］海斯汀·拉斯达尔. 中世纪欧洲大学——大学的起源［M］. 重庆：重庆大学出版社，2011：5
❹ ［美］查尔斯·霍默·哈斯金斯. 大学的兴起［M］. 梅义征，译. 上海：上海三联书店，2007：112.

纪。萨勒诺大学被视为欧洲的第一所大学，事实上萨勒诺从未成为一所真正的大学，真正可被称作现代大学始祖的当为博洛尼亚大学和巴黎大学。甚至后来兴起的未经教皇或国王许可而设立的学者团体也都是由从博洛尼亚大学或巴黎大学出走的师生所组成的，而这两所大学成为欧洲大学的原型，习俗和机构设置也随着人员的迁徙传至欧洲大陆的其他角落。

19世纪英国著名教育家纽曼（J. H. Newman）在《大学的理念》一书中诠释过大学的含义，他是这样看待大学的："它是教授全面知识的地方……一方面，是心智性的，而非精神性的；另一方面，是对知识的普及和扩展，而非提高。"❶但弗莱克斯纳进一步提出大学职能观、精神观、教育观，以及大学与社会的关系等观点。❷纽曼的大学观获得了人文学者和通识教育人的支持，而弗莱克斯纳的大学观同样拥有大量科学家的拥护。

首先，大学是学术共同体，是学者聚集、传授知识的场所。其次，大学也是社会体系的组成部分，是社会组织的一种类型，体现组织的基本特征，是各要素相互关联的具有一定功能的协作系统。大学组织结构的运行是直接关系到大学组织发展的关键问题，不仅体现大学内部的权责关系，更是反映外部

---

❶ ［英］约翰·亨利·纽曼.大学的理念［M］.高师宁，何克勇，何可人，等译.贵阳：贵州教育出版社，2003：21.
❷ ［美］亚伯拉罕·弗莱克斯纳.现代大学论［M］.徐辉，陈晓菲，译.杭州：浙江教育出版社，2001.

社会结构在大学中的制度化。❶

二、大学组织变革的概念及特征

一般组织理论或以社会学的一部分和强调稳定的封闭系统为基础,或以开放系统理论相关的原理为基础。稳定的组织环境、严格的组织边界使变革难以发生。但任何人类组织都可以被理解为开放组织,与其所处的环境相互作用。卡茨(Katz)和卡恩(Kahn)描述了开放理论的10个特征:(1)能量的投入,人类组织都依赖于外界的能量而生存,不可能自给自足;(2)生存;(3)产出;(4)系统是事件的循环,持续的服务保证组织的持续经营;(5)负熵(Negative Entropy),熵的过程是一个自然的普遍规律,所有的组织的形式都趋向无组织和死亡……(但是)从外界吸收比释放的能量更多的能量,开放系统就能存储并获得负熵;(6)信息输入、负面反馈和译码过程;(7)稳定状态和动态平衡;(8)差异性,组织的发展会不断抵消熵,会出现成长、差异性;(9)整体与协调;(10)等效性,一个组织可以通过不同途径来达到同一目标。❷

组织变革通常与组织内外部的环境变化、组织内部的资源调整、权力分配等有密切关系。组织变革由外部环境的"混乱"引发,但反映的方式则呈现出独特性。从变革的性质来

---

❶ 闫树涛,李颖.大学组织结构及其运行机制研究综述[J].河北大学学报(哲学社会科学版),2009(4):132.

❷ [美]W.沃纳·伯克.组织变革——理论和实践[M].燕清联合,译.北京:中国劳动社会保障出版社,2005:128.

看，组织变革分为革命性变革和进化性变革。人类系统中的深层结构大多是由系统单位组成的基本结构，即作出决定的组织设计、责任的承担、资源分配等。革命性的变革可以被看作对系统的重击，事物都将发生改变，深层结构将会被影响，任务的变化会影响组织的其他要素，如领导、战略、结构、文化等。进化性变革是大多数组织所采用的，革命性变革所遇到的阻力也会巨大，而进化性变革则不同，组织变革将会连续发生，每一个形式的变化并不会突然发生，而是通过一系列正在进行的适应性调节，会随着时间的变化和新事物的出现不断地修正来达到基本变革。进化性变革是大多数组织变革的特征，这种变革希望通过改进组织的某个方面来实现更高业绩。变革的内容由各种各样的可能性组成，从变革内容又可分为间断变革和连续变革。间隔变革中变革内容更多地与转变的因素有关，如外部的环境、任务、目的和战略。连续变革中变革内容则更多地与每天的运转和交易有关，所以焦点被放在诸如生产和服务、工作流程、组织结构以及信息技术之类的要素上。❶

变革目标不同，变革的方式也会迥异，因此组织变革还需要从层次来考察，组织个体间的相互联系为人际层次，组织中群体之间的相互联系为群际层次，组织与其他组织之间的相互联系为组织间层次。在人际层面的变革主要是为了实现更大的变革而招聘、任命适当的人从事适当的工作，各尽其才。在群体层次，组织团体是一个组织内重要的子系统，变革的成功很

---

❶ ［美］W. 沃纳·伯克. 组织变革——理论和实践［M］. 燕清联合，译. 北京：中国劳动社会保障出版社，2005：128.

大程度上依赖于团体的运作,所以变革也要对工作方式进行改革。组织变革通常不会立即从系统开始,特别是在庞大的组织中,所以会从组织的某一个部门、项目或团队开始,变革也需要解决团队和团队之间的协作和冲突问题。

实际上组织变革最先开始的是行为变革,即从对未来的愿景出发,改变组织的指导核心和原则,转变组织目标和使命,然后引起认知改变,在这一过程中影响的主要是组织个人,出现对组织变革的反应。所以在本书中,组织变革是指在愿景指导下,对组织管理结构、组织组成团体、资源分配方式、组织人事、组织与其他组织关系所进行的改变。

大学组织同样属于开放系统组织,受外部环境的政治、经济、社会、文化的影响而作出改变和调整。大学组织转型与组织转型有类似之处,也有不同之处。大学组织转型也需要回答组织转型的基本问题,为什么转型,采取什么方式转型。大学组织的转型同样也会发生形态或类型的根本性转变。但大学组织的形态或类型转变的主要目的不是经营利润,而是功能提升或适应性提升,无论发生怎样的组织变革,大学基本的教学、研究和社会服务的职能并不会发生任何改变。

大学组织转型涉及要素与组织转型要素相同,包括组织目标、人员、制度、资源、文化、结构、流程。因此本书以开放系统理论的分析为基础,讨论美国公立大学在主动适应外部环境中有计划进行的转变,包括制定组织发展目标、重新设计组织结构、资源再分配、逐步实现组织类型的转变的变革过程。

第二节 创业型大学的兴起

要解释和叙述创业型大学的概念及其发展历程，必须要先从阐述美国研究型大学开始。知识经济时代，不是所有的研究型大学都是创业型大学，但创业型大学必定具备研究型大学的基本特征，教学型大学无法源源不断地为创业和市场提供有商业价值的知识产品，创业型大学正是由研究型大学发展而来的新模式。

一、现代大学制度的诞生

1. 美国研究型大学的欧洲源头

有人说"中世纪的大学是现代精神的摇篮"❶，追根溯源至中世纪大学才能更好地理解美国研究型大学的产生过程。中世纪大学的产生与欧洲历史始终交缠在一起，盘根错节难以分开，更是从古希腊罗马文明传承下来的人文主义传统积淀的结果。意大利的大学通常由学生主管行政事务、教学设置及聘任教师等事宜，是学生大学的模板。巴黎大学则成为欧洲北部大学的鼻祖，如德国海德堡大学在创办时规定，它"将依据在巴

---

❶ [美]查尔斯·霍默·哈斯金斯.大学的兴起[M].梅义征，译.上海：上海三联书店，2007：16.

黎大学惯常遵循的做法和事理来规范、管理和制约，作为巴黎大学的侍仆，它将在一切方面尽可能仿效巴黎的做法"。❶ 其中就包括英格兰的大学，也属于教师权威类型的大学。可以追溯至巴黎大学的学术机构就是学院（college），这一组织机构在牛津和剑桥得到了发扬光大，成为英格兰大学生活中独具特色的一个方面。最初巴黎大学的学生并没有统一的学院。其最初是为贫困学生设立的栖身场所，由捐资而兴建的宿舍或食宿区，学院约束了放荡不羁、"自由"的中世纪大学学子，也在学院中召开正式的会议或讨论，最后成为大学固定的组织单位，也逐渐变成正式的生活和教学中心。到15世纪末，巴黎大学大规模开设课程的学院就已达18所之多。

牛津大学于1168年创建，有人认为牛津大学是12世纪末期从巴黎大学分出去的，也有人认为牛津大学是一所英格兰土生土长的自发型大学。毫无疑问，牛津大学的组织结构必然从巴黎大学那里获得了灵感，牛津大学传承并保留了巴黎大学教学形式、学院这一组织单位、仪式及服装等。1209年，由牛津大学出走的师生建成了剑桥大学，又继续了巴黎大学的基本教学模式和组织构架。尽管牛津大学借鉴了巴黎大学的体制，但两所大学之间仍然存在很大不同，牛津大学无论从校长的地位作用、同乡会的设定以及学院制度等方面都有其特色。尤其学院在英格兰土地上发展出与巴黎大学迥异的体制，英国的学院是民主选举自我管理的社团组织，有权决定学院内部的具体事

---

❶ ［美］查尔斯·霍默·哈斯金斯. 大学的兴起［M］. 梅义征, 译. 上海：上海三联书店, 2007: 13.

务，如增设教师职位由学院内的教师投票决定。英国的学院重视其社团的独立性，最大限度地降低教会及世俗政权对学院的干涉和控制，这一点与被神职机构监管的巴黎大学有很大的不同。

中世纪大学对后世的重要影响之一便在于珍视知识，享有知识探寻的独立性，也因此教育在大学中被寄予厚望，治愈时代的弊病，成为世俗生活的精神引路人。自此之后，大学虽历经职能的扩充、规模及组织的变更以及外部环境压力而导致的机构变革，但始终坚守中世纪传承而来的大学精神，将追求高深知识作为自己义不容辞的使命。

19世纪的德国柏林大学的改革成为研究型大学的滥觞，开启了高等教育科学化时代。德国大学的创办比意大利、法国、英国等晚了约200年，但后来者居上，最早实现了大学现代化。1806年普法战争中普鲁士战败，被迫割让易北河以西的大片土地给法国，法兰西皇帝拿破仑甚至关闭了哈勒大学和哥廷根大学。在这种情况下，普鲁士教育大臣、德国著名人文主义者、教育改革家威廉·冯·洪堡（Wilhem von Humboldt）创办柏林大学，第一次将"研究"引入了大学，将大学从保存知识和传播知识的职能拓展为"创造知识"及"发展知识"。鉴于当时普鲁士内忧外患的环境，洪堡提出了两条柏林大学重要的改革理念，即"学术自由"和"教学与研究相结合"，这两点改革理念构成了现代大学理念，也帮助柏林大学迅速成为当时的高等教育圣地。

洪堡的改革继承了哥廷根大学和哈勒大学的现代大学目

标，并由施莱尔马赫（Friedrich Daniel Ernst Schleiermacher）起草《大学章程》，奠定了柏林大学办学的基本构架和运行机制，主要包括以下内容：

（1）学院制。大学由学院（Fakultat）构成，保留了从中世纪大学沿袭的神学、法学、医学和哲学四个学院，各个学院地位平等。

（2）教师等级制。教师由正教授、副教授和助教构成三级结构模式。

（3）教授会制。教授会成员为全体正教授，大学内的所有事务皆由教授会决定。教授会享有很大权力，大学的最高权力机构是由15人组成的"评议会"。

（4）讲座制（Seminars）。柏林大学继承了哥廷根大学的"习明纳"制度，按学科和专业设置若干讲座，由正教授全权主持各个讲座。正教授是教授会的成员，享有很大特权。正教授全权负责讲座内的一切事务。讲座制度对美国研究型大学的教学有着深远影响，在美国后来开设的研究型大学中基本采用了"习明纳"的教学模式。

（5）利益商谈制。讲座教授与政府官员之间通过"讨价还价"即利益交涉确定讲座教授的待遇。❶

20世纪德国哲学家、教育家雅斯贝尔斯（Jaspers）认为"大学是一个由学者和学生共同组成的追求真理的社团"。❷ 柏

---

❶ 别敦荣，李连梅.柏林大学的发展历程——教育理念及其启示［J］.复旦教育论坛，2010（6）：9.
❷ 王雁.创业型大学：美国研究型大学模式变革的研究［M］.上海：同济大学出版社，2011：17.

林大学为现代大学贡献了"学术自由"和"教学与研究相结合"这两个理念。学术自由包括大学自治、教学自由和学习自由三个层面。柏林大学不仅重视科学知识，同样也将知识探索作为培养学生的重要途径，这种培养方式可以从习明纳制度中充分体现，习明纳是师生共同参与探索，融合教学与研究于一体的组织单位。习明纳一般由教师及8—12名学生组成，由任课教师担任主持人，概括地用1—2分钟介绍主题涉及的基本问题，未免有先入为主的观念，主持人不做任何概念的界定和评价。然后介绍报告人。报告人就主题进行汇报演讲，大约15分钟，因为有1—2周的准备时间，汇报人会通过查阅资料而对某一问题的研究有了一定的了解，同时也将自己对问题的理解融进报告中。随后回应人发言，10分钟左右，回应人针对报告人的发言进行补充、批评、商榷等多种形式的评述。然后进行辩论与交流，通常15分钟，围绕主题，根据汇报人的报告和回应人的发言，讲座参与者可以向汇报人提问，提出自己的观点，对汇报人的观点、论据提出批评意见，对相对立的命题进行辩论，汇报人根据提问、质询进行回答、解释甚至反批评。这是讲座制中最精彩的部分，可以充分展示学生的知识积累以及思维反应。最后由教师对学生的反应和回答进行点评，简要概括当天主题讨论的主要内容。❶

教学与科研相结合的理念训练了学生探索知识的理智和独立性，把科学研究和普通教育结合在一起，为现代大学的教学开创了新模式，柏林成为当时欧洲的科学文化中心，吸引

---

❶ 张斌贤，王晨. 外国教育史［M］. 北京：教育科学出版社，2008：323.

世界各地有志青年前往求学。从 1814 年第一批 4 名美国学生赴德学习，到第一次世界大战前，约有 1 万名美国青年和学者到德国大学学习，仅柏林大学接纳的美国学生就超过了 5000 人。❶这些留德学生中很多成为改革美国大学、传播德国大学理念、建立美国研究型大学的先锋人物，如密歇根大学校长塔潘（Henry P. Tappan）和安吉尔（James Angell）、威斯康星大学校长巴纳德（Henry Barnard）、康奈尔大学校长怀特（Andrew White）、哈佛大学校长艾略特（C. W. Eliot）以及约翰·霍普金斯大学校长吉尔曼（Daniel Ciot Gilman）等。

2. 美国研究型大学的发展历史

美国大学可以说是英格兰大学和德国大学混合的产物，本科教学复制于英国的学院制度，而研究与教学相结合的研究生教育则承袭自德国大学，并扎根于北美地区特有的环境，开发出独树一帜的美国大学风格和体系，兼具实用主义和职业化倾向。

1876 年，美国金融家约翰·霍普金斯（John Hopkins）在巴尔的摩成立一所以他的名字命名的新式美国大学，约翰·霍普金斯大学的创立标志着研究正式被引入大学。美国南北战争之后，美国旧式学院已不能适应当时的社会经济环境而濒临瓦解，在此背景下，霍普金斯大学的董事会决议，借鉴德国大学的理念创办新式美国大学，这一举动为美国高等教育重新注入了生机。霍普金斯大学采纳德国大学重视科学知识探索和研究

---

❶ 别敦荣，李连梅. 柏林大学的发展历程——教育理念及其启示［J］. 复旦教育论坛，2010（6）：9.

的办学精神，并将这种精神融入大学组织结构和形式中。研究生教育是霍普金斯大学建立的重要部分，这所大学从创立之初就将研究生教育放在教学安排的重中之重。霍普金斯大学的入学手册《注册指南》中明确表示，本科教育是特别为巴尔的摩及其临近地区的年轻人而设计的，而研究生教育则更多着眼于国家目标。❶ 虽然这种做法招致一些学者的批评，但本科教育与研究生院的连接为本科生教育提供了诸多裨益，本科生也可以致力于高深知识的探寻，为科学研究奠定良好的基础。学习德国大学，霍普金斯大学不限党派或教派，排除偏见接纳异己，始终支持教师和学生自由地追寻高深知识，鼓励其教授进行具有独创性的研究工作。19世纪七八十年代，霍普金斯大学培养的哲学博士学位获得者超过了哈佛大学和耶鲁大学。

霍普金斯大学为美国高等教育提供了另一条发展路径，在此之前只有哈佛模式这一传统路径，但霍普金斯大学在保存知识、传播知识之外拓展了研究职能。继霍普金斯大学之后，建立研究型大学或转型为研究型大学在美国土地上蔓延开来，传统教学型大学被迫进行学术重组。1889年克拉克大学在马萨诸塞州成立，1891年斯坦福大学在加州创立，一年后芝加哥大学出现。这些大学分享了霍普金斯大学的治学理念和大学精神，并延续至今。

有别于德国大学讲座参与人数较少、专注纯理论知识的倾向，美国研究型大学更加实用，与本地和国家的经济发展紧密

---

❶ 刘春华.吉尔曼与美国研究生教育：约翰·霍普金斯模式探析［J］.高等教育研究，2012（6）：86.

结合。威斯康星理念（Wisconsin Idea）的出现确立了美国大学公共服务的职能。建立威斯康星大学得益于《莫雷尔法案》的出台，该法案规定按照各州在参议院和众议院的人数总和来分配土地，各州要将此类土地出售所得收入或投资所得收入，在5年内至少成立一所"讲授农业或机械工业有关知识"的学院，威斯康星大学诞生之初也是为地方农业和机械行业提供服务。1904年，范海斯（Charles R. Vanhise）出任威斯康星大学校长，主张大学应当肩负促进社会进步的功能，推动地方农工业以及经济的发展。所以威斯康星理念是指"把大学的资源和能力直接用于解决公共问题，直接为社会服务"。❶他提倡州立大学要为全州公民服务，普及知识，大学要充当社会服务的重要工具。威斯康星大学的制度创新主要包括以下几个方面。

第一，明确大学的主要任务。威斯康星大学的任务在于将知识传授给广大民众，使其能够运用知识解决经济、生产、社会、政治和生活问题，这一点也是范海斯高度重视的任务；把学生培养成有知识、能工作的公民；进行科学研究，发展和创新知识文化。

第二，面向全州传播知识。1915年，威斯康星大学建立知识推广部，开展函授教育、举办学术讲座、组织研讨和提供信息。知识推广部编印了无数农业、机械、社会、经济知识手册，帮助当地农民在闲暇时可以接受教育，甚至完成学位教育。威斯康星大学使知识不再是囿于象牙塔内高不可攀，而是

---

❶ 刘宝存.威斯康星理念与大学的社会服务职能[J].理工高等教育研究，2003（10）：17.

变得更加平民化、大众化。

第三，提供专家服务。1910年威斯康星大学35位教授担任政府各部门的顾问，范海斯本人也身兼多个政府机关的顾问，教授同时又充当巡回讲师，在农村、商店、工厂讲课和指导，也因此更加深了大学与社区的联系。❶

从威斯康星大学及其理念中可以看出美国公立大学核心目的之一就在于通过普通教育和职业准备教育普及和增进知识。威斯康星理念的迅速传播不仅提升了威斯康星大学的声望，同时也将理念传播到全国，吸引其他国内院校纷纷前来学习其经验。威斯康星大学提倡的大学为社区服务的理念为本州带来了明显的社会经济效应，这是美国研究型大学带给现代高等教育制度的一项创新，将大学的教学和科研从象牙塔中带出，也预示着高等教育未来的发展方向。

二、美国研究型大学的经济效用

埃兹科维茨将美国大学模式的发展按照两次学术革命的进行阶段划分。第一次学术革命是指19世纪中后期新知识生产模式变革带动了美国大学的转型，这种模式也被称作洪堡模式（Humboldian Model）。简言之，在这一时期大学已经从保存知识、传播知识进一步发展为研究知识的阶段。通过设立研讨班引导学生独立探究知识，这一教学模式被广泛运用于人文学科

---

❶ 许庆豫.高等教育制度创新模式：美国的案例研究［J］.高等教育研究，2009（12）：30.

的教授当中。19世纪中叶，德国吉森大学（Giessen University）创造了化学学科的教学实验室，高级研究员可以对高级学生直接进行指导，这样可以同时培养大批学生，这一基本模式在大学的理工科教学中沿用至今。❶教师的工作从传统的教学中延伸到研究，第一次学术革命使大学的研究职能合法合理化。

在第二次学术革命中，美国研究型大学最终认可了第三职能，即经济和社会发展职能。美国大学与企业的关系并非新鲜事物，除去联邦政府的拨款，美国大学需要自己寻找财政支持和资助渠道，这为大学与产业界的联合提供了先决条件，产业界的资金流入大学，填补了大学运作资金，同时也利用大学科研产出来增大经济效益。"二战"后，美国联邦政府同样出于大学对经济发展的实际效用考虑，将大学视作公共利益及经济发展的助推器，大学科研与政府项目的合作帮助美国提升了国家竞争力和经济地位，合作项目同样反哺大学研究，美国大学的科研实力也因此迅速攀升，成为世界高等教育的中心。

1. 知识经济时代大学的资本效用

知识经济时代，大学作为科学研究基地，其研究的产品具有明显的市场经济价值，在此背景下，麻省理工学院（MIT）的一系列创业行为突出了大学的知识创造能力和经济发展的中心地位，也代表了美国创业型大学的兴起。MIT建于1862年，由弗吉尼亚大学地质学教授威廉·巴顿·罗杰斯（William Barton Rogers）创建，罗杰斯最初的设想就是将MIT打造成融

---

❶ ［美］亨利·埃兹科维茨. 麻省理工学院与创业科学的兴起［M］. 王孙禺，袁本涛，等译. 北京：清华大学出版社，2007：15.

合各种大学模式为一体的，与企业相联系，以科学为基础的大学，其创建章程中就点明大学办学宗旨为"协助……与商业相连的实践应用科学的提升和发展"。MIT 的建立同样得益于《莫雷尔法案》，因此 MIT 与马萨诸塞州当地的经济发展有着不可分割的联系。第二次世界大战期间，MIT 与联邦政府合作研发战时所需应用军事产品，开发了大批战争研究成果。"二战"后，MIT 保留了绝大多数的战争研究，这奠定了 MIT 日后发展的技术基础，也为 MIT 跻身一流大学提供了竞争力。早在 20 世纪 20 年代之前 MIT 就对于研究潜在的商业价值具有了强烈的意识。❶ 早在 2009 年，MIT 校友就已成立 25800 个公司，雇用 3300 万人，每年为世界贡献 2 万亿美元的资本，产值相当于世界第十一大经济体。截至 2021 财年，MIT 获得美国专利发布 435 项，新专利申请 358 项；已成立创业企业 552 家，执行许可协议 3202 项。❷

随着 MIT 创业科学在斯坦福大学的成功移植，创业型大学模式开始在美国高等教育界产生广泛的影响。大学作为人才培养场所，经历了保存知识、传播知识到研究知识、创造知识的知识变迁路径，当仁不让地成为知识经济时代的支柱组织。大学和企业的关系形成知识的回旋路线，大学为技术公司培育专业的高素质劳动力，同样也吸引和聚集大量资本用以开发更大范围内的科学研究，这些新发现的知识被发表被分享而研发出

---

❶ ［美］亨利·埃兹科维茨. 麻省理工学院与创业科学的兴起［M］. 王孙禺，袁本涛，等译. 北京：清华大学出版社，2007：82.

❷ MIT. Technology Licensing Office FY2021 Fact Sheet［R］.［2021-10-25］. http://web.mit.edu/tlo/documents/TLO_2021_FactSheet.pdf.

更多市场所需的新产品，为经济社会增添更多工作机会。美国的大学教授也完成了从传统的单纯探究知识到知识资本化或商业化的思想转变过程，大学不仅能够为市场提供知识和劳动力，也可以通过科技园、孵化器、技术转化、专利或获得许可证等方式作为经济实体直接参与经济。这种"科学是资源"（Science-as-resource）到"科学是动力"（Science-as-engine）的转变对大学产生了巨大影响，它改变了大学知识研究领域，加深了大学对经济发展的助推作用，将研究成果延伸至市场。这种转变同样鼓励大学从单纯的创造知识转变为应用知识，最初大学创造企业所需要的知识，而现在大学会积极将所发现的知识通过技术转换、成立公司等经济行为直接投入商品市场而创造巨大的经济价值，加上《拜杜法案》等政策法令的出台也帮助大学直接市场行为更加合法化。

2. 创业型大学与研究型大学的区别

创业型大学拓展了研究型大学的概念和模式。研究型大学的概念最初由美国卡内基教学促进基金（The Carnegie Foundation for the Advancement of Teaching）于 1973 年在《高等教育机构分类》(*A Classification of Institutions of Higher Education*)中提出。美国大学具有界限分明的体系，不同类别的大学肩负着不同的教育使命和社会职责。根据卡内基协会的分类，美国高等学校可以分为副学士型学院（Associate's Colleges）、博士型大学（Doctorate-granting Universities）、硕士型高校（Master's Colleges and Universities）、学士型学院（Baccalaureate Colleges）、专门型院校（Special Focus Institutions）和部落学院（Tribal Colleges）六大基本类型。其中，博士型大学是指年授予博士学位数不少于20个的学校，这类大学还可以根据科研经费、研究人员数、博士学位授予数等指标细分为3类，即科研能力很强的研究型大学（Research Universities-very High Research Activity）、科研能力强的研究型大学（Research Universities-high Research Activity）、博士学位授予型研究型大学（Doctoral/Research Universities）。一般而言，博士型大学即通常所称的"研究型大学"。❶

虽然如今美国研究型大学都存在一定程度的学术成果市场化和学术资本化的行为，但不是所有的研究型大学都是创业型大学，创业型大学是大学发展的新模式，与研究型大学有着内涵上的不同。

第一，知识成果生产模式不同。传统研究型大学成果生产模式通常被称为线性模式（Linear Model），即进行教学、科研活动，并通过培育社会需要的人才，进行加深学科知识、探索未知领域、解决已有学科问题，以此获得大学的学术成果，这些成果通常会以毕业生数量、论文发表、转引量以及所获的专利、许可数量的方式来呈现。

创业型大学的成果生产一般为反线性（Reverse Linear）的互动模式，这种模式结合了线性模式和反线性模式，由市场和社会需求而起，如现代化早期的导航系统，模式的起点从研究

---

❶ Carnegie Foundation for the Advancement of Teaching. Classification Description [EB/OL]. [2013-08-24]. http://classifications.carnegiefoundation.org/descriptions/basic.php.

所转移到了应用市场。创业型大学拥有与市场的连接能力，例如联络和技术转换办公室，多层次控制和市场化大学知识产品的孵化设施，包括从受保护的知识产权到培植于公司中的技术，以及企业家推动的研究。这样的接口组织同样连接了大学与外部问题、知识资源以及寻求学术资源的公司。来自外部的问题刺激学术研究问题的产生，问题的解决最后也满足市场和社会的一定需求。大学的科研成果，如专利、许可等，通过技术转换直接投入市场，市场反馈引起新的研究问题。随着大学—产业—政府之间相互作用的加强，孵化器设施、科技园、科技转换办公室等大学与产业和政府合作的机构被创造出来，辅助性线性模式也逐渐成为组织中常见的一种形式，这种模式能把新的动力源注入区域与国家经济中，加强大学—产业、大学—政府等"双螺旋"关系，产生了各线性动力之间彼此加强的相互作用模式。❶

第二，大学职能整合度不同。自中世纪大学建立，大学职能在近一千年的发展中逐步拓展，从最初的教学职能，到研究职能，再到社会服务职能，每一项职能的产生都与社会环境的变迁密切相关。最初大学主要作为知识保存及传播场所，分为文、法、神、医四学院进行教学，培养法官、教师、律师和官员等特定行业和领域内的人才，学生来源群体也主要为贵族或中产阶级家庭的子弟。大学被称为"教会的婢女"。经历过第一次科技革命之后，科学知识开始冲击传统人文学科在大学中

---

❶ ［美］亨利·埃兹科维茨. 三螺旋［M］. 周春彦，译. 北京：东方出版社，2005：22.

的中心地位。到 19 世纪初期的德国，洪堡创建柏林大学，将科学研究引入大学，科学研究开始作为大学的第二职能。柏林大学的改革带来了传统大学模式的突破，确立了现代大学制度，科学研究最初也是作为教育学生的一种手段，但大学探索知识和发展知识的作用越来越明显，科学研究也因此成为除教学之外大学的第二职能，德国大学因此成为现代大学的模板，被欧洲其他地区和国家以及美国的大学竞相仿效。大学的第三职能，即社会服务职能，1862 年美国颁布《莫雷尔法案》之后出现一批赠地学院，赠地学院的主要职责在于通过讲授农业或机械工业有关知识帮助当地农业和工业的发展。不同于德国大学重视纯科学理论的研究，赠地学院开拓将研究知识与当地实际相结合的模式，尤其以威斯康星理念为此类代表，促使高等教育直接服务于社会，培养适应当地社会经济发展的实际人才，社会服务职能推动了美国高等教育的转型，大学也走出阻隔其与社会互动的藩篱，真正与社会联系起来。传统研究型大学恪尽三项职能，通过教学和研究，培养各行业和各领域的储备人才，利用探索和发现知识的方式获取专利和执照，由企业出资购买能满足生产需求的技术等方式服务社会。

创业型大学融合教学和学术研究模式，并将这种模式带入下一阶段的发展中。将线性和反线性模式融合进大学与社会的"新社会契约"中，以创造经济和社会企业作为获取更多学术资源的交换条件。创业型大学整合了三项职能，结合知识生产的线性模式和反线性模式，大学以孵化器、衍生企业、科技园以及技术转换的方式直接将知识投入生产当中，从实际经济、社会需求出发调整学术研究领域，也就是说创业型大学混合了教学、科学研究、应用及基础科学，以及创业和学术利益的综合体。创业型大学是更加应用的研究型大学，拓宽和包含研究型大学的内涵，更成为未来高等教育转型的新方向和新类型。

三、创业型大学的出现

1. 创业型大学的特征与组织形态

"Entrepreneurial"是"Entrepreneur"的形容词形式，而"Entrepreneurial"一词来源于古法语中的一个动词"entreprendre"，意思是"着手做，从事"。[1] 创业型大学（Entrepreneurial University）或具有创业型大学特征的高校如今遍布北美、拉丁美洲、亚洲和欧洲，其概念也时常被误解为大学已经不可避免地卷入商业合作关系中，因为很多大学设立专门办公室处理专利执照和技术转换事务。当前学界有关创业型大学的概念众多，但大多是基于美国学者伯顿·克拉克和亨利·埃兹科维茨对创业型大学的解释之上。

伯顿·克拉克指出"创业型大学"的含义是指许多社会系统的一个特征，即全部大学及其内部系科、科研中心、学部和学院的一个特征。一所创业型的大学，凭借自己的力量，积极探索创新工作内容、方式和方法，寻求在组织的特性上作出实质性的转变，以便为将来争取更多资源。创业型大学寻求成为"站得住脚"的大学，能按它们自己的主张行事的重要的行动

---

[1] 易高峰. 创业型大学的内涵与基准［J］. 现代教育管理，2013（11）：7.

者。❶他进一步提出著名的大学转型为创业型大学的五个要素。一是强有力的驾驭核心。对自己的现状感到担忧,并希望在竞争激烈的高等教育市场中获得一席之地的大学需要摆脱依赖型的思维,对外界不断变化的环境和要求作出快速反应。创业型大学需要强有力的驾驭核心,重新制定组织发展目标。二是拓宽的发展外围。创业型大学的很多单位比传统学术机构更容易突破大学边界,与校外组织或企业联系起来。有时是知识转换办公室、知识产权开发、继续教育、资金筹备以及校友事务等。还包括跨学科组织的设立,打破传统学科界限,利用多学科优势解决社会经济发展中的问题。三是多元化的资助基地。随着联邦政府大学补助的减少,创业型大学需要拓宽财政资助的来源渠道,通过研究委员会,强有力地争取补助和合同筹措经费。同时还不断增加工厂企业、地方政府和慈善基金会、知识财产的版税收入、校园服务的收入、学费以及校友捐款等资金来源。四是激活的学术心脏地带。传统大学转型成为创业型大学,大学内部的学科也需要进行重组,需要科系学院本身也成为创业型单位,制定新的计划,建立新的关系,更加强有力地扩展到校外。五是整合的创业文化。大学文化和象征的方面在培植大学个性和具有特色的声誉中变得特别重要,如果这些信念在心脏地带传布,就成为全大学的文化。文化可以凝聚大学全体员工和学生共同为大学转型而努力。❷

---

❶ [美]伯顿·克拉克.建立创业型大学:组织上转型的途径[M].王承绪,译.北京:人民教育出版社,2007:2.
❷ [美]伯顿·克拉克.建立创业型大学:组织上转型的途径[M].王承绪,译.北京:人民教育出版社,2007:4.

亨利·埃兹科维茨对创业科学、创业科学家、资本与知识的联姻等都进行了深入的研究，他提出创业型大学的出现是源自大学职能的拓展，使参与及推动地区社会和经济发展成为大学的第三项功能，尤以MIT、斯坦福大学为代表。拥有数量众多的学生作为潜在的发明者，大学也因此成为创新的绝佳场所，大学是天然的孵化器，为学生和教师进行有一定风险的智力、商业行为提供后备支持。大学也是跨学科组织和新产业部门的温床，为学术研究组织与启动公司之间创设交流网络，这些行业领域包括生物科技、计算机科学及其他类似领域。创业型大学将技术转换、组建公司及促进地区经济发展作为学术使命，这些使命同样被融合进大学教育和研究使命当中。无论是规划学术目标，或是将知识产品转化为经济和社会效用时，创业型大学有能力制定聚焦型战略目标。❶埃兹科维茨创造了三螺旋（Triple Helix）创新模式，指大学—产业—政府三方在创新过程中密切合作、相互作用，同时每一方都保持自己的独立身份。三螺旋的主要论点是：在以知识为基础的社会中，大学—产业—政府之间的相互作用是改善创新条件的关键。产业作为进行生产的场所；政府作为契约关系的来源，并确保稳定的相互作用与交换；大学则作为新知识新技术的来源，是知识经济的生产力要素。❷

三螺旋模式期望大学能在社会中起到更大的作用，据此创

---

❶ Henry Etzkowitz. Research Groups as "Quasi-Firms": the Invention of the Entrepreneurial University [J]. Research Policy, 2003 (32): 112.

❷ [美]亨利·埃兹科维茨.三螺旋[M].周春彦,译.北京：东方出版社，2005：1-2.

业型大学重新定义了大学与社会之间的"社会契约",为获得更多学术事业的资本,大学以建立经济和社会事业作为交换条件。埃兹科维茨划分了转型为创业型大学的三个步骤,第一个阶段,无论是通过捐赠、学费或拨款来增加财政收入,或是与资源提供者进行协商,学术机构根据发展方向制定发展策略以及设定优先追求的目标。第二个阶段,大学热衷于将本校教职员工和学生学术活动成果的知识产权商业化,这一阶段,大学通常会成立自己的技术转换办公室,将学术资源内化,从过去的合同公司中收回资源,如美国研究公司(Research Corporation in the U.S.),或是将资源分散到各个校区,这通常发生在多校区大学,如纽约州立大学和加州大学。第三个阶段,学术机构在提升地区环境创新中扮演积极的角色,同样会与政府部门和产业部门合作。大学的第三职能扩充了知识产权市场化的含义,创业型大学第一次涉及创业行为可能是由于发现专利的巨大利润,或是来自本地公司、产业协会或政府解决产品或行政问题的需求。❶

美国学者希拉·斯劳特和拉里·莱斯利从学术资本主义的角度阐述了创业型大学的生存环境,他们"称院校及其教师为确保外部资金的市场活动或具有市场特色特点的活动为学术资本主义"。❷ 学术资本主义行为在研究型大学中普遍表现为教学科研人员为争取外部资金而进行与市场有关的研究,包括应用

---

❶ Henry Etzkowiz. Anatomy of the Entrepreneurial University [J]. Social Science Information, 2013(52):488-499.

❷ [美]希拉·斯劳特,拉里·莱斯利.学术资本主义:政治、政策和创业型大学[M].梁骁,黎丽,译.北京:北京大学出版社,2008:8.

研究、商业研究、有针对性策略性研究等。希拉·斯劳特和拉里·莱斯利并没有给出创业型大学的定义，但从分析学术资本主义入手阐述了政策和市场变化对创业型大学产生的影响。竞争外部资源、开发应用科技研究、课程设置满足市场需求以及出售教育成果和服务等行为刺激了大学的创业精神。创业型大学的组织行为呈现出知识产业化和实用化的特征，研究成果通过技术转换、科技园、衍生公司和跨学科组织及研究中心等方式投入市场获取利益，同时市场也会为大学研究带来最新的实际问题，加深或开拓新的研究问题。创业型大学的概念及含义如图 2-1 所示。

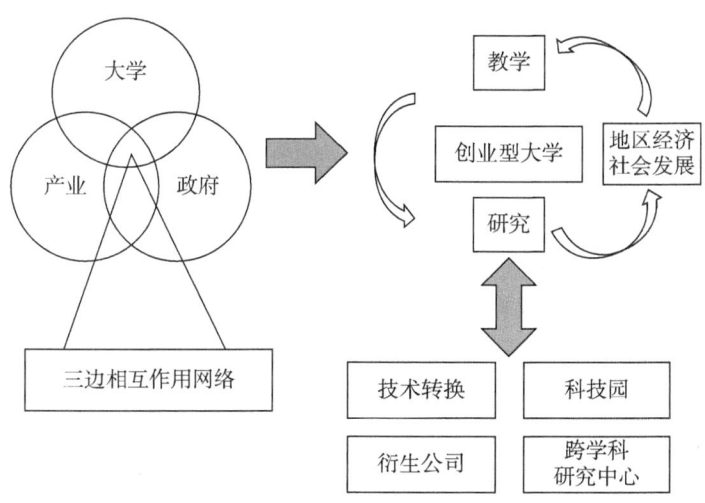

图 2-1　创业型大学的概念及含义

综上，创业，首先是一种利用现有资源、不断进取、勇于突破现状的过程。据此，本书中创业型大学是指履行教学、研究和提升地区经济社会发展三项职能,与政府和产业界建立新联系,从组织文化、机构设置、学科结构等方面进行大学管理模式转型,积极以创业创新行为带动本地经济发展,提高大学知名度,完善社会服务水平,并最终摆脱原有困境和资源依赖而获得成功的大学。

2. 创业型大学与高等教育范式的转变

科学范式概念由美国科学哲学家、科学史家托马斯·库恩（Thomas S. Kuhn）在《科学革命的结构》一书中提出,书中所提出的"范式转换"一词已成为社会学、文学史、文化人类学、政治史等人文社会科学领域耳熟能详的重要术语。科恩用范式这一术语,意欲提示出某些实际科学实践的公认范例——它们包括定律、理论、应用和仪器在一起——为特定的连贯的科学研究的传统提供模型。❶ 科恩认为范式仅仅是科学共同体成员所共有的东西,所谓科学共同体是指这一共同体中的成员是在相同的模型中学习到学科的普遍基础,他们接受相同的学术训练,拥有共同的研究目标、学术观点、概念、术语、行话、交流方式、文献资料、教材和心理素质。❷ "范式"一词也进入了教育领域,教育范式成为教育研究的流行术语之一,区别于教育模式、教育类型、教育样式的概念,这里的范式通常也是指包括理念、文化、价值观、思维方式、制度安排、规

---

❶ [美]托马斯·科恩.科学革命的结构[M].4版.金吾伦,胡新和,译.北京：北京大学出版社,2013：8.

❷ 郑杭生,李霞.关于库恩的"范式"——一种科学哲学与社会学交叉的视角[J].广东社会科学,2004（2）：122.

则、评价、方法等在内,更具整体性和一致性的教育存在。❶库恩认为常规状态下占统治地位的范式可以保证持续增长的模式,但反常和矛盾是科学中不可避免的,因此,危机会出现,代表从外部而来的压力和恐慌,旧范式已不能在新情况下继续保持增长,会被新范式取代,而旧范式中的旧理论和旧标准也会被清除,新范式带来新的合理性和标准。从上述概念入手,本书将从文化、制度特征、组织目标、大学理念和研究机构设置方面分析创业型大学所体现的高等教育范式的转变。

研究型大学到创业型大学的模式转变主要受到外部环境翻天覆地变化的影响,大学需要发展新范式回应外部冲击。从外部的变化来看,大学作为知识生产中心,在知识经济时代的地位和作用日益显著,将知识投入商品市场可以为大学带来丰厚的利益回报。作为传统资金来源的美国联邦政府拨款逐渐缩减,迫使大学积极寻求多种资金来源渠道,与政府、市场建立新型联盟,发展资金来源多元化成为研究型大学的新战略。大学理念从研究高深知识的机构演变为地区经济社会发展的助推力和孵化器,大学与社会的藩篱日渐被拆除,传统的教学、研究和社会服务职能得到扩充,引入创业和创新元素。具有创业精神的教师学者也希望投身于创业和商业活动中来获取资金效益。

从内部组织结构来说,新型的组织文化和理念决定了组织结构的重塑,为配合大学—政府—产业的新关系,创业型大学

---

❶ 杨东平.试论我国教育范式的转变[J].北京理工大学学报(社会科学版),2012(4):1.

调整机构设置整合最大功能调动全校范围内的创业能量，典型表现为成立专利管理部门、技术转换办公室、对外联络办公室等。同时，高新复杂科技需要研究人员从多学科多角度共同合作，跨学科组织因此应运而生，不仅包括校内相关学科的合并和重组，还包括与产业界建立新型合作关系。在高等教育转型之前，研究型大学体制模式呈现出线性化发展特征，研究型大学的发展动力源自经费投入、科学研究和教育教学，最后以毕业生、公开出版物、专利和产品许可、学校声誉及地位等方式呈现出来。创业型大学结合线性和反线性的发展特征，以应用市场和社会需求为研究起点，经过传统研究型大学的线性发展后接受市场的反馈和回应重新解决学术问题，或产生新的研究领域。总的来说，从研究型大学到创业型大学的范式转变特征主要如表2-1所示。

表2-1 研究型大学与创业型大学特征对比

要素	研究型大学	创业型大学
组织文化	保守	创新
组织目标	教学、研究和社会服务	教学、研究、社会服务和促进地区社会经济发展
发展模式	线性	线性和反线性
大学理念	高深知识的研究机构	知识中心和地区发展的推动力
研究机构特征	学科化、学术化	跨学科、应用型

大学在知识生产和传播中的核心地位促进了大学的经济角

色的提升，大学—产业—政府的利益关系从根本上推动了大学的组织变革。亨利·埃兹科维茨认为研究型大学通过组织变革转型为创业型大学，其过程主要有三个阶段，但三个阶段并不一定是按顺序依次出现。

第一阶段中，无论是通过获得更多的捐赠、学费和拨款来提升资源，或是与资源提供者进行沟通，大学能够运用战略性的眼光去制定优先发展的目标。这也是伯顿·克拉克根据其对欧洲创业型大学的研究得出来的经验，欧洲大学的财政来源曾经完全依靠政府拨款，但由于外部环境的快速变化，学校开始组织校友联合会，寻求毕业校友的帮助，并仿效美国大学成立筹款办公室。❶

第二阶段中，大学学术机构积极将教职员工和学生的知识产权产品商业化，大学通常会成立知识转换相应的部门，从签订合同的公司内包项目，例如纽约州立大学和加州大学，将全校范围内的部门分散至每所分校，确保每所分校都可以进行知识转换工作。如果是欠缺学术资源的大学毫无疑问提升时间将会更长，然而对于拥有中等学术资源的大学，如 ASU 和犹他大学（University of Utah），它们将技术转换和成立公司与教育和科研一视同仁，甚至比资源丰富的大学在稳定大学资源方面获得了更高的声誉。❷

第三阶段中，大学在提升地区创新环境中展现出进取的姿

---

❶ Henry Etzkowitz. Anatomy of the Entrepreneurial University［J］. Studies of science. 2013，52（3）：488.

❷ Henry Etzkowitz. Anatomy of the Entrepreneurial University［J］. Studies of science. 2013，52（3）：488.

态,通常会与本地的政府和工商业界进行合作。大学的创新使命也从保护及市场化知识产权拓宽为成立公司并带动地区经济发展。在这一阶段,大学希望通过鼓励地区内创新来提升自己的形象,发挥重要作用。典型的做法是通过地区学术代理人与政府工商业界沟通,利用"高技术委员会"(High-Tech Council)或"知识圈"(Knowledge Circle)制定并实施策略,促进地区发展。❶

第三节 ASU 建设创业型大学的路径选择

ASU 位于美国亚利桑那州,而无论是 ASU 还是亚利桑那州,对于大多数国人来说都并不熟悉。但任何一个组织的形成都一定基于特定历史文化和地理环境,因此在论述本部分主旨前,笔者将简要概述亚利桑那州及该州的政治体制、ASU 发展历程、校园文化以及治理结构,这将有助于解释选择 ASU 作为本书案例的合理性。

一、亚利桑那州及其政治体制

亚利桑那州(the State of Arizona)于 1912 年建州,是本土

---

❶ Henry Etzkowitz. Anatomy of the Entrepreneurial University [J]. Studies of science. 2013, 52(3):488.

最后一个加入美利坚合众国的州，成为美国第48个州。亚利桑那取自印第安语，意思为"少泉之地"（Little Spring Place），作为地域辽阔的西部州，亚利桑那州呈现出独特且灿烂的发展历史。亚利桑那州历史是美国本土最悠久的历史之一，但由于远离首都，以及地区条件恶劣，该州历史长期受到忽视。公认亚利桑那最早的居民是自冰河时期穿越白令海峡来到北美的亚洲人，他们是当地印第安人的先祖。该州早期曾为印第安人霍皮族、帕帕戈族、皮马族、阿帕切族、纳瓦霍族的居住地。直到现在亚利桑那州依旧有13个自治而独立的印第安部落。

在有文字的记载中，西班牙人最先探索了这片西部土地，并将之变为其殖民地。随着西班牙王权在世界各地殖民地中的衰落，加上1776年美国独立和1789年的法国大革命的影响，西班牙殖民地的人民纷纷要求从王国的统治中脱离。西班牙统治者逐渐丧失了南北亚利桑那地区的统治权。1821年3月1日，墨西哥宣布独立，这个新国家创设了北部省，包括现在的亚利桑那州和新墨西哥州。美墨战争之后，州际铁路的修建刺激了美国人民西部土地扩张的野心，年轻的美利坚合众国开始逐步购买亚利桑那的土地，到1856年，图森（Tucson）已被美国军队接管。但定居在亚利桑那地区的殖民者似乎同时被美国政府和墨西哥政府所遗忘，图森地区的人民只好承担起自己治理自己的任务。到1863年，美国国会采纳了为新墨西哥州和亚利桑那州划定分界线的决议，并通过了《组织法》，于当年2月24日生效。一组官员于9

月从华盛顿出发准备去接收亚利桑那殖民地的行政事务，他们在1863年12月29日抵达北亚利桑那的纳瓦霍泉（Navajo Spring），正式宣布建立亚利桑那殖民地，1889年殖民地的行政管理中心迁到了凤凰城（Phoenix）。1904年，国会出台一项法案建议将新墨西哥殖民地和亚利桑那殖民地合并为一个州，此举立即遭到了亚利桑那殖民地居民的激烈反对，当即有23部殖民地法案反对这一提议。因此，到1910年9月12日，41名民主党人和11名共和党人被选举为制宪会议的代表，为了使总统和国会批准亚利桑那殖民地成为合众国的一个州而制定州宪法。值得一提的是，时值进步主义运动风起云涌之时，亚利桑那州宪法中很多条目都反映了进步主义运动的一些思想。1912年2月14日，亚利桑那殖民地确立了州状态，正式成为亚利桑那州。

亚利桑那州为沙漠气候，首府菲尼克斯空气干燥炙热，尤其在夏季更加酷暑逼人，而冬季温暖。"二战"之后，中央空调在美国家庭中得到了迅速应用，这也为亚利桑那州的发展带来了良机，可以帮助缓解高温天气给人造成的不适，大量人口开始迁入亚利桑那州，一些大型公司和企业也开始进驻菲尼克斯市，如电器公司安富利集团（Avnet）、阿波罗集团及矿业公司费尔普斯道奇公司（Phelps Dodge Corporation），英特尔公司同样在菲尼克斯设置了亚利桑那州最大的研发中心，另有美国航空公司总部设立在坦佩市（Tempe）。时至2021年，亚利桑那州已建州110年。据美国十年人口普查数据以及人口统计局的推算，1980—2030年的50年间，每十年亚利桑那人口便呈

现出明显的增长，如表 2-2 所示。❶

表 2-2　1980—2030 年亚利桑那州人口增长情况

年份	人口增长（人）	增长率（%）
1980—1990	947013	35
1990—2000	1465404	40
2000—2010	1506749	29
2010—2020	1819067	27
2020—2030	2255949	27

亚利桑那州实行行政、立法、司法三权分立制。立法机构首脑是议长，司法机构首脑是大法官，行政机构首脑是州长（不设副州长）。州长、州务卿、总检察长、财务长等公职由民选产生，任期 4 年，可以连选，但连任期不可超过 2 届。州议会由参众两院组成，参议院由 30 名参议员组成，众议院由 60 名众议员组成。州司法系统由州最高法院、地区法院和上诉法院组成。州最高法院由 5 名大法官组成，大法官由州长提名，经州参议院批准，任期 6 年。

亚利桑那州是支持工作权利法（Right-to-work Law）的州，该法禁止成立安全协议联盟（Union Security Agreements），或劳工协会和雇主之间的协议，控制已成立的协会对会员资格的要求、会费的支付和雇用前或雇用后作为雇用条件而缴纳的费用

---

❶ Northern Arizona University. Arizona's Rapid Growth and Development: People and the Demand for Services［R］. Arizona Town Hall，2006.

等。工作权利法并不是为寻找工作的人提供常规的雇佣保障，而是用于雇佣者和劳工协会之间合同契约的政府规定，防止他们排斥非劳工协会的雇员，或是要求雇员给已经获得协商合同的联盟缴纳费用。❶ 工作权利法在包括亚利桑那州在内的 24 个州实行，正是由于这一规定，对亚利桑那州立大学的治理结构也产生了一定的影响。

二、亚利桑那州立大学历史及其治理结构

亚利桑那州立大学（Arizona State University，ASU）创建于 1885 年 3 月 12 日，前身是殖民地师范学校，设在坦佩市。1885 年，约翰·塞缪尔·阿姆斯壮（John Smauel Armstrong）成功地使殖民地师范学校法案生效，1886 年 2 月 8 日，设立在坦佩的殖民地师范学校迎来了首批学生，首任负责人（Principal）为海勒姆·法姆（Hiram Farmer）。在随后的时间里，师范学校稳步发展，学生数目逐年增多，知名度也有所提升。1900 年，亚瑟·约翰·马修成为第一位校长，任期达 30 年之久。在他的管理之下，殖民地师范学校的身份发生了改变，在有些场合学校也被称为坦佩师范学校或亚利桑那师范学校。学校扩充了其课程，为不想从事教师职业学生提供其他职业训练。1925 年时任州长乔治·W. P. 汉特签署法令，将殖民地师范学校改为坦佩州立教师学院。到 1945 年，师范学院已

---

❶ Wikipeida. The Right to Work :Law [EB/OL]. [2014-12-05]. http://en.wikipedia.org/wiki/Right-to-work_law.

再次更名为亚利桑那州立学院,借助于"二战"后《退伍老兵法案》,师范学院的发展变得越来越成熟,开始酝酿更名为大学。师范学院的学生和校友成立了校名更改运动,最后在总数为101881的投票中获得了51471票,亚利桑那师范学院更名为亚利桑那州立大学。

时至今日,ASU已成为亚利桑那州三大公立大学之一,也是全美最大的公立研究型大学之一。ASU共拥有5个校区,分别为菲尼克斯校区(Downtown Phoenix Campus)、坦佩校区(Tempe Campus)、西校区(West Campus)、理工校区(Polytechnic Campus)、哈瓦苏湖城校区(Colleges at Lake Havasu City),全校共有17个学院。现任校长迈克尔·M.克洛(Michael M. Crow)是教育家、知识企业架构师、科学技术政策学者和高等教育领袖。于2002年7月成为亚利桑那州立大学的第16任校长,一直连任。他带领亚利桑那州立大学迅速、开创性地转型成为美国最好的公立都市研究型大学之一。

ASU现由亚利桑那董事会(Arizona Board Regents)管理,该委员会同样管理亚利桑那州其他两所公立大学:亚利桑那大学(University of Arizona)和北亚利桑那大学(North University of Arizona)。除了董事会对全校事务进行统筹规划之外,ASU的大学评议会(the University Senate)、学术委员会(Academic Counci)及全体委员对大学进行共同治理(Shared Governance)。ASU的学术共同体成员共同组成大学委员会,用来代表全校所有可以授予学院的院系机构。为了方便大学委员会的运作,由正副校长、候选校长以及各分校旧校长组成了执行管理委员会（Executive Board of the Senate）。委员会在校长中选举主席，主持会议，进行大会发言。大学委员会还将产生下属委员会，允许其适当地有效地行使共同治理职责。每所分校的学术成员需要每年选举候选校长，候选人于下一年的6月1日成为分校校长。各分校的委员要举行核心会议商讨各分校的重要事务。

大学学术委员会主要有如下的功能和职责：（1）在大学委员会商务会议期间监管其事务，包括春秋学期之间的暑期学校；（2）代表大学委员会和学术共同体成员，定期与校长或校长委任的人见面；（3）就有关共同治理的问题向校长献策；（4）就大学政策问题向校长献策；（5）分校的校长为校长大学理事会（President's University Council）服务，由校长决定理事会成员的任命，受校长年度考核约束；（6）就学术事务定期与教务长会面，并向教务长献策；（7）帮助协调同步全校课程问题；（8）监管全校管理委员会；（9）根据需要，与所有大学官员会面并向其献策；（10）在亚利桑那教师委员会（Arizona Faculties Council）中代表ASU，在ASU担任轮值主席一职时选举主席人选。

ASU共同治理具体的流程主要如下：全校范围内的委员会由教职员工、行政人员和校内其他单位的一定人员组成。教职员工和行政人员要努力配合，委员会人员构成达到性别、种族和阶层的多元化。

教职员工要对学术单位主席或负责人、系主任、副教务长和学术副校长的选拔和评估方面建言献策。寻找和雇用委员会成员，为教师和学校行政人员的合作召开会议。决策权分散在全校各学院、院系和研究中心，都有一定的权力去决定一定的政策，按自己的操作领域去实施政策。学术单位依照规定，在组织结构、政策和程序方面建立学术共同体中的教职人员和行政人员的合作。学术共同体成员征求大学学术委员会和大学委员会在推动其学术单位共同治理的有效性方面的帮助。

2020年秋季，ASU迎来了12677名新生。为更好地服务本州教育质量发展，60%的亚利桑那州居民的一年级学生获得了ASU的顶级学术奖学金，统称为"新美国大学奖学金"（New American University Scholarships）。❶ 根据ASU 45天入学人数统计（45th-Day Headcount Enrollment），2020学年，ASU总共招收学生117492人，但大部分生源主要来自本州居民。❷

2021年ASU共有超过4700名教职员工，是ASU发展卓越的公立研究型大学的智力储备和研究基础。全校获得终身教职的教师有1495人，占全校教职员工总人数的30.4%。按职称来分，全校教职员工人数占比如表2-3所示。❸

---

❶ Arizona State Universiy. Facts and Figures[EB/OL].[2021-11-01].https://www.asu.edu/about/facts-and-figures.
❷ Arizona Board of Regents. Fiscal Year 2021 Fall Enrollment Report[EB/OL].[2021-11-01]. https://www.azregents.edu/sites/default/files/reports/enrollment-report_2021.pdf.
❸ Arizona State University. Faculty Excellence[EB/OL].[2021-11-01].https://www.asu.edu/about/facts-and-figures.

表 2-3　2021 年 ASU 教职员工人数与占比（按职称分）

职称	人数（人）	占比（%）
教授	1077	21.9
副教授	839	17.1
助理教授	812	16.5
指导员	486	9.9
讲师	591	12.0
无职称	1114	22.6

三、ASU 转型为创业型大学的动因分析

1. ASU 克洛校长的战略决策

领导者的角色在大学组织规划的成功中占有举足轻重的作用，规划需要领导者高屋建瓴地评估大学现有的资源、优势、劣势、需求、所处环境和未来前景。适当确立大学发展目标对大学组织的成功十分关键，当外部环境改变时，强势文化下的严格战略措施将不再适用于组织，即使外部环境没有剧烈变化，先前成功的组织也有可能因为战略规划的局限而走向失败。❶一名具有创新精神和冒险精神的校长通常会比普通校长更具灵活性、创新精神以及获得关系和机会的能力，善于利用资源、商议具有开创性的合作关系并将组织带入新的发展方向。ASU 现任校长迈克尔·克洛在就任之前已有过数次成功搭

---

❶ Gary Yukl. Leadership in Organization [M]. New Jersey: Englewood Cliffs, 1994.

建大学与企业关系、推动大学科技成果转换的经验，并成功运营了几项科技创新项目，在此背景下，克洛校长本人的经验和开放个性是制定 ASU 大学愿景和发展战略的领导力基础，将 ASU 的转型定位为创业型大学、构架 ASU 科研成果与市场的桥梁，使大学与社会经济发展紧密结合符合他一贯的工作做法，也契合他个人的工作理念。对比亚利桑那州其他两所公立大学亚利桑那大学（UA）和北亚利桑那大学（NUA）的发展愿景，克洛校长对 ASU 未来的发展目标的阐述可谓巨细无遗，对比之下 UA 和 NAU 的发展愿景仅是寥寥数语，只在各自学校主页中以列表形式呈现了大学使命和价值观，而克洛校长在就职演说中用长达 43 页的演说稿详细阐述 ASU 的已有历史、发展愿景、愿景实施措施等相关内容。不仅如此，克洛校长深谙新闻媒体的传播功能，除了接受传统媒体的采访，更多次使用 YouTube、Facebook 和 Twitter 等新媒体形式实时向公众传递 ASU 的发展信心并更新 ASU 最新科研、教学和社会活动动态。事实上，克洛校长并没有明确提出要将 ASU 建设成一所"创业型大学"，而是一所新美国大学，以创业精神为学术文化，目标是成为兼具大众化、优异性和社会影响力的新式的美国大学。在本书中，为了更加清晰地分析 ASU 组织变革的机理，将用创业型大学来定义克洛校长对学校设定的发展定位。

2. 组织文化基础和地理环境

亚利桑那州所处的美国西部地广人稀，自然风光迤逦壮阔，在壮美却严酷的自然环境下，个人主义精神成为西进运动时期盛行的文化，在西部生存的人们独立、顽强、进取、不畏艰难地寻求更好的生活，这种精神也延伸到 ASU 的创校历史中并持续至今。ASU 并不是亚利桑那州最早的公立大学，在其创立之前 UA 已经成为州内首屈一指的高校，而 ASU 在创立之初也不过只是一所小型师范学校，凭借最初几任校长的努力才得以持续招生并生存下来。

不仅如此，独特的地理位置也使得亚利桑那州成为全美印第安人居留州之一，加上临近墨西哥，亚利桑那州拥有大量西班牙裔居住者，人口的多样性昭示着教育需求的多元化。除此之外，地理位置也决定了 ASU 与 UA、NAU 的不同，ASU 地处亚利桑那州乃至西南地区新兴经济区的菲尼克斯大都市圈（Phoenix Metropolitan Area），靠近本州首府，又临近本州经济中心，与州政府和菲尼克斯大都市圈内其他城市的政府的往来密切。根据埃兹科维茨教授的三螺旋理论，大学—企业—政府的新型契约关系是创业型大学重要的技术发展模式，ASU 的学术资本吸引政府和企业的注意力，而在政府及企业的多边合作中 ASU 的学术资本亦在不断累积。

本章小结

本章主要为相关概念和个案学校背景介绍。在开放系统组织理论基础上讨论组织、组织变革和大学组织变革的概念，将大学组织变革定义为大学组织主动适应外部环境时有计划地进行的转变，包括制定组织发展目标、重新设计组织结构、资源再分配、逐步实现组织类型转变的变革过程。创业型大学是本书的重要核心概念，是履行教学、研究和提升地区经济社会发展三项职能，与政府和产业界建立新联系，从组织文化、机构设置、学科结构等方面进行大学转型的一类大学，主动积极地以创业创新行为带动本地经济发展，提升大学知名度，完善社会服务水平，并最终摆脱原有困境和资源依赖而获得成功的大学。在本章的最后部分介绍了个案学校的历史和现有结构，解释亚利桑那州"工作权利法"的政治文化，这一文化对 ASU 的组织变革产生了深远的影响，同时分析了 ASU 组织变革的动因。

第三章　顶层设计：ASU 领导模式与战略规划

外部环境变量引起管理变量的转变，领导方式也是管理变量的构成部分，权变理论中领导方式时常与组织情境保持一致，当情境发生变化时领导方式也将随之发生变化。本章将从三个方面对 ASU 领导因素进行分析：一是 ASU 校长领导力的来源；二是 ASU 校长领导力变化，即创业型校长领导力的形成以及 ASU 校长领导下愿景和发展战略的制定；三是校长领导下愿景和发展战略，并依此实施的组织文化的变革。

第一节　ASU 有效领导力的来源

一、领导力与权变因素分析

1. 领导力的内涵

确认领导力（leadership）的内涵是开展本书校长领导力研究的理论基础。一直以来，学界尚未对领导力的含义达成共识。有人将领导力定义为团体进程的完整部分，也有人定义为一种影响过程、结构的萌芽，以及目标实现的指导等。❶ 有学者认为领导力是试图影响其他人行为的过程，领导者努力试图将这种影响力通过权力的一些形式，取得被领导者的妥协。❷ 美国学者万斯·帕卡德（Vance Packard）简明地指出领导力是"一门让其他人希望去做一些你确信应该去做的事情的艺术"。❸ 领导者必须要被他人所追随，可以帮助他人从内心希望完成目标，不是通过命令，也不是强迫。大部分领导力定义都反映出领导力与社会影响过程有关，由组织或团体中一个人向他人施加的影响力以塑造行为或关系。但定义又千差万别，主要表现在由谁来施加影响，希望带来怎样的影响，施加影响的方式，带来的结果又如何，这些问题折射出领导力及领导过程内涵本质的差异，定义选择的不同导致研究者在研究方法和对结果的诠释时出现分歧。

领导力是社会和文化现象，领导力和领导过程的有效性与其所在的外部环境有着密不可分的关系。不同国家和文化对领导者的定义有着迥异的看法，新加坡成功的领导者在瑞士可能被视作太过威权，而埃及卡里斯马型的领导者在法国和德国则无用武之地。分析领导力必须要结合并理解其实施的文化背景。文化存在于三个层次。第一层次是国家文化，是由整个

---

❶ Afsaneh Nahavandi. The Art and Science of Leadership [M]. New Jersey: Pearson Prentice Hall, 2009: 4.
❷ Michael L. Vasu, Debra W. Stewart, G. David Garson. Organizational Behavior and Public Management [M]. New York: Marcel Dekker, INC, 1990: 76.
❸ Michael R. Carrell, Daniel F. Jennings, Christina Heavrin, J.D. Fundamentals of Organizational Behavior [M]. New Jersey: A Simon & Schuster Company, 1997: 462.

国家人民所共享的价值观和信念。第二层次在国家文化之外，一个国家内还存在不同种族和文化群体，尽管这些种族也在共享国家文化，但同时保留着自己独一无二的亚文化，这些亚文化也构成了整个国家的文化。文化差异同样还体现在性别之上，固有的性别模式也影响着人们对领导力的看法，领导者的特征通常是"进取的""独立的"这种形容男性的阳刚词汇，缺乏合作、奉献等女性特征。第三层次是组织文化，是由组织成员共享的一系列价值观、规则和信念。每一个组织都有其独一无二的组织文化，这些组织价值观通常包括对领导力的信赖，在很多组织中，领导者，特别是组织的创建者也会创造和鼓励文化。国家文化会对组织文化带来深远影响，因为国家文化体现在生活的诸多方面，对人们的日常活动、组织活动都有着强大且无处不在的影响力。例如，相比瑞士公司，法国公司更具有科层制和重要人物导向的特征。这三个层次的文化构成了领导力的外部环境变量，塑造了我们对领导者的观点和期待。

权变理论为领导力的研究提供了不同的视角，领导行为包括领导者、被领导者和外部环境这三个变量关系，权变领导力理论在领导方式和领导背景之间构建了分析领导效率的框架，领导力的有效执行不是常量，而是与领导者的素质、领导者面临的客观环境有关。领导者必须是具有适应能力的人，卢桑斯使用"最不愿与之共事者"（Least Preferred Co-worker，LPC）量表来区分领导方式。确定有效领导力的关键权变因素为领导者和组织成员的关系（Leader-member Relations），即亲切、信任、自发性以及下属的合作程度；任务结构（Task Structure），明确清晰地表述出该做什么；领导者的权力（Power of Leader），领导者所拥有的正式权力。❶LPC 要求领导者设想一个最不愿共事的同事，然后在 20 项个人特征选项中评估此人，如愉悦或不愉悦、紧张或放松、无聊或有趣以及讨厌或友好。通过研究，卢桑斯发现领导者对 LPC 量表呈现出两种类型，第一种是高 LPC 型领导者，对最不愿与之共事的同事给出了相对高的评价，而低 LPC 型领导者则相反，给出的评价较低。高 LPC 型领导者的反应显示出他们对共事者持有更加支持的态度，因此称作"关系导向"（Relationship-oriented），低 LPC 型领导者更加注重"任务导向"（Task-oriented），更关注共事者任务完成的程度。卢桑斯的理论认为两种领导方式都可以有效率，取决于这种方式是否契合领导者所面临的权变因素。

2. 领导力的类型及来源

在大多数组织中，一些人处于领导者的位置，拥有权威、解决技术问题，对其他人产生思想或行为上的影响，这赋予了一些人组织内的领导权力。权力通常是指给予代理人能力去影响目标对象，有时候权力是指给予代理人能力去影响目标对象的态度和行为。有时候这一目标对象是一个人，有时候是指一群人。权力可以影响个人，也可以影响事物。❷ 理解权力需要涉及组织中不同类型的权力，弗兰奇（French）和瑞文

---

❶ Michael L. Vasu. Organizational Behavior and Public [M]. New York: Marcel Dekker, 1990: 158–159.

❷ Gary Yukl. Leadership in Organization [M]. New Jersey：Englewood Cliffs, 1994: 194.

（Raven）对权力进行了分类，如表 3-1 所示。

表 3-1 权力分类体系

权力类型	内涵
奖励	目标对象屈从于代理人以获得奖励，他们相信自己被代理人所控制
胁迫权力	目标对象屈从于代理人以避免惩罚，他们相信自己被代理人所控制
法定权力	目标对象屈从于代理人，因为他们相信代理人有权提出要求，且目标对象有义务去遵从
专业权力	目标对象屈从于代理人，因为他们相信代理人在选择最佳问题解决方法时拥有特殊知识
威望权力	目标对象屈从于代理人，因为他们钦佩并支持代理人，并希望得到代理人的认可

资料来源：Gary Yukl. Leadership in Organization [M]. New Jersey: Englewood Cliffs, 1994: 197.

权力的来源一般分为"职位权力"（position power）和"个人权力"（personal power）。职位权力是由个人在组织中所处的职位所带来的权力，而个人权力则更多来自个人特质，如表 3-2 所示。

表 3-2　权力来源分类

职位权力	合法权力
	对资源和奖励的控制
	对惩罚的控制
	对信息的控制
	生态控制
个人权力	专业知识
	友谊及忠诚
	卡里斯马型

（1）合法权力。权力最普遍的来源是组织赋予。权威是基于一个组织或社会体系中特殊职位有关的特权、职责、责任。所以，由组织赋予的职位拥有正式的权威。代理人有权力作出一定的要求，目标对象也有义务去遵从。权威个人通常有权力对事物施加控制，例如对金钱、资源、设备和材料，也可以控制另一种权力的来源。

（2）对资源和奖励的控制。当一个人有能力奖励他人和控制资源时，便获得了一定的权力。这一权力可能来自组织中领导者的职位，当一个人在组织中的职位越高，则他/她越能控制稀缺资源，例如公司的执行官有权作出决定如何在下属单位和活动中分配资源。对奖励的控制权也被称作奖励权力，这种权力不仅基于对资源的控制，同样也是基于目标对象在完成安排的任务后会带来的奖励。如果代理人不能在目标对象完成任务后给予奖励，失掉诚信，则奖励权力将无法实施。

（3）对惩罚的控制。包括对他人惩罚的控制，也包括组织他人获得奖励的权力，这一权力有时也被称作胁迫权力。组织中的正式权威不仅实施奖励权力，同样也会使用惩罚权力。军队和政治体系通常会施加胁迫权力，但在公司中则较为少见。在过去的200年里，胁迫权力在各行各业中也开始减少。例如，曾经经理可以任意解雇职员，船长可以随意鞭打不遵从命令或没有完成任务的船员，军队长官可以处决在战场上违抗军令的士兵。如今这类胁迫权力越来越受限制。

（4）对信息的控制。包括掌控稀缺信息以及信息分布。有些控制信息的权力来源于个人在组织交流网络中所处的职位，管理职位通常会提供不同于下属获取信息的渠道，不同职位代表着获取组织内部不同信息的权限，但这不仅是因占据特殊职位而获得信息，个人必须积极地参与编制信息网络，并从中获取信息。

（5）生态控制。指通过控制物理环境、技术和工作组织来对下属施加影响，这类操控物理和社会情境的方式允许对他人行为产生非直接的影响。

（6）专业知识。在某一领域内能够解决问题是个人权力的重要来源，这一类型的权力只有在他人依靠某人获取专业建议时得以实施。

（7）友谊及忠诚。这一权力来源于一个人对另一个人的喜爱，有的时候也被称作威望权力。人们通常会对自己的朋友存有好感，更愿意执行他们钦佩的人所提出的要求。

（8）卡里斯马型。卡里斯马是指个人拥有强烈的特征和个

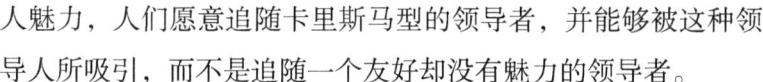

人魅力,人们愿意追随卡里斯马型的领导者,并能够被这种领导人所吸引,而不是追随一个友好却没有魅力的领导者。

二、ASU 校长的权力来源

学术领导力是大学校长的领导力合法性来源之一,在高等教育组织环境中,学术领导者通过领导行为对组织成员施加影响。根据权变理论,有效的领导力与环境因素之间存在一定的变量关系,通过管理行为因素来达到领导力的高效率。罗伯特·伯恩鲍姆(Robert Birnbaum)在《学术领导力如何运作:理解大学校长职权的成功与失败》一书中认为,领导过程是一个社会互动的过程,只有当"领导者"与"被领导者"之间相互沟通产生联系时,领导过程才会产生。"不仅要看领导者的所作所为,更重要的是要考察其潜在追随者的反应方式,这包括追随者如何思考领导力,如何诠释领导者的行为,他们对一些模糊实践的原因和结果的解释怎样达成共识。"❶ 在大学中,大学若获得实质性的长期发展需要领导者和追随者认同共同愿景,大学领导者的愿景需要成为学校成员共同的愿景。一般来说,学术领导力包含以下三个基本特征。第一,学术领导力是一种团体现象,领导者拥有权力去影响他人。在大部分的概念基础中,权力是一个人影响他人的能力,或是控制他人的

---

❶ 林培锦,李建辉.沟通与互动:大学领导力的文化与解释学分析[J].外国教育研究,2011(5):16.

能力。❶ 第二，学术领导力是领导者以目标为导向，决定一个组织的发展方向，领导者使用其影响力，通过特定的行为去引导其他人，或是达成一定的目标。第三，学术领导者需要具有卓越的视野和前瞻性，并且能够与成员沟通，寻求共同愿景的达成。

学术领导者包括董事、校长、副校长、院系主任及行政管理人员。在本研究中，主要聚焦于大学校长领导力的执行和实施，鉴于学术领导力是发生在高等教育机构这一情境当中，本书将学术领导力理解为高等教育机构中校长通过设定大学发展愿景，积极引导下属教职员工和学生认同其发展愿景和长期规划，并自愿跟随其实现发展愿景。

1. 大学校长的权力来源

大学校长的角色是一个复杂的领导角色，大学往往拥有很多重要参与人员，包括政府立法者、校友、资助商、学生、家长、雇主和社区群体等，大学，尤其是在州立大学需要就办学宗旨和年度任务接受社会各界的问责和评价。大学董事会、教师和行政管理人员是大学管理活动最主要的参与者，也是大学校长主要领导对象。虽然学生群体也是学校管理过程中的参与者，但其对学校决策起到的作用较小，一般在针对具体问题时才会参与。

一般认为大学校长权力的来源需要获得教师、董事会和行政管理人员三方支持。优秀的校长会平衡三方的不同利益和需

---

❶ Afsaneh Nahavandi. The Art and Science of Leadership [M]. New Jersey: Pearson Prentice Hall, 2009: 160.

求,并被这三个群体接纳。这三方群体并不处于平级状态,优秀的校长获得了三方支持说明其不仅满足了上级的需求,也符合了下属的期待,这对最大程度发挥领导力很有帮助。但这并不是说大学校长要成为受欢迎的领导者,而是要成为平衡学校管理过程中各方的不同关注点和利益诉求。

(1)教师的支持。学术机构的有效性与大学高层行政管理人员的决策有密切的关系,大学校长毫无疑问属于高层行政管理人员,大学校长在制定决策,尤其是实施决策的过程中都需要与教职员工建立良好的互动,教师的支持是大学校长权力来源的重要途径。学校的教师代表了学校的学术课程及其所秉承的学术价值。教师有责任评判学校是否履行了创造和传播知识的使命。[1]教师通常将校长视为大学的首席学术官,支持校长作为学校首席学术官也是教师对校长领导的部分支持基础。ASU校长克洛就任伊始着手进行一系列提升ASU影响力和行政效率的组织变革活动,旗帜鲜明地提出建立"一所新美国大学"(A New American University)的大学愿景。这一愿景获得了学校绝大多数教师的支持。有一位教师对克洛校长和愿景表达了充分的肯定和支持,她这样描述:"我认为(愿景)非常聪明,它维持了对高质量的期待和奖学金教育,并且平衡了大多数人,而不仅是精英获取教育的途径……我的确认为他(克洛校长)是一名成功的领导者,我是指这样一个事实,绝大多数教师以及大多数学生都听说了'一所新美国大学',也知道这

---

[1] [美]罗伯特·伯恩鲍姆.学术领导力[M].周作宇,等译.北京:北京师范大学出版社,2008:49.

代表了什么,他非常有天赋。"(IT-LGS)

(2)董事会的支持。在公立大学,董事会代表的是公众对大学的监督和管理。董事会聘任校长,他们有责任确定校长是否对公众利益切实负起责任,是否慎重高效地使用学校资源,对外是否足以代表学校以及是否准备执行董事会的政策指示。❶董事会成员并不会介入大学管理的实际事务,他们将校长视作学校的首席执行官,并以此对校长作出相应评价。董事会的支持表明董事会愿意协调大学与公众利益之间的关系。

(3)行政管理人员的支持。行政管理人员是大学各项决定的实施者和政策的执行人,他们会为学校课程计划的开展提供机构和程序上的支持,大学行政管理体系仍然体现出科层化的特征,校长需要在复杂的官僚体系中维持各方的利益均衡。从行政管理人员的角度考虑校长的决策是否正确、是否能够保证学校平稳运作、是否为学校争取了足够运营资本。他们的支持与否反映了校长是否是一名优秀的首席运营官。

2.ASU校长的形象塑造

大学被视作神圣的场所,其主要的工作在于转化知识、培育人才、坚守独立自由的信念。像古希腊剧院的作用一样,大学也需要展示出具有戏剧效果的演出,与观众进行有意义的互动。从这一点来看,大学校长作为学术领导者类似于精神领袖,帮助大学成员构建和维持机构秉承的信仰,激励组织成员工作,并供组织中的成员尊崇。具体来说,学术领导力的象征

---

❶ [美]罗伯特·伯恩鲍姆.学术领导力[M].周作宇,等译.北京:北京师范大学出版社,2008:49.

形象如表 3-3 所示。

表 3-3 学术领导力的象征形象

领导力要素	象征形象
学术机构的隐喻	剧院、寺庙
学术领导者的形象	艺术家、先知
领导力的基本任务	观察可能性，创造共同愿景，管理意义，灌输热情、创造力和灵魂
领导力逻辑	构建信仰，共享意义
领导力所持的优势	希望和承诺
框架重点	意义、目的和价值
领导力的关键假设	● 人们对经验的理解不同 ● 意义的决定是组织进程的中心 ● 文化是一个机构情绪和智力的黏合剂 ● 符号展示了机构的身份、价值和信念
分析区域	文化、仪式、典礼、故事、神话、愿景和符号

资料来源：Lee G. Bolman, Joan V. Gallos. Reframing Academic Leadership [M] .San Francisco: Jossey-Bass, 2011: 110.

现任校长克洛于 2002 年 7 月 1 日起正式就职 ASU 第十六任校长。1955 年克洛出生于加利福尼亚州圣地亚哥（San Diego）。在担任 ASU 校长之前，克洛曾先后任职过爱荷华州立大学科学与技术政策科学家、哥伦比亚大学执行副教务长和国际与公共事务学院科学与技术政策教授。作为哥伦比亚大学研究事业的首席策略师，他引领了哥大技术与创新转化活动，成立哥伦比亚创新企业（Columbia Innovation Enterprises），后更名为科学与技术企业（Science and Technology Ventures），推动哥大跨学科项目的发展，同时还协助创立了哥大地球协会（The Earth Institute），致力于通过创新科技来实现地球的可持续发展，该协会现由经济学家杰弗里·塞奇（Jeffery Sachs）领导。1998年克洛成立科学、政策与成果中心（Center for Science, Policy and Outcomes, CSPO），为提升生活质量而推动科学技术进步的机构，现 CSPO 在 ASU 重新组建机构，并同时在菲尼克斯和首都华盛顿设置办公室。可以说，在进驻 ASU 之前，克洛校长在沟通科学技术与社会、经济和环境成果之间已经作出卓越的贡献且积攒了丰富的经验。

2002 年 11 月 8 日，克洛校长发表了就职演说，在其讲话中详细阐述了 ASU 发展愿景，并树立起其奋进的、热情的、有想法的学术领导者的形象。克洛校长的就职演说，以及他随后担任校长时的行动，反映了一名成功的象征型领导所具有的四项关键特征。第一，基于过往经验，提供未来愿景。聪明的学术领袖知晓组织的历史，克洛校长始终强调 ASU 的光荣使命，即作为一所"人民的大学"（people's university），为所有人而不仅为富人提供教育，新美国大学的建立就是继承 ASU 的大学使命，服务亚利桑那州快速增长的多样化人群。第二，树立榜样。克洛校长兼顾行政事务和学术事务，ASU 主页上更有他录制的 30 多个视频来表达对新生的欢迎。他提出如果新生没有得到应有的帮助，可以通过邮件直接向其咨询。他明白自己时刻处于舞台上，需要利用一切机会向公众传递其作为价值观的象征作用。第三，使用英雄式叙事。克洛校长反复提到 ASU 的全体教职员工是"正在从事开创'新美国大学'基本模式的先锋"，ASU 要成为新型的大学，成为一所"处于学术优异最顶端的、涵盖范围广的、社会影响力最大的平等主义高等教育机构"❶。第四，利用仪式和典礼的力量。学术领导者复述故事的最佳场所就是学校的仪式和典礼，象征型领导会利用仪式和典礼来强化共享理念，激励成员达成共同目标。2009年，时任美国总统奥巴马出席当年 ASU 毕业典礼并发表演讲，按照惯例，毕业典礼的演说人会被授予荣誉学位以示尊重，但 ASU 并未授予奥巴马总统荣誉学位。克洛校长利用这个机会向公众传递奥巴马总统与 ASU 共同秉承着平等主义信念以及大众教育，不会提倡特殊化，更不会因为学生的家庭背景而区别对待。

（1）创设共同愿景。共同愿景为组织成员接受并认同，是组织成员共同规划的组织发展未来蓝图和理想。共同愿景描述了组织想要创造什么样的未来，需要组织成员相信这一未来可以被实现，并为达到这一目标而付出努力。领导者是愿景发展和推广的关键人物，在管理组织时都有清晰的愿景来引导和激励他人，而领导者的愿景又是组织变革的关键推动力，一项激励人的愿景应当是清晰的、容易理解的、具有挑战性、可以实现的并面向未来，这样的愿景是组织转型和确保变革的十分重

---

❶ Arizona State University. About: A New Environment, A New Community and New Objectives [EB/OL].［2014-06-11］. http://newamericanuniversity.asu.edu/about/#3.

要的引导。大学发展愿景体现了大学的未来设想和发展方向,是在大学既有传统和立场的基础上,结合组织目标和成员个人价值观而设定的。共同愿景包括三个要素,即组织的目标、价值观和使命。[1] 目标是组织期望在短期内达到和实现的成果,价值观是组织成员为实现组织目标而共同遵循的一些基本原则,使命是阐述组织存在的理由,以及什么是组织,在明确组织使命的同时为组织成员提供归属感。

ASU 新校长的就职演说是大学生活的重要象征事件,克洛校长回顾了大学的成长历程,肯定前任校长的治校策略,赞扬学术研究人员对维护大学学术传统、保存和传播科学研究以及管理人员对维护学校秩序而作出的巨大贡献。在这一过程中,克洛校长以积极生动的方式向教师、行政管理人员和学生表达出大学在未来的不同阶段所需要完成的任务和达成的目标,申明在目标实现中组织成员之间所共享的价值体系,并通过就职演说传达出具体的组织发展问题来明确 ASU 的大学使命。例如,ASU 在完成怎样的事业?ASU 存在的根本目的是什么?ASU 可以提供什么样的教学和服务?ASU 代表了什么人的利益?ASU 可以带来什么样特有的体验和价值?ASU 的特色是什么?回答这些问题是在告诉董事会、教师、行政管理人员和学生,大学的期望是什么,大学存在的价值意味着什么。词频分析也显示了克洛校长最关注的重点内容和对大学发展的整体规划。

(2)重塑组织文化。文化是一个机构情绪和智力的黏合

---

[1] 牛继尧. 共同愿景的构成要素与作用 [J]. 现代管理科学, 2005 (6): 55.

第三章 顶层设计：ASU 领导模式与战略规划

剂。著名组织理论家沙因（Edgar H. Schein）将群体的文化定义为："一个群体在解决其外部适应性问题以及内部整合问题时习得的一种共享的基本假设模式，它在解决此类问题时被证明很有效，因此对于新成员来说，在涉及此类问题时这种假设模式是一种正确的感知、思考和感受的方式。"❶ 任何群体的文化都可以在人工成分、信念和价值观、基本潜在假设这三个层次上进行研究。人工成分层次属于文化的表面形式，是通过观察行为可见的、能感觉到的新文化体系和过程，但又不属于熟悉的文化体系；信念和价值观层次包含一个群体在遇到难题时所体现出的一致的理想、目标、价值观和抱负，当一些信念和价值观能够持续地为成员在解决某一问题时提供答案和思考的意义时，就会转换为群体成员所共同遵守的不容置疑的假设；基本潜在假设层次是一个群体中无意识的、理所当然的信念和价值观，对基本假设的挑战会引发人类群体的焦虑和防御，组成一个群体文化的共享基本假设可以被认为是个体和群体层面上的心理认知防御机制，它使群体有可能存续下去。❷ 同时基本假设是为群体成员提供身份的归属感和自尊的价值观。组织文化的重塑要从这三个层次着手，配合组织制度的变更，巩固新文化在组织中的活力。

环境的变化是组织必然面对的条件，在世界金融危机、州政府财政拨款减少以及高等教育竞争激烈的背景下，进行组织

---

❶ ［美］埃德加·沙因. 组织文化与领导力［M］. 4 版. 章凯，罗文豪，朱超威，译. 北京：中国人民大学出版社，2014：16.

❷ ［美］埃德加·沙因. 组织文化与领导力［M］. 4 版. 章凯，罗文豪，朱超威，译. 北京：中国人民大学出版社，2014：26.

文化重塑也是克洛校长领导 ASU 走出困境，重新评估大学发展目标，制定新制度的重要举措。ASU 组织文化重塑首先要识别现有文化，确定重塑的目标，分辨哪些现有文化对组织生存具有积极的、有利的作用，需要重新设立的文化有哪些，然后了解组织成员的个人需求和期待。成功的组织文化重塑是由与之相适应的新组织制度来保证的，构建或重组相应的学术单位、责任制度和奖惩制度，并通过明确的文件形式加以规范化。ASU 的新组织文化将对每个组织成员提出新的要求，教职人员和行政管理人员需要寻求在新组织文化的引领下最适宜自己的工作方式。

第二节　校长领导下 ASU 愿景与战略规划制定

将 ASU 建设成具有创业精神的大学是克洛校长上任之后的主要领导目标。"创业"一词成为近年来广受关注的重要概念，企业家型领导力（Entrepreneurial Leadership）成为创业理论中的新领域，为重新定义 ASU 克洛校长的领导模式提供了新视角。企业家型领导在创业理论和领导力理论领域都属于相对较新的研究范畴。创业理论和领导力理论之间无论历史演化、结构定义和研究方式上都有相似的地方，两者的融合形成了企业家型领导力这一概念。❶ 企业家型领导者需要拥有特别的职能，确保他们能够成功地在创业活动中展示领导者角色和任务。一般说来，这些职能包括操作、财政、市场和人力资源管理，其他也包括建立起与追随者的责任，说明创业型领导者能力的局限等。❷

具体到公立研究型大学来说，成功企业家型大学校长与成功普通大学校长在领导力的执行方面有区别也有重合之处。企业家型校长通常会比普通校长更具灵活性、创新精神以及获得关系和机会的能力。他们会利用资源、商议具有开创性的合作关系、将组织带入新的发展方向、尽管能够认识到风险也愿意承担风险。他们更愿意发展出专门的结构去完成目标，也并不害怕违反既有原则，并产生出很多革新的观点。在多数情况下，企业家型校长所领导的学院会因为其领导而比之前有很大的进步。❸ 综合来说，成功的企业家型校长的领导方式主要有以下三个特征。

第一，成功的企业家型校长是以人为取向的领导者，通过人而不是组织来进行管理。这通常涉及面对面的会议、直接处理危机，并且通常不会顾及学院这一正式组织而直接处

---

❶ Afsaneh Bagheri, Zaidatol Akmaliah Lope Pihie. On Becoming an Entrepreneurial Leader: A Focus on the Impacts of University Entrepreneurship Programs [J]. American Journal of Applied Science, 2011, 8 (9): 886.

❷ Afsaneh Bagheri, Zaidatol Akmaliah Lope Pihie. On Becoming an Entrepreneurial Leader: A Focus on the Impacts of University Entrepreneurship Programs [J]. American Journal of Applied Science, 2011, 8 (9): 887.

❸ James L. Fisher, James V. Koch. The Entrepreneurial College President [M]. Westport: American Council on Education and Praeger Publishers, 2004: 121.

理有关人员。企业家型校长会借助他们的同事来工作,他们通过有效和坚定的领导力来执行管理,但他们同样会依赖并与同事合作。他们有时会利用在校园中散步、参加校园一些活动、与其他主要领导人员互动、出席社区服务会议等方式来收集信息。

第二,成功的企业家型校长并不拘泥于制定策略计划,他们相信这会抑制创新。采用并实施计划意味着"会给创新、改变、适应和正式反应带来阻碍"。❶一个组织计划是可以更改的,但反复地修改计划就相当于抛弃了计划,所以很多企业家型校长并不热衷于制定综合的院校发展策略。虽然很多企业家型校长拒绝长期的责任,但他们仍然愿意认同并采取开放式的行动。

第三,企业家型校长通常都有作为高等教育机构教职员工的经历,虽然并没有明显的证据能够显示学术工作和大学行政工作之间的联系,但学术工作经历对于证明校长胜任高等院校的工作十分重要,他们会更理解一所大学的传统及文化对大学重塑的传承性,能够更加了解大学治理的结构和运作方式,愿意与教职员工及行政人员沟通和交流,这也可以帮助企业家型校长获得更多支持和认同。

克洛校长自就职之日起,表现出了企业家型领导者所具备的开放、沟通、有激情、创造性等特征,并将这些特征融入ASU组织变革中,对全校规模的学术重构和制度重塑起到了重

---

❶ Robert Peck. The Entrepreneurial College Presidency [J]. Educational Record 64, 1983 (Winter): 21.

要的推动作用。

一、"一所新美国大学"的发展战略

经过一百多年的发展，ASU 逐步从一所殖民地时期的师范院校发展为综合性研究型大学。恰如前述，ASU 所处的亚利桑那州是第 48 个加入美国的西部州，进入 21 世纪，亚利桑那州经济快速发展、人口迅速增长，ASU 所处的菲尼克斯大都会区（Phoenix Metropolitan Area）作为美国新兴的经济发展区其力量不容小觑，该地区位于美国边界，影响力辐射墨西哥和拉丁美洲，是美国西南地区的中心，毗邻加利福尼亚州和太平洋周边地区。急速发展的经济和社会为 ASU 提供了极好的改革机会，对于新型教学、学习、研究和服务的需求呼之欲出。在此机遇下，克洛校长表示 ASU 可以成为 21 世纪初期独一无二的新大学，而不是踩着传统大学的脚印，遵循由传统精英研究型大学创立的"黄金标准"，这些黄金标准已经不适用于迅速扩张、地区发展潜力巨大的 ASU。因此，克洛校长勾勒出"一所新美国大学"的发展愿景（详见附录三），提出 ASU 应该追求的"新黄金标准"，号召 ASU 的教职员工同他一起完成"重新定义美国研究型大学"的任务，一同创建新美国大学的前身，一所定义"新黄金标准"的大学。

像大多数公立大学一样，ASU 的主要办学经费都是来自州政府，这导致大学在过去一段时间内被定位为政府分支，这也给大学带来很多内在限制和局限。克洛校长提出创建"一所新美国大学"力图从 ASU 的改革开始重新定义美国的大学,在 ASU 的官方声明中,发展愿景被这样定义:"将 ASU 建设成新美国大学的模板,以我们排除的人来定义自己,而不是我们所接纳的成功的人;追求能够使公众受益的研究和发现;承担经济、社会、文化活力以及社区健康和福利的最大责任。"(DP-CR)笔者就愿景制定的问题向克洛校长进行访谈时,克洛校长阐述了他在履行校长职责,制定"一所新美国大学"愿景时围绕的两个主题。

第一是设计,所有的大学校长都致力于引领和提升他们学院的教学、服务和研究事业。我在 ASU 的工作就是将引领 ASU 转型为新美国大学,这需要更多的关注。每实施一项(或其中大多数)新的组织变革,合作伙伴关系或项目,都将创造新的机会和要求去让人思考机构设计。毫无疑问,ASU 的领导者就像其他社会事业的建筑师,我们努力去建造一座通常是平地而起的人类经验的新手工艺品。第二是与设计十分相关的社会影响力。在引领一项被证明为大多数美国研究型大学的全盘再设计的过程中,我们有相当多的机会去评估和提高我们在推进实用研究、教学和服务方面的前景。我们将社会影响力这一动因融合进我们的使命和设计愿望中。这一动因体现在 ASU 方方面面,至今已逾 12 年,提醒我们多层面地思考所做的努力。(IP-CR)

因为大学的公共性、非营利性和服务性的组织特征，高等教育研究领域并不会将大学视作企业，但克洛校长多次提出将ASU当作一个企业来建设，旗帜鲜明地提出将企业精神灌输进ASU，依此建立一所全新的美国大学。众所周知，美国研究型大学是当今世界大学中的翘楚，在自然科学、社会科学、人文艺术以及技术领域都有着突破性的成就，大学研究与工商业界的联手更是对美国经济的进步产生了不可估量的推动作用，美国研究型大学对美国国家财富增长以及竞争力提升作出了卓越的贡献。美国研究型大学承载着探索发现新知识，为政府、商业和工业领域培养工作者，以及教育家、科学家、工程师、艺术家和健康养护专业人员。不断变化的外界环境对美国研究型大学提出了越来越多的要求，克洛校长认为在此背景之下，美国研究型大学需要不断发展进化，成为"新型美国大学"，虽然很多新大学模式已经显示出对外部变化环境的洞察力，但目前大学改革的力度还不足以走在变化的前面，因此克洛校长对"一所新美国大学"愿景的具体操作设想如下。

1. 突破已有的黄金标准

自约翰·霍普金斯大学开始创立研究型大学，美国一系列公立和私立大学纷纷仿效转型为研究型大学，如哈佛大学、哥伦比亚大学、康奈尔大学等私立大学，以及宾夕法尼亚大学、密歇根大学、加州大学等公立大学，也包括新兴的私立大学，如斯坦福大学、加州理工学院、MIT等。在克洛校长看来，在过去的几百年内这些大学培育了美国绝大多数的博士研究生，而这些毕业生又进入大学执教继续传递所受到的教育，这一类的美国大学代表了"黄金标准"。

时至今日,无论是公立大学还是私立大学,美国大学依旧以"黄金标准"为参照来评估大学的发展水平。黄金标准代表了过去,是现今很多大学的原型,但迅速增长的人口对精英化取向的研究型大学招生路径提出了挑战,现有的研究型大学的定位主要模仿精英研究型大学,每所大学都希望成为哈佛或伯克利,科系的设置也在模仿各自领域内最高水平的科系,这导致全国范围内科系设置的类型化,例如物理学科会统一向 MIT 或加州理工学院的物理学科看齐,所有的经济学科都要向芝加哥大学的经济学科看齐,而所有的戏剧专业又要向耶鲁大学的戏剧学科看齐。不仅学科设置,包括学生来源,美国各大学对优秀学生的定义也大体雷同,主要通过投入导向模式,即学术成就来甄别学术优异的学生。然而哈佛大学和伯克利大学的招生数目毕竟有限,不可能所有的工程师、科学家、社会工作者等都来自一流的研究型大学。其他研究型大学都需要承担培养社会合格的工作者的使命,保证美国国家核心竞争力的不竭动力。克洛校长认为美国大学的"自我满足将导致自满和僵化,也将带来失败"。例如加州大学洛杉矶分校(UCLA),作为全美顶尖研究型大学之一,高中毕业生申请成功率仅为4%,2006 年 UCLA 的新生超过 4800 人,只接收了 249 名非洲裔美国人的申请,最后录取仅约百人。[1] 鉴于洛杉矶地区的种族多

---

[1] Michael Crow. The Research University as Comprehensive Knowledge Enterprise: The Reconceptualization of Arizona State University as a Prototype for A New American University[R]. Seventh Glion Colloquium in Montreux Switzerland,2009-06-20.

元化，UCLA 的少数族裔录取人数确显不足。

美国的大学一直提倡创新，设置跨学科专业，倡导变通。美国的研究型大学无一例外地鼓励多元化，招收多种社会背景的学生，同时努力参与社会服务。ASU 将不再重复黄金标准，致力于成为具有竞争力、可以与美国其他高水平研究型大学相媲美的国家型大学，吸引最好的教师和学生、丰富的研究基金和多层次的私人投资，回应快速变化的世界对大学的迫切需求。ASU 将摒弃精英化和大众化不能出现在同一所大学中的旧观念，根据学生的不同兴趣、智力指标和高中级别来进行学生选拔。大学的成功是基于每一个学生的成功，这也是"一个新美国大学"所追求的目标之一，ASU 力图重新定义平等入学的概念，寻找最大限度地贴合有创造力的天才儿童的入学需求，也扶助因为经济贫困而无法完成本科阶段学习的学生。

利用大学资源服务社区是 ASU 彰显社会服务职能的体现，结合亚利桑那州地处西南边陲，与墨西哥接壤的地缘条件，作为位于一所都市圈（Metropolitan Region）的公立研究型大学，ASU 将社区服务与菲尼克斯大都市圈紧密结合。这一都市圈又被称作亚利桑那太阳走廊（Arizona Sun Corridor），是全美 20 个重要的经济、技术和文化中心之一。亚利桑那州正处于人口爆炸、急速发展的阶段，但根据美国多项评估显示，亚利桑那州的经济、教育、社会发展等水平不仅低于全国水平线以下，甚至处于倒数。克洛校长认为 ASU 有责任在促进菲尼克斯地区的发展方面起到引领的作用，带领菲尼克斯地区的经济社会取得更加有创新性和适应性的成果。通过在研究基础设施上的投资,招募顶尖的教师和研究人员,集中建立一批研发型企业。

2. ASU 的战略定位：优异性、大众化和影响力

前文提到,美国研究型大学现有两种类型,一种是追求学术卓越和发现的大学,另一种是为大众开拓入学途径,提供普通水平的高等教育。注重学术卓越的大学通常只招收学业最优秀的学生,这些学生大部分来自条件优渥的社会中上阶层,具有得天独厚的学业和经济优势。教育条件分层会引起社会阶级分层,生活处境不利的学生容易丧失诸多教育机会,其接受高等教育的机会也会因此而闭塞。克洛校长希望领导 ASU 成为一所综合型大都会研究型大学（Comprehensive Metropolitan Research University）,集合优异性、大众化及社会影响于一体的高等教育机构,完美整合优秀学术资源,兼顾社会、经济、文化和环境责任。ASU 将优异性、大众化和影响力融入大学使命,融合进同一所大学当中,将使命融合进大学的方方面面,努力迎合日益增长的高等教育入学需求,也回应美国社会日益增长的高质量高等教育的需求（详见附录四）。ASU 学生的入学标准是根据学生能力而制定的,为不符合传统入学标准但极具创造力的学生,或因经济贫困而处境不利的学生也提供就学机会。

大学在维持国家竞争力、培育符合工作需求的劳动力、促进经济繁荣方面有着无法替代的关键作用。ASU 是美国最年轻的、最大的、发展最迅速的研究型大学之一,地处人口急剧膨胀的菲尼克斯大都市圈,伴随人口增长而来的是文化多样化,变化中的亚利桑那州人口要求 ASU 提供更多的入学机会,以

满足处境不利人群的特殊需求。2020 年，ASU 计划招收更大规模，通过线下或线上教育为有能力的学生提供更多的学习机会。为如此庞大数量的学生提供教育并不是简单的事情，ASU 计划拓宽筹款渠道，包括与公司合作投资、获得各类捐赠、市政府拨款等。从 2003 年开始，ASU 开始逐步扩大校园面积，增设分校和研究基地，本科新生的教室增加 36%。截至 2008 年，ASU 向基础设施建设投入了 15 亿美元，并在随后的几年内增加了 35 亿美元的建设投入，还于 2006 年在菲尼克斯市中心设立菲尼克斯分校区。1996—2008 年，ASU 学生群体中有色人种增加了 81%。

入学学生的来源阶层也呈现出很大的不同，1/5 的学生平均家庭年收入超过 20 万美元，1/5 的学生来自年收入低于 2 万美元的家庭，ASU 为本科生每年提供近 1 亿美元的奖学金和补助，为研究生每年提供超过 5000 万美元的资助。到 2008 年，ASU 佩尔奖学金获得者为学生总人数的 1/3，达 12300 名。一项名为"ASU 优势项目"（ASU Advantage Program）的奖学金为家庭年收入少于 25000 美元的学生提供奖学金、学费、宿舍和书籍等资助。❶2019 年，34% 的 ASU 本科生获得了佩尔奖学金（Pell Grants），92% 的本科生都获得了某种程度的财政资助。❷

ASU 着力创造多样化的学习环境来吸引更多学生，以 ASU

---

❶ Michael Crow. The Research University as Comprehensive Knowledge Enterprise: The Reconceptualization of Arizona State University as a Prototype for A New American University［R］. Seventh Glion Colloquium in Montreux Switzerland，2009-06-20.

❷ Arizona State University. Facts and Figures［EB/OL］.［2021-11-01］. https://www.asu.edu/about/facts-and-figures.

理工校区为例，该校区以成为全美领先理工学院为目标，同时提供理论教学和实践教学，直接培养学生的职业能力进入工作领域；ASU 同时设置两个不同的工程学院，一个着重工程理论研究，一个注重实际应用；成立三个教育学院和三个商学院，每一个学院都建立在不同的平台上，有些学院关注研究，有些学院注重培养领导力，有些学院则通过从做中学来培养学生实际应用能力。

二、"新黄金标准"下 ASU 的发展规划

克洛校长提出，一些保守型的学者认为精英型研究型大学的成功已经定义了大学的基本使命，大学不可能兼容大众化和精英化，只能沿着由一流研究型大学所开创的路径去发展。但 ASU 基于所处的大都市圈的实际需求，回应 21 世纪美国人口迅猛发展的事实。在笔者的访谈中，克洛校长曾经这样回答进行组织变革的动因。

> 我们的目标是创建一所吸纳各种背景学生的世界一流的研究机构。如你所知，我们经历了大规模的研究经费和学生入学人数的增加。我们使西班牙裔、印第安裔和非洲裔美国人学生的人数翻一番，并为此感到自豪。担负起大众化和优异性是我们进行学术重组的重要动因。广义上讲，追求意义和院校差异性也是非常重要的动因。相信你也清楚地知道，高等教育，特别是在美国，正遭受着院校

差异性缺失的问题。有很好的理由证明我们有不同类型的大学，但组织复制带来了很多结构性和功能性的同质化。毫无疑问，这些大学与学院的失败是因为他们将追求的意义建立在这种差异不明显的核心之上。大部分大学在复制常春藤联盟或精英公立大学。我们重组的动因是大众化和优异性的平等责任。实施的结果就是美国最快速增长的研究型大学内本科生的群体，类似于20世纪50年代加州大学的学生群体的发展，十分独一无二。（IP-NAC）

因此，结合克洛校长的理念和"一所新美国大学"的发展愿景，他从8项设计需求出发，制定了"一所新美国大学"所代表的"新黄金标准"（详见附录五）。（DP-NAC）

1. ASU必须基于其文化、社会经济和物质背景

ASU必须利用本地优势，囊括文化、社会经济和物质背景，根据当地的需求适当调整研究方向。每所大学都有其所在地，每所大学也是一个重要的场所。ASU必须能够促进所在地的改变，影响独特的场所和文化。ASU要促进本地文化多样性，继承经济和文化遗产，推动社会动力和志向。克洛校长展望ASU将与所在社区、大都会圈以及亚利桑那州都紧密联系。提升本地意味着从本地学习，从本地获取研究问题，ASU同样会给本地贡献以回报。举例来说，ASU有研究人员对发展中国家的城市扩张进行研究，这将对亚利桑那州和菲尼克斯地区的都市扩充有所帮助。这正是ASU希望将自己的经历、远见和智慧回报给大学所在社区、亚利桑那州和菲尼克斯大都市圈。又

如 ASU 在菲尼克斯推行了两项计划，一项为大菲尼克斯 2100 计划（Greater Phoenix 2100 Project），该项目旨在协助菲尼克斯地区未来 100 年的发展。ASU 考虑到地区发展的持久就需要理解各种人际交往与自然系统变量之间的关系，如过去、当下和未来，ASU 力图谋划菲尼克斯地区未来 100 年的发展，在理解文化、社会经济和物质背景方面起引导作用。由 ASU 研究人员组成的跨学科研究团队编制了第一套地图集，用来解决地区环境的可持续发展问题，这张地图集给研究人员和规划者提供决定 ASU 在未来 100 年产生影响的因素的全局观。"大菲尼克斯 2100 计划"的目的是编录、综合和分析文化、经济、生态、环境、地理、自然和社会因素的过去、现在和未来，分析建设环境和自然系统的交互作用。"大菲尼克斯 2100 计划"不仅能够为地区可持续发展的关键问题提供珍贵和清晰的见解，同样也会为世界提供学者、分析师和策划师的典型。克洛校长将这项计划视作 ASU 重要项目，并计划有 100 名教师参与这项开创性的计划中。

另一项计划为亚利桑那生物医药协作项目。菲尼克斯大都市圈人口激增，这其中也包括大量老年人和一些医疗看护欠缺的家庭，高质量的健康护理是重要的社会问题。鉴于亚利桑那大学（University of Arizona, UA）已有医学院，ASU 再设立医学院显得累赘，也容易遭到亚利桑那董事会的拒绝，ASU 于是通过这一项目来满足和提高菲尼克斯地区生物医药研究和服务。ASU 与 UA 联合开发跨学科互补研究项目——生物技术及生物科学这两项 21 世纪发展最迅速的产业。亚利桑那生物医药协作项目将会在 UA 的医学院完成学术项目和健康看护服务，并在 UA 和北亚利桑那州大学（Northern Arizona University，NAU）实施科学研究。

2. ASU 必须成为一份力量而不仅是一个大学所在地

ASU 不能仅是一所大学所在的场所，而必须成为当地和周边都市圈，甚至全国无所不在的力量和动力。ASU 必须成为社区的一分子，也是 ASU 校友的终生陪伴。克洛校长希望能够在本地的学校中有所贡献，同样也希望 ASU 能在政府、博物馆、文化机构、退休人员社区中贡献力量。知识经济时代，本科学历已经不足以让学生获得充足的工作准备，大学也不可能仅仅是学生学习四年的地方，然而今天大学要能够在学生的生活中扮演指南针的持续作用。ASU 必须在菲尼克斯多样化社区中承担责任，提高全州社区的生活质量，并利用资源辅助菲尼克斯都市圈的多样化发展，为亚利桑那州的人民带来学习的环境。

以两个项目为例。第一项是"ASU 在行动！"（ASU On the Move!）项目。这是一项将 ASU 融入社区的行动，为了传递和拓展 ASU 的社区参与度。这一项目是基于另一项成功的知识传播项目之上，该项目通过货车、卡车和巴士等交通工具将移动教育项目推广至菲尼克斯市中心或更远的地方。这一计划的目标对象是对科学不感兴趣的中学生。其他的一些项目是为了帮助不同年龄的儿童，包括为移民工人家庭的儿童进行计算机训练，提供新闻报刊的移动新闻教室，还有"轮子上的剧院"，给儿童提供戏剧表演服务。

另一项是名为"ASU 数字门户"（ASU Digital Gateway）的网络开发项目，目的是培养儿童探索科学知识的兴趣，有一些网站注重科学发现，其他一些网站在于提出问题，如询问生物学家网站，还有帮助儿童在学校就可以进行生态研究的指导网站。ASU 为儿童和成人提供了不胜枚举的在线学习资源，提升了社区的学习质量。同样，ASU 的在线资源还可以帮助教师准备课程，提供学习和在线交流的交互工具，学生甚至可以向 ASU 的教师提出问题，家长也可以就感兴趣的问题搜索在线资源。

3. ASU 作为一个企业

克洛校长的设想是将 ASU 打造为以创业为特色的大学。研究型大学是技术转换的有力发动机，不仅培养科学家、艺术家、教育者和商业、工业、政府的领导者，大学研究还可以推动新产业的产生和进化，为投资者带来回报，并为当地经济发展带来数以亿计的美元。作为公立大学，ASU 不能仅充当政府的一个部门，而是作为政府投资和授权的一项事业，承担起创业责任。ASU 必须担负起责任，开发大学教学和研究的创业潜能，鼓励教职员工参与突破性的研究，开发新型学习工具和具有商业价值的产品，这些也会给大学带来丰厚的经济回馈。ASU 还要力促知识资本化，加快教室、实验室内知识转换和技术发展转化为商业产品的速度。ASU 必须积极地寻求新的商业渠道，全力开发大学研究潜力，为亚利桑那州的投资带来高回报。发展具有竞争力的研究基础设施，可以吸引全国优秀的教职人员，顶尖的研究人员可以吸引更多的联邦资助。这一设计

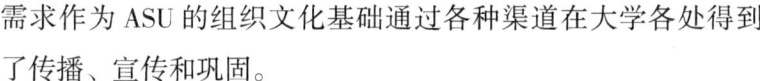

需求作为 ASU 的组织文化基础通过各种渠道在大学各处得到了传播、宣传和巩固。

4. 巴斯德原则

这一设计理念取名自法国化学家及细菌学家路易斯·巴斯德（Louis Pasteur），巴斯德的研究兴趣通常在于解决有针对性的问题，例如发现引起发酵的细菌同样也会引起传染病，巴斯德后期还致力于开发疫苗，防止疾病。这种学术倾向被称为应用研究（Use-inspired），取名为巴纳德原则正是 ASU 表明其大力提倡应用研究的态度。学术的显著特征就是对知识自由的追求，很多领先研究正是意料之外的发现结果。克洛校长期望能够领导一群关注研究目的的研究人员。但大学中潜在的学术文化是知识并不以其本身为目的，知识的探索很多时候是为了学科的发展，而不是对整个社会的进步有所贡献。教学和研究被认为是研究型大学的重要使命，教学和研究相辅相成，优秀的教学离不开研究的进展，研究的发现也不可缺少知识的传承。大学文化却忽视了研究工作之后的目的，所以克洛校长提出学术文化必须开阔眼界，重新思考研究的社会潜力，基础科学可以在短期内带来较高的社会影响，这也就是克洛校长提出的应用研究目的，ASU 要为这种学术文化树立起榜样，以 ASU 的植物生物学系为例，该系的研究人员发现医疗技术的匮乏和局限阻碍了牛痘疫苗的接种，研究人员因此发明了转基因番茄带来的肝炎、天花以及其他大型细菌病症的治疗机制。

2003 年初，ASU 还设立了宗教冲突研究中心（Center on Religious-Based Conflict）。克洛校长指出，宗教冲突存在于美国社会的方方面面，如外交政策、国际法律等一样重要。宗教问题日益受到关注促成了这一研究中心的成立，希望能够在美国社会面临宗教冲突问题时提供切实有效的建议和解决方法。

5. 关注学生个人

克洛校长力图将关注每一个学生打造为 ASU 不同于其他大学的特征之一。ASU 是全美最大的公立研究型大学之一，虽然校园规模大，却绝不会忽视入学的每一个学生，结合传统教学方法和新教学工具的优点，保证学生参与教学过程，允许学生的个人化学习。在本科生教学中同样提倡小组教学，学生的共同学习可以激发更多的灵感。除了关注个体学生，ASU 还确保大学教育的精髓越来越多地被囊括进学习过程中，如新发现的兴奋、写作的匠心、研究的珍贵、对科学方法的欣赏以及学科的传承等。为配合关注学生这一设计，ASU 扩充了校园面积，增设分校区，如理工校区和菲尼克斯校区，同时重新设计了一些学术项目，扩大了校园的学习环境。

巴雷特荣誉学院（Barrett Honors College）是 ASU 最成功的高水平学生培养项目之一。巴雷特荣誉学院接收的学生可与美国顶尖大学的生源相媲美，学院的学生也获得过诸多国家级荣誉。克洛校长希望巴雷特荣誉学院的培养模式可以在 ASU 全校推广，在主校区坦佩校区建造新建筑供巴雷特学院使用，营造学院制的氛围，在新建的宿舍区为巴雷特学院的学生提供更加良好的学习环境。

6. 知识融合

大学传统的学科组织壁垒分明，在各自的研究领域内解决社会、经济和技术难题。克洛校长希望打破学科界限，鼓励跨学科、多学科和交叉学科间教学和研究，加强学科之间的融合。实施跨学科项目的目的并不是取消学科或是转变核心领域，而是要在快速变化的环境中推动知识发展。为此，ASU 重新组合了多个院系，合并、撤销了一些学科，借助学科互补最大限度地挖掘知识的潜力，创造新知识，这些跨学科主要集中在科学和艺术学科。ASU 艺术学院开展了一项艺术推广的项目，众所周知，创造性表达是生活的重要表现形式之一，也构成了社区文化的一部分。学科融合从学科交叉的边缘刺激创造灵感的出现，为艺术专业的教师和学生提供机会检测与其他专业融合的有效性。这一项目还将专注于艺术发展与传媒技术之间的关系，ASU 所处的菲尼克斯大都市圈也为艺术项目在城市推广提供了绝佳的机会。

7. 社会嵌入

ASU 义不容辞地承担着促进本地发展的责任，服务于亚利桑那州公民的需求，乃至全美国和全世界人民的需求。首先，ASU 必须要能够迎合本地社区的需求。ASU 在解决亚利桑那州中小学教育系统问题方面起到引领作用，从菲尼克斯开始，继而发展到全州。其次，ASU 还需要满足更深层次的社会需求，解决困扰全球的世界级难题，这就要求 ASU 不仅要考虑研究的价值和相关性，还需要考虑研究成果，让技术发展的成果造福处境不利的人群，而不仅是公司和国家。ASU 的研究人员，无论是科学家、工程师、哲学家、艺术家，还是诗人、历史学家，都应当考虑其研究工作的社会影响力。最后，作为学术团体的成员，ASU 也需要为这一团体树立榜样，开放讨论，自由交换和表达思想。大学是社会孵化器，要引领社会进步，包容异见，开辟新途径管理，推动民主社会的完善，孕育艺术和文化的新概念，这一切都需要在自由开放的环境中才可以完成，大学可以为此提供合适的温床。

亚利桑那州拥有大片印第安人保留区，ASU 聚集了大批学者对印第安文明、社会和经济问题进行研究，这将会帮助 ASU 成为美国首屈一指的印第安人聚集点贫困问题研究的先驱，也显示了 ASU 在参与本州社会事务方面的恪尽职守。

8. 参与全球事务

这一设计理念对 ASU，以至于菲尼克斯大都市圈和亚利桑那州的发展都具有关键作用。文化、经济和社会总是互相交缠，ASU 致力于开发学习工具参与解决日趋复杂的全球问题当中。大学历来在解决社会事务中扮演重要的角色，在这一点上 ASU 参与全球事务仍有不足，因此克洛校长提出 ASU 不仅要增设与全球事务有关的学术项目，还需要尽可能地参与更多的全球对话中。克洛校长也知道可以辅助全球参与的机制众多，但需要花费时间去设计和部署，在过渡阶段 ASU 将着重于构建与国际邻邦的联系，同时扩充已有的国际项目以作用于全球事务。

以 ASU 设立的亚洲和环太平洋地区商务和经济发展中心（ASU Center on Asian and Pacific Rim Trade and Economic Development）为例，该中心主要研究亚利桑那州日益增长的亚太经济合作领域，从文化和社会的角度提供商业贸易和合作的策略建议。菲尼克斯都市圈是美国临近太平洋地区最大的城市圈之一,并且菲尼克斯地区经济形态日益多样化,与亚洲的贸易互动日益频繁,通过 ASU 的研究中心可以拓展经济转换和提升工业合作的机会,连接菲尼克斯都市圈与亚太地区乃至南美洲的联系。

第三节　ASU 创业文化的创新实践

组织文化形成于组织成员日常交往中制定的组织秩序规则,个人在融入组织生活时逐渐掌握这些规则。作为高等院校的领导者,创造和维持大学文化是大学校长的一项重要职责。最初大学并没有校长,后来发展为在教师群体当中推选出来的领导者,主要职责在于服务大学自身的各项事务,文化的传承也就成为大学校长义不容辞的责任之一。不同于欧洲大学脱胎于行会自治的传统,美国大学的发展历来与外部社会环境有着千丝万缕的联系。经过董事会的授权,美国大学校长在学术事务和行政事务方面担负全部的权责,因此校长不仅需要继承和保守大学的文化传统,同时还需要结合公众利益和社区发展需求进行文化创造和传播。在内部治理过程中,美国大学校长也需要通过文化的主导性和一致性来获取全校教职员工的认同,通过成员共享的价值观和行为方式更好地帮助大学校长凝聚人心,借助文化的自觉介入,引导教职员工自发认同其发展愿景和长期规划,并自愿跟随其实现发展愿景。

一、ASU 组织文化的基础与特征

1. ASU 的宏观文化根源

组织文化是存在于一个组织的信念体系中，常常以语言、象征和仪式等方式来表达为信念体系所反映出的行为。❶组织文化包括隐含的价值、信念和原则，这些是一个组织管理体系的基础，一系列的管理实践和行为又会体现出这些基本原则。❷吉尔特·霍夫斯泰德（Geert Hofstede）认为组织中人们通过现有的结构（structure）和控制（control）体系执行战略（strategy），其结果受到了组织文化（culture）的调节。❸在本书中，大学组织文化是指组织在解决外部适应性问题及内部整合问题所习得的一套共享的基本信念、价值观和行为方式。

沙因认为文化的产生基本上有三种来源：一是该组织创立者的信念、价值观以及假设；二是群体成员在组织演变过程中的学习经历；三是由新成员和新领导者带来的新的信念、价值观和假设。❹文化的创始者会选择组织运营的基本使命和环境，还会有选择地挑选组织成员，塑造组织成员对群体成员的反应

---

❶ Michael L.Vasu, Debra W. Stewart, G. David Garson. Organizational Behavior and Public Management［M］. New York: Marcel Dekker, INC, 1990: 76, 255.

❷ Michael R. Carrell, Daniel F. Jennings, Christina Heavrin, J.D. Fundamentals of Organizational Behavior［M］. New Jersey: A Simon & Schuster Company, 1997: 462, 569.

❸ ［荷］吉尔特·霍夫斯泰德，格特·扬·霍夫斯泰德.文化与组织——心理软件的力量［M］.2 版.北京：中国人民大学出版社，2012：328.

❹ ［美］埃德加·沙因.组织文化与领导力［M］.章凯，罗文豪，朱超威，等译.北京：中国人民大学出版社，2014：189.

方式。而继任的领导者则要在已被组织成员内化的组织文化的基础上施展领导。运营的基本使命和环境是组织所面临的宏观文化基础,具体到组织内部各单元的协调和合作则是组织成员之间所分享的微观文化。

在组织的宏观文化方面,ASU首先继承的是美国大学的既有文化传统,包括教书育人、科学研究以及推动社会发展的职责。尤其是作为公立大学,ASU更需要承担起地方高等教育机构所担负的育人、研发新知识和推动社会经济进步的功能。除此之外,亚利桑那州本地的文化也对ASU组织文化有一定的影响。亚利桑那州是支持"工作权利法"的州,禁止成立安全协议联盟或制定劳工协会和雇主之间的协议,严格控制已成立的协会对会员资格的要求、会费的支付和雇用前或雇用后作为雇用条件而缴纳的费用等。工作权利法是用于雇佣者和劳工协会之间合同契约的政府规定,防止他们排斥非劳工协会的雇员,或是要求雇员给已经获得协商合同的联盟缴纳费用。[1]这一规定成为ASU的组织文化的法律基础,也对ASU的组织结构和治理机制产生了深远影响,"工作权利法"更多支持雇主,雇员之间并不提倡建立协会或联盟,而协会和联盟是雇员和雇主之间抗衡的中介之一。在ASU,这种政治文化体现为上级行政管理部门的管控权力大于教职员工,这在一定程度上有利于ASU推行"一所新美国大学"愿景,以及与此配套的组织文化的改革,在集约高效和协同活动方面有着不可取代的优势。然

---

[1] Wikipedia. The Right to Work Law [EB/OL]. [2014-12-05]. http://en.wikipedia.org/wiki/Right-to-work_law.

而自上而下的官僚制管理文化存在缺乏沟通、缺少个体关怀等问题,在 ASU 表现为行政人员和教职人员之间的理解缺失,教职员工对变革的不满反应则以离职或调职来宣泄。在此背景下,ASU 的领导者同样通过重新选择组织成员的方式来完成组织文化重塑的步骤。

2. ASU 的微观文化根源

在共同承担任务中,组织各单位因为相互协作而出现"群体里面应该如何做事情"的统一设想,这就是组织中的微观文化。ASU 是一所高等教育机构,其微观文化是以学术文化为不二核心,学术文化以学术自由和大学自治为运行基调,主要传播知识、传承知识和研究新知识等价值体系。笔者在采访克洛校长时曾提出这样的问题:"ASU 的关键的学术文化是什么?"克洛校长答道:"ASU 的核心就是知识。我们是一所运行在人类知识产品前沿的机构。我们越来越能够理解现代社会、经济、环境和技术挑战都有着很复杂的根基,不能完全复归于以学科为基础的探寻路径传统。换句话说,传统的学科教学和研究日益不能产生出巨大的社会影响力,相应地,ASU 的核心学术文化将建立于跨学科和应用倾向的研究的基础之上。我们所有的学院都将推动学科领域内研究和教学的融合。"(IP-NAC)

美国高等教育和研究型大学时常忽视创业这一概念,创业和创业型学术文化的渗透是为了鼓励利用知识资本——这一大学特有的财富进行创新和革新。在 ASU,克洛校长正是借助"一所新美国大学"愿景的指引,力图重新定义大学的学术组织文化。在这所年轻的研究型大学既有的文化基调之上,克洛校长根据愿景的需要重塑了 ASU 的组织文化，在校内和学者间大力提倡创业精神，推进学术创新和革新文化，着力推动 ASU 转型为创业型大学，这就是克洛校长希望领导的组织文化转向初衷。在这项事业中，亚利桑那州政府将是 ASU 首要投资商。这一组织文化对大学的设定是在新的身份定位下，ASU 的资金筹措也将更加资本化，并成为创造问题解决型的大学，结合更高的学术发展水平、最大程度的社会影响力和对多样人群入学的容纳来达到重塑高等教育的任务。新领导者要知道自己的某些外在行为在与组织的其他成员，特别是新成员沟通和传递组织价值观时具有重要作用，非正式的信息往往是更为有力的指导。克洛校长所努力做的事情集中体现了 ASU 类似于私人企业的一些特征，如制定和实施决策的高速度，与其他学术机构或商业和工业界建立合作关系等。作为一个企业，ASU 清醒地认识到身处激烈的市场竞争中，而作为一个学术机构，ASU 也完全明白所肩负的社会服务职能。ASU 不仅在争取研究资金，也在争取最好的教师、学生和管理人员，以便履行公立大学的使命和职能。

ASU 学术创业文化的突出特征就是将创新产品从实验室中带出投入市场中。为配合创业文化在 ASU 的落实，ASU 制定了一系列政策来配合组织文化的推行。成立亚利桑那技术转化公司（Arizona Technology Enterprises，AzTE），作为 ASU 独家知识产权管理和技术转换组织，同时 ASU 还通过新方法增加创新产出，如技术评估、成果发展、技术市场化、资本形式、操作和管理、知识产权保护、产业关系、执照和商业化等。为了简化执照颁发的过程，ASU 引进执照模板（Licensing Templates）和专家主办研究协议（Master Sponsored Research Agreements），降低与工商业界协商的条款和协议。根据大学发展战略目标，ASU 为了交易的频率而不是为了税收来管理知识产权，也就是说，最大化发明投入实际使用的数量，而不是试图从少而大型的交易中获取短期利益最大化。推行教师创业行为刺激计划，为教师参与投资新兴企业提供资源支持。

二、ASU 创业文化的植入

组织文化的管理天生具有柔性特征。柔性管理是相较于刚性管理而存在的一个概念，一般认为 20 世纪初泰勒出版的管理学名著《科学管理原理》代表了刚性管理理论的问世。刚性管理是一种以规章制度为组织运行规则，借助制度制约、监督和奖惩等成文规则以外在约束为主的管理方式。柔性管理相对于刚性管理而提出，建立在行为科学学派、权变理论、现代系统论的理论基础之上，本质是以人为中心，依据人的生理、心理和行为规律，强调方法上的非强制性。刚性管理适用于封闭的组织环境中，当管理者在可控的外部环境下，可以通过稳固的体制、周密的发展战略来达到对组织的管控。但在当今复杂变动的环境下，组织已很难完全处于稳定的环境当中，柔性管理和刚性管理互取其长，刚柔并济是建立现代组织制度的必然选择。柔性管理从内部对组织进行软控制，也需要完备的制度政策的配合，强调领导者发挥优秀品质，构建组织共同价值

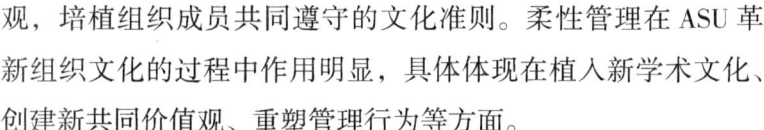

观，培植组织成员共同遵守的文化准则。柔性管理在 ASU 革新组织文化的过程中作用明显，具体体现在植入新学术文化、创建新共同价值观、重塑管理行为等方面。

1. ASU 组织文化的内化

克洛校长认为创业精神是指"为将想法投入实际而能够识别机会的精神状态和专长"。为了培养 ASU 的创业潜能，ASU 提出提高创新水平的口号，通过加大投入创新成果产出的方式提高大学创新力，因此 ASU 的立足点在于自己设定课程特色，而不是依赖于已有的课程体系。克洛校长一直深感大学要通过知识资本和人力资本来回应世界变化的需求，知识资本孕育人力资本，直接带来经济发展效应。创业精神就是创新的过程和承担创造性风险的精神，ASU 承担将创业精神融入机构文化中的这一使命，通过支持性的基础设施资源来鼓励学生、教师和员工，为他们提供将思想转化为实践的资源，刺激本地经济发展，提升社会竞争力。

ASU 提出的学术创业文化绝不单是大学研究的商业化，而是"系统革新"，最大化地扩大 ASU 学术创业文化的社会影响力，目标在于通过相互联系的多重途径进行革新，从而对主要社会系统施加影响力。例如实施 P-20 计划，P 是指幼儿园前儿童（pre-kindergarten），20 是指自初等教育开始到大学本科的 20 年正规教育。为了推动都市区学校的改革，ASU 通过一系列的学生重组，例如成立玛丽·卢·富尔顿教育学院（Mary Lou Fulton School of Education）和教育研究生院进行当下美国教育重点问题的研究，同时将 ASU 所有校区的教师教育项目都融入 ASU 教师教育及领导力学院，为所有希望成为教师的学生提供更多的机会。

同时，ASU 与亚利桑那州教育相关的独立的、非营利组织建立合作，也与州教育政策制定者乃至全国组织合作解决学生受教育问题。ASU 坚信教育无法发挥最大功用的掣肘不是资源不足，而是理念限制。因此，ASU 专门成立了非营利企业大学公共学校有限责任公司（University Public Schools, Inc.），在这一机构中，ASU 可以在自己的学校中运作自己的教育理念，2008 年 8 月开办了第一次初等教育试验学校，迎接来自不同社会背景的学生，包括低收入家庭和母语非英语的移民家庭学生。除此之外，ASU 重新设计了大学结构，开办更多的新学校，希望以此形成创新创业生态系统。

P-20 这类系统革新是"大学是企业家"（University as Entrepreneur）运动的一部分，这项运动的总目标是持续地大学创新，创业即意味着自我导向知识资本的创新成果。与其他大学不同，ASU 的创业教育并不局限于商学院或工学院等市场活动较多的学院，而是希望调动所有的学科和跨学科领域的创业激情，将创业教育扩展至全校，贯穿所有新成立的跨学科学院和中心。ASU 的创业教育并不单指教学，而是将创业机制融入所有的学院和部门。例如，护理和健康看护创新学院新成立一个创新和创业中心，瓦尔特·克朗凯特新闻学院为创新新媒体

而设立一个主要由工业界资助的中心。❶

ASU 积极进行学生创业教育，制定了埃德森学生创业启动计划（Edson Student Entrepreneur Initiative），该项目每年有 20 万美元的启动资金，项目资金主要用在提供经费、办公地点，以及训练学生与教师、研究者和成功的企业家在探索有关商业成果和服务方面进行合作。这一项目将会帮助学生在各类企业创业方面施展抱负，无论是大型或是小型、营利或非营利、国内或国际的创业项目。学生拥有公司，而大学并不从公司中获取利益。目前 ASU 已成功扶植了 80 所由学生开办的公司。

ASU 另一项具有深远社会影响力的创新体系就是 ASU 技术城（Technopolis），这一系统平台集合了企业家、风险投资和菲尼克斯地区创新思考者。ASU 技术城为羽翼未丰的新公司和生命科学企业提供技术及战略支持，帮助他们将想法转换为商业实践，鼓励创新和经济发展。技术城还通过提供一系列严格的教育、培训和联络本地企业家的做法助力经济发展。通过技术城项目，将近 500 所新成立公司获得了培训和指导，这些公司在私人投资资本领域受益约 7500 万美元。

一所创业型大学将是高度网络化的，它与企业家和工业界都将有互动联系与工作往来，还将与关心创新与增长的个人和团体保持接触。创业型大学需要从外部获取资本，广泛邀请参与人，并承诺丰厚的利益回报。ASU 努力成为"一所新美国大

---

❶ Michael Crow. The Research University as Comprehensive Knowledge Enterprise: The Reconceptualization of Arizona State University as a Prototype for A New American University［R］. Seventh Glion Colloquium in Montreux Switzerland，2009-06-20.

学"的模板，这类似于成立新公司，有时候通过关系网络的建立，新公司获得的原始资本超过了他们最初希望筹集的资本数额。ASU 的关系网络系统包括 17 条不同的投资路径，为有创业想法的人落实其创业念头。ASU 的愿景吸引了来自个人、公司和基金会的投资，例如考夫曼基金会（Kauffman Foundation）为 ASU 提供了 500 万美元的资助，ASU 用这笔钱吸引了另一笔 2500 万美元的配给资金（由地方政府和其他机构提供的相应资助）。2003—2009 年，ASU 共筹集并花费了 20 亿美元用于推动"一所新美国大学"的实施，在此期间 ASU 的研究支出加倍，2009 财年初期便超过了 3000 万美元，在 2006 财年初期研究开销则为 2000 万美元。虽然没有医学院和农学院，但 ASU 依旧成为全美领先的研究型大学。

2. ASU 组织文化植入的强化机制

在克洛校长的理念中，将公立大学作为州政府的隶属部门的观点限制了大学的自主性和创新性，大学发展时常受到政府的外部管理的制约，而将大学定义为企业正是为恢复大学自由和自治的传统，允许大学利用所有可能的资源优势，作为企业的大学将对自己的未来负责。克洛校长提倡创业和创新精神，认为 ASU 必须加快学术文化转变的步伐，并与世界的需求同步，他提出从以下五个方面强化 ASU 新组织文化——创业文化。

（1）对大学身份的再经验。给大学塑造一个独一无二的身份。这需要回答以下问题，如最初为什么会出现一些特定的大学，为了达到什么目的等。这些问题昭示了一所大学独特性的起源，解释了一所大学拥有特定的教职员工群体、独特的机构文化和学生群体的原因。对 ASU 的身份重新思考、定义是重塑 ASU 组织文化的前期条件，清醒的认识可以提升和夯实组织成员对文化变革的信心。

（2）鼓励创新、改造和差异。克洛校长提出的将 ASU 建成"新美国大学"的核心在于差异。ASU 毫无疑问继承了美国大学的学术传统，并在此基础上设计了新美国大学的八项需求，通过这八项需求来体现 ASU 独一无二的、独具个性的机构特征。ASU 所处的环境早已不是中世纪欧洲或 19 世纪的新英格兰地区，21 世纪有新的挑战和需求，而传统的公立大学表现得更像是政府部门分支，解决标准问题，机构设置雷同，运营方式刻板，思考方式相似，这样的机构在遇到问题时模式化地求助于已有的解决途径，也因此而日渐平庸。选择差异化发展是出于遵循自然选择的本性，在自然界，万事万物各有不同，进化方式也大行其道。大学学科组织的发展也可以参照让不同学科的学者共同解决实际问题的方法来组合一个新机构，建设问题解决型的学术机构更能凸显学科和机构的差异性，调动最大的机构能动性去适应环境。随着州政府的财政资助逐年减少，大学发展的方向早已经发生了转向，1974 年亚利桑那州每 1000 美元中有 15 美元将会投入高等教育，而到了 2009 年，这一数字已减少至 6 美元，这样剧烈的环境改变如果不能引起大学内部组织的变革，则大学将无法继续履行职责，机构运行也势必将难以为继。大部分组织相信通过复制已有的成功经验就可以安然度过危机，然而在克洛校长的理念中这显然是治标不治本的做法，复制某一问题的解决方法并不能彻底解除危机，只有从组织变革入手，转变组织运行机理，学会适应不同环境的变化，增强大学组织的适应性，这也正是克洛校长所强调的新组织文化中的大学差异性。

（3）承担全部社会责任。承担全部责任意味着所有的外部组织都将成为潜在的合作伙伴，可以从这些组织中获取发展的资源和其他有价值的物品。克洛校长在此提出，其他组织愿不愿意与大学成为联盟取决于大学是政府部门的分支还是一所企业。所以克洛校长设想将ASU转型为创业型大学，以企业发展的路径来要求自己，是取得其他外部组织建成联盟的努力做法。

（4）转变为投资—回报的资本运营模式。在投资模式下，ASU承诺无论是来自私立还是公立组织的投资，ASU都将予以同等回报。通常公立大学获得州政府一定配额的固定投资，那么大学将要在特定范围内给予回报，联邦政府、商业界和工业界以及其他资本的投资获得回报也同理。2008年，ASU发布了长达60页的家庭投资—回报白皮书，主要涉及家庭学费投资或是学生对自己的投资，大学教育是人的一生中收益最大、最重要的投资，ASU计算个人终身的平均回报率高达12%。2006年ASU在说服菲尼克斯市政府申请建设菲尼克斯校区时做过估算，ASU可以为菲尼克斯市带来巨大发展潜力，结合ASU现有的知识资本刺激菲尼克斯市区的文化、经济产业的多样发展，ASU向市政府游说时说"如果你们向我们投资，我们将在菲尼克斯市区新设一所22英亩大的校区，配套包括3座翻新的和 3 座全新的建筑",ASU 列出了将会给菲尼克斯市带来的好处,争取到菲尼克斯校区的开办,同时菲尼克斯市政府修建新的轨道交通系统,连接 ASU 坦佩校区和菲尼克斯校区以及沿线串联起菲尼克斯地区重要的博物馆、文化中心和娱乐中心等。

(5) 回应社会发展的需求。克洛校长强调 ASU 必须加快学术文化的发展步伐,与世界需求接轨。科技的进步带来了教育领域的革新,新型教学方式层出不穷,如果大学依旧固守已有的保守型发展步伐,则容易被新型教育机构和教育手段所超越和淘汰。克洛校长认为,营利性大学菲尼克斯大学为学生提供了新型的教学参与模式和学习方式。放眼世界,中国新大学数量也在近十年以惊人的速度增长,新加坡也在鼓励外国大学在本国设立分校。当今的大学早已不是封闭性组织,开放型组织要求组织能够应对千变万化的外部环境,分析复杂的形势以积极应对,并及时转型以便摆脱发展困境。

3. 文化行为的转变宣扬大学新使命

适应快速增长的人群的高等教育需求是克洛校长始终强调的 ASU 转型的主旨之一,将 ASU 建设成一所企业,提倡创新文化也是 ASU 为拓展多样学生群体接纳力而做出的努力。ASU 是一所综合类公立研究型大学,首先考虑的是容纳多样化学生群体,推动研究进步,开发知识的公共价值。ASU 拥有全美最多样的学生类型,接收亚利桑那州及全美各地的学生。从图 3-1 可以看出,亚利桑那州地区高中毕业生人数陡增,到 2017—2018 学年,高中毕业生达到 80274 人。亚利桑那州的三所主要州立大学要消化州内多数的高中毕业生，这对大学的容量提出了挑战。2020年秋季，ASU入学的一年级学生中47%有少数族裔背景。

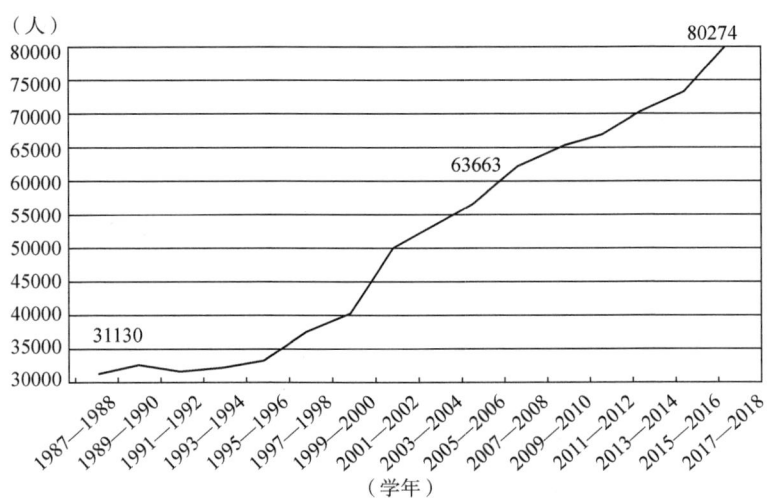

图 3-1 亚利桑那地区高中毕业生人数

资料来源：亚利桑那州立大学网站上公布的《新美国大学概述》(Profile of the New American University)。

鉴于新的人口形势，ASU利用新政策和规划进一步加深了新组织文化的传播。首先，不断开发重要的研究成果，包括知识、理念、理解的新方式、培训员工，为满足持续变化的劳动力市场需求做准备，还要生产出能够推动人类和世界境况转变的有形产品。其次，通过教学研究成果来传递积极信息。在塑造模型、确保产品质量和对新产品负责方面强调领导引导作用的重要性。反映在学术领域，ASU 重新定义了学术企业的概念，容纳多样化人群、研究范式和生活方式。通过开发新课程，拓展新研究领域，运用新的教育学方法鼓励学生参与多样化学习，运用多样化的理论视角，并将多样化作为研究生助教培训的重要内容。同时，多样化培养还要在校园、社区和整个社会中进行，提升处境不利人群的生活质量，指导处于不利地位的学生，支援少数族裔、女性教师和员工建立联盟组织，帮助社区中少数族裔和女性人群。

在政策支持方面，ASU 修改了招生政策、奖励方式等制度，配合入学人数的增加，ASU 全体教职人员都必须理解并支持多样和全纳的组织文化，并一以贯之地执行。为此，ASU 做了一系列的努力，如系统地收集并报告不同性别及种族的本科生和研究生入学率、在学率和升学率。为增加本科生和研究生的群体多样性，ASU 还特别制定了针对性措施，要求各学院每年向学校汇报学生群体多样情况结果，检查教师和行政人员、博士后工作人员以及奖学金获得者是否在奖惩方面受到不公正待遇。各院系每年的报告中还需要评估在各自领域内为落实多样化政策而做出的举措，如课程设置、学生招收、教职员工构成、领导层对管理多样化人群技能的要求等。2015 年 1 月 17 日，克洛校长向全校建议不再增长亚利桑那生源学生的学费，希望全校"谨记我们将竭尽全力地保护亚利桑那的家庭免受州高等教育拨款减少的危害，在可见的未来里，任何情况下我们都不会增收学费，我们将持续创新、调整和提高，尽一切力量

履行学校的大众化和优异化的使命"。❶

事实上，持续的大学转型也是 ASU 的巨大挑战之一，笔者访谈了 ASU 的副校长兼校长办公室主任詹姆斯·奥布莱恩（James O'Brein），他对克洛校长将 ASU 转型为企业进行了补充阐释：

他（克洛校长）谈到将 ASU 建设成一个企业，并不是试图将 ASU 打造成一个商业集团，ASU 并没有盈利动机，我们并不像私营企业那样利用这个赚钱。我们是一个大型组织，承担公共使命去服务公众。我们需要在复杂的环境中运营……同时面临挑战和机遇，我们只能妥善管理大学……我们开发了 ASU 在线课程，克洛校长来 ASU 之前我们并没有在线课程，现在已经扩展到拥有大约 1 万名学生，并且还有很大的机会将继续突破这一人数，这为我们提供了巨大的机遇和挑战，比如克洛校长提倡身临其境、面对面地学习，ASU 如何将在线教学融入传统课堂教学中，我们还在寻找实现这一设想的方法，学校的结构也许需要将在线教育的需求考虑进去。我们 70% 的资源来自亚利桑那州政府，这一比例还在降低，所以我们如何利用 22 亿美元来建设和运营结构和组织，在未来当州政府投资下降时我们不得不寻求其他资金来源，我们不得不变得更加高效，不得不适应变化的环境。（IP1-NAC）

---

❶ 引自 2015 年 1 月 17 日克洛校长发给全校管理人员的内部邮件。

第三章 顶层设计：ASU 领导模式与战略规划

本章小结

权变领导理论的重要内容是将领导力与不同的情境相联系，分析在具体的情境下与之相适应的领导方式。克洛校长在主政 ASU 之前已充分显示出处理大学涉及市场活动方面的适应性和经验。在 ASU 的管理中，克洛校长是组织变革实施的关键且核心的引导者，ASU 的愿景和战略的制定都得益于克洛校长的规划，在他的身上也体现了创造性领导者所具有的进取心、创新力及决策力等优秀品质。但总的说来克洛校长领导力的实施主要有以下两个特点。

第一，基于 ASU 已有资源基础。克洛校长大学愿景和战略的制定无疑是在熟识 ASU 发展历史的前提下提出的，研究型大学的人力、研究和财政基础是 ASU 转型为创业型大学的后备实力，克洛校长的初衷并不是与哈佛、耶鲁等老牌名校竞争或抗衡，而是将 ASU 塑造成一所全新的美国大学，是聚合优异性、大众化和社会影响力于一体的未来美国大学的模板，具有口号鲜明、目标明确、组织规划细致、操作程序清晰等特征。

第二，设定新组织文化。组织变革离不开组织文化的改变，文化是凝聚组织成员、获得成员认同、激励成员行动力的有效手段。创业文化成为 ASU 新学术文化，创业精神是创业文化的内核，是 ASU 全体员工需要遵从和内化的新价值观和信念，需要强化的新行为准则。克洛校长对新组织文化的植入方式包括行为示范、战略制定、机构重制、新员工培训等，通过文化内化和外部强化两种手段帮助组织成员理解新组织文化。

第四章 中层转型：ASU 治理结构变革

组织变革必然引起组织结构的相应调整。本章主要论述治理结构层面的变革，是 ASU 管理层在愿景和发展战略指导下对 ASU 四个校区的管理功能重置，管理中呈现出的创业型大学所兼具的公司化治理倾向，针对于此，本章结合教职员工和行政员工对治理结构变革的反应进行相应分析。

第一节 ASU 治理结构的基本模式

一、ASU 治理类型及其政治来源

大学治理是指大学内外利益相关者参与大学重大事务决策的结构和过程，着重解决决策权力主体在各利益相关者之间的配置和权力行使问题。❶ 美国公立大学治理结构包括内部治理结构和外部治理结构，外部治理主体涉及广泛，包括美国联邦政府、州政府、基金会、专业认证协会、校友、企业等组织和

---

❶ 王林. 新经济时代美国大学治理的改变 [J]. 高教探索，2012（1）：54.

个人，通过对大学进行直接资助、监督或评价等方式参与大学的管理事务。内部治理主体包括董事会、校长、大学评议会、各院系领导、教师、学生等主体。

1.ASU 单一型治理结构

美国大学治理模式主要有四种类型：第一种是单一治理型（Unicameral Governance），只有单一的治理主体，通常是董事会；第二种是两方治理型（Bicameral Governance），由两个合法主体来管理，一个是董事会，另一个为大学评议会或教育委员会；第三种是三方治理型（Tri-cameral Governance），由三个合法主体来管理，一个是董事会，一个是评议会，还有一个是大学或教育委员会；第四种是混合治理型（Hybrid Governance），这是一种混合其他多种治理方式，使用这种治理方式的通常是技术学校，主要提供在线远程教育。ASU 属于单一治理型大学，只受亚利桑那董事会（Arizona Board of Regents）管理，该董事会负责管理亚利桑那州三所公立大学，现有成员 12 名。董事会成员主要由校外人士担任，是大学的法定代表机构和最高决策权威。在亚利桑那公立高校系统中只有这一个董事会，全权负责三所公立大学校长遴选工作、维护大学与外部利益相关者以及内部管理层的均衡关系、审查监督大学发展战略的制定和执行。在内部治理中，ASU 的大学评议会（the University Senate）、学术委员会（Academic Council）及全体委员共同对大学内部事务进行管理和协调，大学评议会委员代表来参与大学的治理。类似于其他公立大学，ASU 也包括两层管理系统，即管理子系统和技术子系统，前者是传统的管

理科层结构，后者是教师在其权力范围内对学校有关事务作出决策的系统。❶

2. ASU 治理结构的政治传统

无论其管理体系如何运作，作为公共服务部门，美国的公立大学都需要遵从州立法机关的管理，立法机关对大学的学术事务提出指导建议，有时甚至越过大学董事会直接发号施令。州政府拨款的权力，以及最初创建公立大学时的建校章程都奠定了一所州立大学的政治传统。很多州都有协调机构或其他附属部门用来规范高等教育的传播，规定所有的高等教育机构都需要获得州政府的许可，这不仅针对公立大学，也包括私立大学、营利性大学等。政治（Politics）是很多大学存在的来源之一。❷ 州政府代表本州人民建立州立大学，为大学的经营提供大笔经费，管理大学的行为，这些都清晰地表明了州政府对公立大学的管辖权。一个州的政治文化决定了大学系统的功能，如果州政府将高等教育系统视作高产出机构，寻求高校的绩效，则整所大学的结构表征更加企业化，在发展目标上更加提倡效率和效用。

ASU 的发展动力是创建"一所新美国大学"，这是克洛校长在制定大学愿景和规划时反复提到的，"新美国大学"的发展基调是优异性、大众化和社会服务，这无疑符合亚利桑那州政府对公立大学的期望，州政府和亚利桑那董事会选择克洛担

---

❶ 甘永涛. 大学治理的三种国际模式[J]. 高等工程教育，2007（2）：73.
❷ John V. Lombardi, Diane D. Craig, Elizabeth D. Capaldi, et al. University Organization, Governance, and Competitiveness [R]. An Annual Report from The Lombardi Program on Measuring University Performance, 2002: 10.

任校长，支持克洛校长对 ASU 进行大规模的重组计划也是必然的选择。

3. ASU 的多校区管理结构

大学（University）一般指高等教育机构，一所大学由多所学院（College/School）组成。学院（College）是大学组织单位的重要组成部分，提供教学和研究，可以授予学位。学院（School）也是大学的组织单元，也承担着主要的教学任务。有时学生在口头表达中也会使用学校（School）来指称所在的大学。不同的大学之间关于学院的称呼也有所不同，例如牛津、剑桥等大学是由一个个独立的学院（College）构成，如剑桥大学著名的国王学院（King's College）、三一学院（Trinity College）等，但在美国的一些大学中仅有学校（School）来组织学术单元，如霍普金斯大学只有医学院（School of Medicine）、工程学院（School of Engineering）、音乐学院（School of Music）等。除了大学、学院这些概念，校区（Campus）也是大学组织的重要部分，校区是一个地理概念，是大学或学院的所在地。很多研究型大学都有数个独立的校区，例如加州大学、纽约大学系统中的多个分校，在这些学校中，教师或学生所做出的选择会基于所在的校区，如加州大学伯克利分校的教师和学生隶属于伯克利分校而不是加州大学。

ASU 提出的大学和校区的概念不同于上述的大学系统，ASU 是一所完整的大学，但分散在不同的地点，每个校区相对独立但又不脱离整所大学的规划，决策命令依旧来自 ASU 大学本部，而不像加州大学的各个分校拥有很大的决策和实施

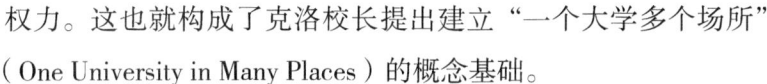

权力。这也就构成了克洛校长提出建立"一个大学多个场所"（One University in Many Places）的概念基础。

二、五所校区的管理功能重置

几个世纪以来，大学严格遵守学术传统文化，根据各领域内学者的聚集来编排科系，知识并不能够完全按学科归纳，但自中世纪以降大学按学科来划分知识领域已成组织结构的约定俗成，这种传统并不是组织一个学术机构或使知识系统化或解决当今社会、经济和技术挑战的最佳选择，如若要应对新知识爆炸和外部环境剧烈变化的现实，大学亟须重新建立更新更加流动的组织。

ASU 是一所相对年轻但发展迅速的研究型大学，直到 1958 年才转型为综合研究型大学。ASU 的组织机构一直是基于传统的学术模式之上，继承中世纪大学，特别是英格兰大学的教学传统，融合德国研究型大学的追求高深知识的学术文化，加上美国州立大学服务社会的使命。ASU 的应对时代变化的措施就是重组大学的组织结构，在全校成立跨学科组织和研究中心，希望以此突破传统学科组织的限制，构建促进知识融合的跨学科项目，给各学院更多的自主权，保证 ASU 可以灵活地完成各项使命。

2004 年 4 月，在获得 ASU 董事会和克洛校长的支持下，ASU 成立大学设计领导小组（University Design Team，以下简称"小组"），全权负责构思和设计 ASU 如何重构各校区以更好地履行新使命，提出建立"一个大学多个场所"的想法。这一设想源于对 ASU 进行组织结构重设以配合创业型大学的建立的愿景规划。ASU 是位于经济水平相对发达的大都市圈的公立研究型大学，ASU 五个校区分布于菲尼克斯大都市圈的不同地区，这五个校区分别是：坦佩校区（Tempe Campus）；另两个分层布置的校区为西校区（West Campus）和理工校区（Polytechnic Campus）；2006 年新设的菲尼克斯校区（Downtown Phoenix Campus），由最初的州府中心校区（Capital Center Campus）迁入；2012 年秋季成立的哈瓦苏湖城校区是 ASU 系统内一所小型、低成本的延伸校区，提供有高需求的本科学位，学生在该校区接受的教育和体验类似于私立文理学院，但同时也拥有大型州立研究型大学的名称和资源。

五个校区并存并不代表 ASU 就具备了成为全美一流研究型大学的条件，也并不意味着 ASU 在某些研究领域可以独当一面。最初各校区之间存在大量的专业和学术项目的无意义重复，并且校区之间缺乏跨学科合作和资源流动，也没有任何促进大学创业精神发展的措施。所以小组力图打破这种隔绝的局面，在实现资源沟通和共享且保留校区特色的基础上重新规划五个校区的管理职能。

小组重新设计了每一所校区，并将新使命要求贯彻到每一校区的设计理念中。克洛校长对分校区的重建有过详细说明："ASU 必须承认和关注将分校区建设成增加流动性、合作性、提升协同性和有效开支的方式之一。已经很明确了，这个项目（一个大学多个场所）将会从主校区迁移一些项目到东校区（理工校区）或许是西校区，合并一些项目，重设一些已存在的项目，开发一些新项目并且分化一些在三个校区（当时还未成立菲尼克斯校区）都存在的共同项目。"❶

2007年6月29日，ASU副校长及教务长伊丽莎白·D.卡帕尔迪（Elizabeth D. Capaldi）宣布进行学术组织机构重组，将理工校区和西校区的重组作为ASU学术功能分权的重要一步。西校区重新任命了副校长和跨学科的艺术及科学学院的系主任，以及司法及社会调查学院主任。理工学院重新聘任副校长及技术和创新学院系主任，卡帕尔迪说："这项组织变革联结了核心学院的领导力，代表了整个校区，并将继续我们以学院为中心的路径为策略，理工校区的副校长和系主任都将是发展的关键。"❷

一所著名大学并不仅指其所拥有的图书馆、实验室、工作室和教室等硬件设施，同样不可忽视的是其与所在区域内各类人群的关系。ASU对校区的再定义旨在打破已有校区的发展僵局，重新构建校区与校区之间、校区与社区以及校区内学术项目的联系，ASU五个校区的建立必须沟通处理好与菲尼克斯大都市圈内各市区的关系，包括坦佩市、菲尼克斯市、梅萨市、斯卡茨戴尔市、哈瓦苏湖市等市区领域。ASU的很多学院分散在菲尼克斯地区，在此设计之下ASU不仅要完成学术优异的任务，还需要服务于菲尼克斯大都市圈以及亚利桑那州，迎接

---

❶ Arizona State University Office of the President. A New American University White Paper [J]. 2004 (4): 6.

❷ ASU News. Changes Streamline Organizational Structucture [EB/OL]. [2007-06-29]. https://asunews.asu.edu/stories/200706/20070629_decentralization.htm.

21世纪的新挑战。

1. 开发学院中心模式（Colleges/schools-centric Model）

ASU新设计的校区改革模式正是基于"学院/学校中心模式"之上，具体如下：

（1）将大学打造为拥有众多强势创业型学院及学校的机构（企业模式）；

（2）将知识和创业责任转移至学院和学校层面；

（3）制定出允许学院和学校能够突破知识和市场限制的设计；

（4）创造出独一无二的学院、学校、学术科系和跨学科研究中心（学院及学校）的联盟，作为21世纪第一个大都市研究型大学的基础。

建立创业型学院或学校的目的在于增加大学竞争力，ASU的组织结构必须要拥有一流的学院和研究中心，学院是围绕一个主题或研究领域连接教师和学生的学术单位，以此为目的，ASU希望每一所学院都具有取得优异成绩的潜力。学术自由和持续的学术优异成绩会带来成功，培育出创新力，并扩大大学的社会、经济及文化影响力，学生与教师努力取得更高水平的成绩。

2. 赋予各校区内学院更多自主权

ASU校区转型的关键是给学院授权，给予学院一定的研究成果所有权，帮助克服财政困境，学院的责任感将会鼓励学院更创佳绩，允许每个学院开发出最适合的发展路径。ASU的学院中心模式假设每一所学院都在努力争取更好的地位，不仅是与一个学校内的其他学院相竞争,也要与全世界及全美同领域的其他学院相竞争,ASU 内所有的学院都有机会优势互补。以理工校区的技术学院为例,技术学院有很大的潜力成为全美领先的技术学院,该学院与坦佩校区的工程学院联合,保证学生各尽其才,都能获得最大的成功。学院中心模式确保根据学院的层次来制定知识体系和创新项目,克洛校长和全体行政管理人员也在尽力创造最佳环境,保障 ASU 全部学院获得更大成功、帮助更多的学术单位结成联盟以获取更多资源。在这一模式中,每一学院的特征都不尽相同,每所学院有制定前景战略的义务,但必须与 ASU 的大学发展,即建立"一所新美国大学"的愿景相一致。

3. ASU 五个校区学术项目的变更原则

克洛校长在回复大学设计领导小组时建议"设计、计划和发展学院、学校、学术项目和各校区身份的核心应当基于大学的核心要素和价值观,以及'一所新美国大学'的发展愿景"。每一所校区都将规划出自己的发展战略提交给校长和教务长,为了体现 ASU "一所大学多个场所"的初衷,大学将会停止使用主校区(Main)这一称呼来指代坦佩校区,虽然坦佩校区仍是 ASU 最大的校区,但每一个校区都是 ASU 的重要组成部分,这也是在响应"学院中心模式"的发展策略。

同时,在五个校区进行大规模的学术项目重组必须要遵守一定的既有原则,即项目或是教师从一个校区迁到另一校区,或创建新项目的原因必须是有助于校区独一无二的发展特色的建立;迁移一整个项目或教师必须要对接收校区起到提升作用；教师和学生要谨记，重组必须要考虑跨学科建设；校区之间相似的项目之间要具有差异性；鼓励校区间或相似项目之间的合作。重组的首要动力是推动整所学校的发展，目标是使学术项目更具有吸引力，保证个人或学术项目有更多的机会获得成功。任何一项校区间项目或教师的变动必须有充足的准备时间，确保已被录取的学生有合理的时间能在熟悉的环境中完成学业。同样也让教师和行政人员有时间考虑去留。

五个校区的组织结构要具有各自的特色，必须要遵守以下原则：第一，各校区间学院、科系和学术项目的安排和组织要各具风格，彼此有所区分，错位发展；第二，各校区的学术项目要能反映出校区特色；第三，相似但不是特色的学院、科系和学术项目可以分布于两个或多个校区；第四，因为管理原因，学院、科系和学术项目可以将总部设在一个校区，而在另一个校区提供分支项目和服务；第五，不同校区的学院和科系在设计和建立共享项目（Shared Programs）方面可以合作。行政管理人员还需要达成共识，所有校区都将有一个共同的通识教育项目（Common General Studies Program），此项目的学生可以转学至任意校区。

三、ASU"新美国大学"基金会

大学基金会是现代大学制度的重要组成部分，美国大学基金会制度十分完善，大学基金会是美国大学弥补财政支出缺口、募集资金、接受教育捐赠的重要组织机构，基金会的存在

第四章 中层转型：ASU 治理结构变革

缓解了联邦和州政府财政拨款减少对大学运营所造成的挑战。基金会的资金通常是通过非公开的募集方式，即接受特定捐赠者所捐献的货币或实物资产的方式来获得，基金存在的目的就是将可支配的基金资产用于与大学教学和科研相关的活动。基金资产一旦形成，就不再属于捐赠者，基金资产的所有者是基金所在的大学，但是大学通常不会直接拥有基金资产，而是采用成立基金会的方式来持有基金资产。❶因此基金会是大学所获赠资金的所有者。

ASU 基金会（ASU Foundation for a New American University）的命名表明了支持 ASU 建设"一所新美国大学"的强大决心："确保 ASU 成功成为'一所新美国大学'"，称自己为"成为全国公认的一所新美国大学基金会的模板"，对于投资者来说，推动 ASU 使命发展的最好方式就是给予财政支持。基金会的主要工作包括为全校的教职员工提供资源，保障他们可以安心地进行本职工作；参与捐赠人、慈善家和投资人当中，联结 ASU 和他们的关系，帮助他们分享自己的时间、才智和财富；寻求新观点、新解决方法和新途径去解决 ASU 所面临的问题。一言以蔽之，ASU 基金会是在克洛校长的领导下积极寻求资金募捐以及管理学校相关创收项目活动的重要机构。

ASU 基金会是大学转型为"一所新美国大学"的坚强后盾，管理和运营 ASU 所筹措的资金、附属企业等。基金会现有高层管理人员 13 人，克洛校长也是基金会成员之一。自

---

❶ 范跃进，孙国茂. 大学教育基金与现代大学制度［J］. 东岳论丛，2013（1）：106.

2002年克洛校长主政ASU以来，ASU所获捐赠增长超过5.6亿美元，12年间捐赠额翻了一倍。2012—2013财年，基金会共获得新捐赠1.36亿美元。自2002年克洛校长任职开始，ASU获得捐赠数量发生了很大变化。例如：

（1）2003年艾兰·富尔顿（Ira Fulton）向工程学院捐赠5800万美元，ASU将工程学院命名为艾兰·A.富尔顿工程学院；艾兰于2005年又捐出1亿美元给工程学院和玛丽·卢·富尔顿教育学院。

（2）W.P.凯瑞基金会向ASU商学院进行捐赠，商学院被命名为W.P.凯瑞商学院。

（3）朱丽叶·A.里格里（Julie A. Wrigley）向可持续发展世界研究所（Glibal Institute of Sustainability）捐助超过2500万美元。

（4）2012年弗吉尼亚·G.派佩（Virginia G. Piper）向ASU捐资1亿美元，用以通过教育、研究和临床服务来提升健康护理。

（5）欧林·埃德森投资450万美元用来资助ASU埃德森学生创业计划。❶

ASU基金会对于保障全校学术项目的运营资金方面功不可没。如图4-1所示，ASU基金会所募金额从2005年的3970万美元增加到2014年的7310万美元。

---

❶ ASU Foundation. History of ASU Foundation［EB/OL］.［2015-01-23］. http://www.asufoundation.org/about-us/history.

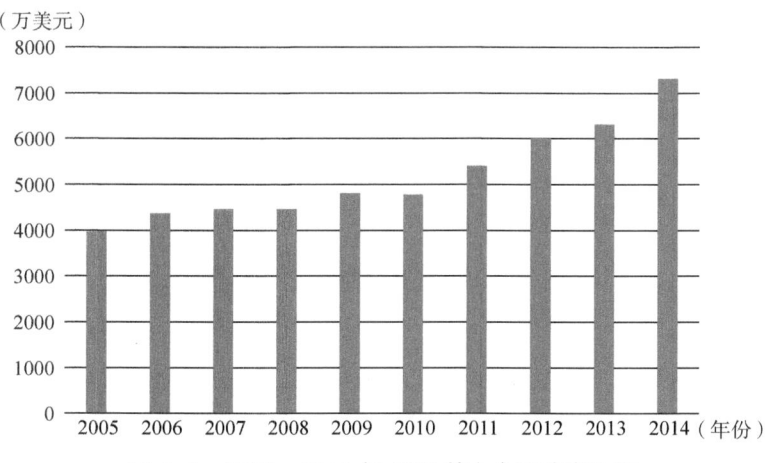

图 4-1　2005—2014 年 ASU 基金会所获资助额

基金会管理四项 ASU 重要创业项目。(1) 亚利桑那技术企业 LLC (Arizona Technology Enterprises LLC, AzTE)。这是完全附属于 ASU 基金会的子公司,主要通过将最新研究、专利、市场发明和许可等提供给私营部门,来转化 ASU 和北亚利桑那大学开发的新技术。(2) 天颂 (SkySong) 是 ASU 位于斯考茨代尔市的发明中心,是一系列发明的聚集,世界商贸的跨学科合作和拓展。(3) ASU 研究合作实验室 (Research Collaboratory),该实验室成立于 2014 年,集合了教师、工作人员和学生开发创新性、有影响力的成果。ASU 产生的想法将成为合作实验室的项目,为想法的创始人提供专业的管理和资金的支持。(4) ASU 研究企业 (ASU Research Enterprise, ASURE),这是一个非营利的应用研究组织,附属于 ASU,专门为国防和保安工业进行技术分类,提供中端技术准备级服务 (Midrange Technology-readiness-level Services)。

第二节 ASU 治理行为的公司化趋向

一、知识经济时代 ASU 的经济价值

1. 知识经济时代大学的组织特征

（1）研究成果市场化。20 世纪 70 年代，美国联邦政府科学技术资本投入速度放缓、生物技术诞生以及新知识导向经济的出现等先后出现，大学知识资本化以及大学在经济生活中的显著价值催生了新型大学模式。20 世纪 80 年代，《拜杜法案》在此背景下应运而生，开启了学术知识专利化的序幕，第一次允许所有的大学申请联邦资助研究的专利和执照，是联邦政府"二战"后科技领域政策最彻底的变革，立即改变了大学和产业界的合作关系。法案提议制定一项联邦专利政策授予小型企业、大学和非营利组织获取纳税人资助研究的基金。在这一法案之下小公司与联邦政府签订合同，将会自动获得研究的专有权利，大学和其他非商业组织则可以自由将研究发现专利化或申请执照来换取版权或其他费用。❶

这些变化的影响都是深远的，在过去，大学有意回避所有直接的商业关系，因为这种关系超越了大学日常的事务领域，

---

❶ Jennifer Washburn. University, Inc. The Corporate Corruption of American Higher Education [M]. New York: A Member of the Perseus Books Group, 2005: 61.

第四章 中层转型：ASU 治理结构变革

也因为这种关系与追求高深知识的学术理念相左。但在联邦政府政策的强势介入下，大学有了前所未有的机会获取更多的版权和收入，《拜杜法案》将利益动机直接引入学术生活的中心。早在 1981 年斯坦福大学商业和财务副校长威廉·F.马西（William F. Massy）在一次教师会议上表达了一些担忧，他认为"大学从专利和执照中累积的'研究成果的自然收入'与研究的实际收入并不相称"，并总结"我们找出大学参与我们自己创造的产品的创业回报的方式是很重要的"，否则这种"天上掉馅饼"（Windfall Profits）的好事就会落到别的大学了。❶ 在此之前，大学的领导者从未说过从学术知识中获取最大"创业回报"这样的话，过去大学同产业界的知识转换关系主要通过培训和教育学生、教师为公司提供咨询、教授休假、学术发表以及会议等途径来实现，但大学已经转为急切地希望得到教授的研究成果，开始与私营公司交易可以盈利的执照，设立风险资本并投资自己教授成立的公司。

（2）学科知识的应用化。在市场需求导向的大学中，基础学科、人文学科被能够谋利更多的应用学科所挤压甚至取代的情况时有出现。知识被视作具有重要价值的商品，暗示大学将知识从单纯的启蒙作用，甚至从教育作用转换为商业作用。1980 年当哈佛大学第一次调侃为教授新成立公司投资时，当时舆论还认为美国的大学需要警惕不要失去了学术灵魂。然而利用知识谋利的想法日渐普遍，大学已经普遍认同在其教授开设

---

❶ Jennifer Washburn. University, Inc. The Corporate Corruption of American Higher Education [M]. New York: A Member of the Perseus Books Group, 2005: 70.

的公司中分得股权。大学领导者几乎认同了新经济竞争驱使下大学与工业的新关系,大部分领导者都欢迎可以增加联邦资助和工业资助的机会,扩充研究的内容,并为大学带来丰厚的收入。与工商业界的友好关系以及迎合工业需要的做法为大学直接带来了收益,这种新型的合作关系更像商业合作资本,而不是传统的研究资助。例如,20 世纪 80 年代的约翰·霍普金斯大学是较早开始校外合作设立公司的大学之一,他们与基因研究院有限公司(Genetics Institute,Inc.)合作成立了一个新附属公司——元墨菲克斯公司(MetaMorphix,Inc.),用来研究神经系统疾病。基因公司投入 380 万美元,获得公司 58% 的股份,霍普金斯大学提供 19 个基因样本获得 42% 的股份以及未来的股权。❶

同时,管理行为的结构变化加剧了学术人员自主权的丧失。学术人员的核心价值观是学术自治,对权威和管控本能地排斥。学术人员对行政人员的工作也并不能理解。行政人员的职责在于协调环境、获取更多可利用资源。例如,注册体育用品或俱乐部商标,申请学术成果专利,甚至鼓励教职人员参与校外组织的经济活动,但因为企业追求可以带来经济效益的成果,也会阻止学术人员与同行共享资源,因为这种外部资源获取方式对学术自由十分不利。在绩效考核的管理方式之下,行政人员拥有的管理权力超过了学术人员。

(3)管理行为企业化。伴随知识商品价值凸显而来的是对

---

❶ Jennifer Washburn. University, Inc. The Corporate Corruption of American Higher Education [M]. New York: A Member of the Perseus Books Group, 2005: 140.

第四章 中层转型：ASU 治理结构变革

大学效率的高诉求。过去，对大学教授的管理通常会被类比为"牧猫"（Herding Cat），大学管理并不是单纯的科层体制，由于大学探索普遍高深知识的特征以及学术自由观念的深入人心，大学教授的工作相比私营公司或其他组织的雇员更加自由，学术创造是学者从内在学术兴趣出发而带来的深入思考，需要理性驰骋的空间，外在量化评价体制以及官僚式行政权力绝不会推动人类知识的产生，也绝不会刺激新思想的迸发。但知识的经济效用又迫使大学需要参照企业管理模式，倡导并提高研究产品效率和效用，这也促使大学行政管理行为发生变化，进一步激化了行政人员和学术人员之间的矛盾。

大学与外部组织的紧密联系造成了大学对外部资源的依赖，根据资源依赖理论，给像大学这样的组织提供资源的人有能力对这些组织行使很大的权力。❶人们普遍担忧大学独立性以及学者追寻知识的自由，担心工商业资金投入会引导大学学术发展的走向，在公立研究型大学内部，越来越少的资金被用于教学，越来越多的资金被投入应用性研究及其他能赢得外部资金的活动，越来越多的教学科研人员被卷入市场活动。哈佛大学前校长德里克·伯克（Derek Bok）说：

> 技术转换领域提供了各式各样能够刺激技术创新的好奇心的可能性……在这种光明的前景下，为什么几乎所有杰出的研究型大学都生出对技术转换前景的担忧呢？……

---

❶ [美] 希拉·斯劳特，拉里·莱斯利. 学术资本主义——政治、政策和创业型大学 [M]. 梁骁，黎丽，译. 北京：北京大学出版社，2008：61.

"引起这些担忧来自于一系列的项目"都可能会混淆大学追求知识和学习的中心使命,而是将一个全新的、强有力的动机引入学术事业的中心,这一动机就是追求商业效用和经济效益。❶

无法忽视的是,联邦政府和州政府资助以及学费收入依旧是公立大学财政收入的主要来源,政府在向大学投入资金的同时,也在通过控制"产出"来对大学进行管理,利用政策工具要求高等教育机构向政府和公众提供学生学习结果的评估,实施问责制度,施行新的拨款政策,政策导向促使大学效仿企业式管理,引入市场机制或准市场机制,根据市场需求调控资源,提供针对性课程和学术项目等。

外部资源的依赖以及财政来源的多样化是使大学行为企业化的主要原因。公司治理体系主要有四个特征:市场导向、股东导向、组织导向和社会系统导向。其中在市场导向特征中又具体表现为 CEO 支配下属主管。企业化的管理特征之一便是专门行政人员的增多。如今美国公立大学中行政人员大多来自校外,作为外来成员,他们流动性很高,不属于既有的组织文化,更倾向于彻底的改革。专业的管理人员容易带来更多的监管,在常规例会上指示行政人员按部就班地工作,遵循公司化管理模式。行政人员通过学术劳动成果绩效考核的方式,对学术人员实施末位淘汰制、采用"非升即走"的管理方法,另外

---

❶ Jennifer Washburn. University,Inc. The Corporate Corruption of American Higher Education [M]. New York:A Member of the Perseus Books Group,2005:137.

第四章　中层转型：ASU 治理结构变革

间接拨款机制（政府将经费以学生资助的形式付给学生再由学生向学校付费）也进一步强化了教师接受"成本—效益"法则和"顾客至上"理念，服从高校内部行政权力对各种经费的重新安排。❶ 不仅如此，一些公立大学的董事会力图像私营企业一样向公众展示高层决策过程，美国学者盖伊·塔奇曼介绍在 Wannabe 大学（一般认为是康涅狄格大学）的董事会议中，教育记者和政治记者频繁地出席会议，像财经记者报道公司股东会议一样。通过传媒手段，公立大学积极向公众显示其所承担的责任和希望达成的目标。❷

2. ASU 的经济发展价值

20 世纪 70 年代以来，美国经济发展呈现出两种结构性转变，一是国际竞争的加剧，二是后工业化经济结构的出现。世界市场上，美国经济受到西欧、日本经济复苏而带来的巨大冲击，而后工业时代的经济更加紧密地与信息、服务和技术产业相联系。美国公司在应对竞争压力时开始选择提升更多后工业化特征的部门，主要目标在于确保美国公司依旧在财经、专业商业服务、通信等高科技领域保持领先地位，为达成这一目标，工商业界的领导者将目光转向高等教育，高技能、高素质的雇员是后工业时代赢得市场竞争的关键因素，通过雇用更多高素质的劳动力将会弥补转型后工业化经济的空隙。劳动者的高素质包括：象征型技能（概念、数学的以及视觉的），而不

---

❶ 陈伟. 学术权力与行政权力的对抗游戏——论美国高校教师与高等院校之间的集体谈判 [J]. 比较教育研究，2007（1）：2.

❷ Gaye Tuchman. Wannabe U: Inside the Corporate University [M]. Chicago: University of Chicago Press，2009.

是特定学科领域内的技能；研究能力，而不是运用已有的专业知识；沟通技能（口头和书面），而不仅是自我表现。后现代经济转型还存在创新空间。通常大学进行基础研究，市场或工商业界主导实用性研究，私人企业会参与新产品的研发中。基础研究和应用研究由不同的部门进行。这也产生了两种不同的研究文化，基础研究容易忽视应用价值，导致基础研究落后于市场发展的步伐。但在西欧和日本，创新性研发则与市场同步，这也成为美国技术逐步落后的原因之一，美国大学也因此被推至劳动力素质下降、研发能力不足的风口浪尖。在此背景下，越来越多的美国大学管理人员迫于压力进行组织变革和学术项目重组，增加应用领域资源投入，重新建构政府和工商业界对高等教育的信心，资源重新分配和外界压力迫使管理人员超越了巨型大学（Multiversity）的理念，打破学科界限，抛弃为本科生和研究生提供综合知识的旧观点，转而采用"选择性优异"（Selective Excellence）策略。这一策略的操作如下：如果确认了一些看似处于劣势或学生低需求的项目，这些项目将会被撤销或削减，以便于保证更多的资源可以分配到其他日渐增长的项目中抵偿消耗，力求学术项目虽数量较少但优良。❶

新策略带动更多跨学科项目的出现，跨学科项目更适应少而精的策略的假设在于：因为利用了相似专业的人员和资源优势，跨学科专业更善于提供高质量的学术项目。院校改革之后学科的应用程度不断提高，专利数和获得的许可数量增多，更

---

❶ Clyde W. Barrow. The New Economy and Restructuring Higher Education [J]. The NEA Higher Education Journal, 1996, 12（1）: 42.

容易吸引强有力的政界和商界的支持者。自 2002 年克洛校长开始担任 ASU 校长，前十年 ASU 所获得的实用专利数量便在美国大学中始终保持增长态势。

亚利桑那技术企业（AzTE）是一个 ASU 专门管理知识产权和技术转化的组织。根据 AzTE 的统计，2012 财年 ASU 的教师共发布 54 项专利，其中 26 项在美国国内，成立 9 家新企业，提交 239 项公开发明，这些新发明也将会推动新交易或新公司的设立。根据美国大学技术管理协会（Association of University Technology Managers, AUTM）的年度调查，从 2011 财年到 2013 财年，AzTE 连续三年被列为 10 所研究投入超过 3 亿美元、研究支出中有 1000 万美元用于成果产出的院校之一。总的说来，ASU 的研究发现直接或间接地促成 66 家公司的诞生，由 ASU 推动成立的新公司吸引了风险投资超过 3.6 亿美元的资助。2012 财年，这些公司共融资超过 5500 万美元。❶2009—2013 年 ASU 的研究支出增长超过 60%，2014 年 ASU 共有新发明 261 项，基于 ASU 知识产权的新公司 12 家，完成许可 90 项，以及 ASU 研究人员获得的专利为 56 项。❷

高等教育领域的剧烈变革引起行政权力扩张的担忧。区别于传统科层制体系中的教师，激烈的竞争环境催生了企业家型教职员工（Entrepreneurial Faculty），他们更善于处理校内或不同学校之间的合作关系，从校内和校外都能够获取稀缺资源。

---

❶ Arizona Technology Enterprises. Office Statistics［EB/OL］.［2015-01-27］. http://www.azte.com/index.php/about/facts7.

❷ ASU News. ASU Tech Transfer Group Achieves High Rankings in National Survey［EB/OL］.［2014-12-10］. https://asunews.asu.edu/20141210-azte-national-ranking.

而未能及时调整项目策略，配置跨学科联系的院系所或个人则容易在竞争中处于下风，甚至遭到项目删减的危险。政策导向和社会舆论都在逼迫大学愈加关注各自的鲜明特色，提倡超越传统研究型大学、教学型大学和社区大学的分类限制，在相同的学科领域内开发差异性。无论变革策略多么完善，但行政管理手段却十分政治化，行政管理高层人员和董事会制定正式的重组计划，但在实施过程中免不了冲突。例如跨学科组织的建设在多数大学中缺乏构建基础，因此跨学科组织并非随着计划的实施自然而然地形成，而是在行政计划之下直接促成的。但高等教育在经济社会中地位的关键性使高等教育的变革或转型已是不可避免，高等教育机构中的全体人员也需要清醒地认识到高等教育所面临的经济危机是结构性危机，不可能短时期之内就消失，高等教育所面临的竞争环境也将会持续存在。

在面临专利和许可发行数量日增的情况下，ASU 同样制定了严格的管理机制来规范专利和许可的颁布程序。AzTE 和工业合作伙伴之间制定了一系列的协议，包括执照协议（License Agreements），为开发商用技术，执照协议保证工商业部门在 ASU 知识产权保护下获得产品执照。虽然协商过程视情况而定，但执照协议主要包括表 4-1 所列的一些环节。

表 4-1　AzTE 与产业界许可协议内容

环节	具体内容
许可费用	在签发执照协议时支付，费用详情依据技术的市场价值而定

第四章 中层转型：ASU 治理结构变革

续表

环节	具体内容
股权	AzTE 希望能够获得基于 ASU 技术而成立的新公司的一定股权
专利报销费	用以支付在申请技术专利的开支，如果是利用技术申请外国专利，费用可能会更高
开发期间	在最后确认可能的合作公司签署执照协议之前必须提交一份简短的技术发展计划要求每季度提交发展报告。这些报告将帮助记录技术得到了实际应用，对联邦政府资助的执照也是如此要求进行长期开发项目，如药物开发等项目，在完成一定阶段的目标后要能符合一定的开支数目。按完成的程度来支付金额有助于减少高风险项目的启动执照费用
版税	当使用某项技术的产品或服务被售出之后所付的版税。按照具体情况，可能按售出的百分比或每单元的费用来算
最低提成	在开发的最后阶段，AzTE 希望每年能获得最低提成，会相对低于预期版税，版税可以抵消最低提成，所以这项并不是额外费用，而是为了鼓励继续从事技术的市场化

资料来源：Arizona Technology Enterprises. Standard Agreements［EB/OL］.［2015-01-28］.http://www.azte.com/index.php/industry/StandardAgreements.

除了许可协议之外还包括期权协议（Option Agreements），这项协议给予合作公司有权在一段时间内审核一项技术，确保技术的实用性和价值。在有效期限内，AzTE 同意开放公司对技术审核的获取权，只需要支付一次费用即可。另一种期权协议是由赞助商选择协会，提供给公司资助的 ASU 研究成果；

素材转移协议（Material Transfer Agreements），允许将 ASU 所拥有的生物素材或其他相类似的标本转移至其他大学或公司；校际机构协议（Inter-institutional Agreements），这是 ASU 与其他大学、联邦实验室、非营利基金会和工业界的特殊协议，这些协议允许 AzTE 可以给来自其他组织或联合发明人的技术进行认证。❶

二、ASU 学术机构重组的施行

在对 ASU 教职员工进行访谈中，笔者发现很多问题呈现出共性特征，包括重组动机、重组过程、重组结果和对待的重组的普遍态度。本研究对 ASU 学术机构重组的动机及实施过程进行分析。

1. ASU 学术机构的重组动机

美国联邦及州政府对大学问责的压力，以及知识产品商品化带来的巨大利润，这一切是 ASU 转变大学管理目标的最初指向。ASU 转型的目标正是希望将大学建设成企业（Enterprise），打造一个新美国大学的模板。企业意味着高效和获取收益，ASU 大规模的变革也因此打上了浓郁的实用色彩。

第一，建设跨学科组织以提高效率。ASU 的学术文化是以跨学科和实用研究为基础，建设跨学科的学术单位是 ASU 实施学术机构重组的主要目的之一。这一点充分体现在各个重组

---

❶ Arizona Technology Enterprises. Standard Agreements［DB/OL］.［2015-01-28］. http://www.azte.com/index.php/industry/StandardAgreements.

学院之中。

历史、哲学和宗教研究学院（School of Historical, Philosophy and Religious Studies, SHPRS）成立的一个主要目的就是建立跨学科合作的学院，以提高组织效率。重组开始于2008年，由原历史系、哲学系和宗教研究系合并而来。笔者对该学院的部分教师进行了访谈，两名教授对学校的意图进行了解答。一名教授说："根据迈克尔·克洛校长的意思，他认为传统的学术科系已经过时了，阻碍世界知识发展的人造藩篱需要被打破，创造更严格、更单一的标准，或是创造相关的跨学科主体等。"（IT-CR）另一名教授也说："有一个（原因）是为了重塑大学和学院，由可兼容的学院组成，以便于将三个院系的教师组成一个整体。"（IT-CR）

除新成立的哈瓦苏湖城校区外，重组之前ASU其他4个校区都分设了教育学院，2008年，ASU将所有的教育学院组合成唯一的教师教育学院。教师教育学院的一名教授说："（合并）目的根本上是合并行政管理，相同的单位却有不同的目标，进行重复的工作，所以为了一个学术原因，目的就是增加学术项目的自主效率……在一个单位里我们更有效率了，之前四个单位责任重叠，服务烦冗，教育质量也不同，现在更加统一了。"（IT-CR）

成立地理科学和城市规划学院（School of Geographical Sciences and Urban Planning），因为地理学院是ASU较大的一个学院，而城市规划学院合并到地理学院受到了教师的欢迎。有位教授认为："前任院长工作认真，她邀请我加入学院，变成地理科学和城市规划学院,这个合并真的很好,因为地理学家和规划学家都在研究地址或地点的概念,地理学家从过去到现在的角度来思考地点,而规划学家从现在到未来的角度思考,现在组合成了一个完整的系列。"(IT-CR)类似于规划学院,技术及革新学院(College of Technology and Innovation)的成立也出于效率考虑,技术学院和工程学院的学术项目存在重叠多余,而结合在一个学院中可以获得明确的身份,获取更多的资源,也可以提供更多的机会,增强市场能力。

对于新创造的跨学科组织来说,ASU 赋予它们的使命则更加显著且突出。例如跨区域研究学院(School of Transboader Studies),这不仅是 ASU 新设学院,也是全美第一所跨区域研究学院,集合来自人类学、经济学、文化研究、语言研究等多学科专家,共同研究墨西哥地区、边境地区的社会经济问题。

第二,提高大学收益。进行重组的第二个重要原因是出于节约财政经费的考虑,目的在于增大学院乃至大学的收益。几乎所有学院的重组都有节省开支的初衷,这一点在人文社会科系表现得更加明显。在 SHPRS,进行重组的另一个主要原因在于维持收支平衡(Breaking Even),一名教授在回忆 SHPRS 的一系列举措时说:"2012 年秋天,我们教师会议都在讨论怎么创收,讨论我们系、我们学院不同途径的收入有多少,最重要的事情是教学,当我们教学生的时候,教的学生越多,我们赚的钱就越多,然后是资助,因为我们是人文学科,获得的资助非常少,资助都是给那些自然生物科学的学者的……所以获得资助是学院创收的另一途径,还有就是捐赠……我想将我们这

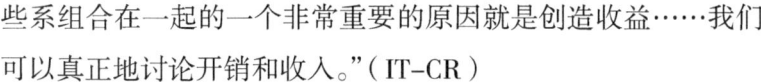

些系组合在一起的一个非常重要的原因就是创造收益……我们可以真正地讨论开销和收入。"(IT-CR)

教师教育学院重组的目标之一也是预算缩减。一名教授说:"我们在行政服务上浪费了钱,我们也没有很好地服务好学生……所以第一项重组就是将坦佩校区的教师认证项目移到西校区的行政领导力项目下,解散理工学院的教师培训项目,这些项目都在我们的管理之下。"(IT-CR)

2.ASU 院系的重组过程

ASU 的学术重组早在克洛校长担任校长之前便已在部分院系展开。如在生命科学学院(School of Life Science),笔者曾访谈一名来自生命科学学院的教授,她对 2002 年前学院的学术重组依然记忆犹新,她回答重组的原因:"生命科学学院以前是分散的院系,每个领域所做的事情各不相同,院领导感觉我们应该合并成生命科学学院……所以这是第一个,开始于前系主任,早在迈克尔·克洛到来之前,当他来的时候,他对此非常高兴和兴奋,说'是的,这就是我希望看到的',甚至在他的就职演说中还将我们举为例子,说生命科学学院正是我们希望的重构和重组的类型,因为我们需要跨学科的动力,需要人跨越传统界限去思考问题……重组开始于校长到来之前,符合他的理念,他说这就是我们希望对其他专业做的事。我想生命科学学院不是第一个这么做(重组)的学院,但是领先的一个。"在问到具体的重组原因时,她进一步解释道:"因为……这些不同的单位有跨学科的动力,为了解决核心问题真的把人们聚集在一起,不同领域的专家,将他们放在一个空间里,他

们足够亲近到可以共享办公室,同样教会并使人们可以更容易地合作,以便于关注(问题)。"(IT-RP)

ASU副校长兼校长办公室主任詹姆斯·奥布莱恩则进一步充分叙述了生命科学学院重组的过程。"生命科学学院……将三个系和教师组合在一起,与他们沟通,沟通的一部分就是向他们呈现当前真实情况,这些事实以三个院系的数据的形式来阐述,如研究生的数量、所做研究的数量、本科生数量,他们基于事实的基础上讨论发生了什么,他们提供的是机会,而不是要求,这个机会是给予三个系更高水平的表现,对个人也很好,给三个系的教师联合设计一个新学院的机会。教师被允许讨论,这对他们也有利,学院可以吸引更多的投资,增加更多的教师,为研究生提供更多的资源,如果他们有了新的学院设计也能吸引更多关注和客户。所以教师会被要求,并被给予一定的时间按他们所希望那样组合在一起,说服自己,讨论出学院可以组合在一起的设计路线……他们想出生命科学学院的念头,他们想出三个系的教师聚在一起而不是各自分散,允许大多数教师根据兴趣安排、再安排。"(IP1-RP)

生命科学学院在ASU学术重组过程中代表了参与式变革的类型,但这仅代表了这一学院的改革形式,在大部分其他学院的变革过程中则显示非参与式变革类型才是ASU组织变革的主要方式。

以SHPRS为例,综合几名教授的回答可以看出重组的过程,所有的教授都回答"他们就这么告诉我们的(重组的决定)","2008年8月他们把我们召集在一起,告诉我们将要

第四章 中层转型：ASU 治理结构变革

重组，没有商议，我们得知消息的几小时后重组的决议被正式宣布了"。（IT-RP）一名教授在重组时曾在院教师委员会任职，他详细回忆了重组决议传达的过程："2005 年开始统一成立了大学委员会，合并的结果由大学委员会通过，这涉及一些问题，首先是教师和委员会在制定有关重组时的角色，其次是在重组过程中每个院系应该做什么，院系和院系对待重组的反应都不同，有很多不同的提议和不同的时间安排。例如理工校区是第一个提出重组建议的，因为在 2008 年时经济危机越来越显著，他们当时的新院长开始提倡变革，于是全校区进行了重组。所以当我同校长和委员会讨论是否接受重组时……重组这个学院的提议是因为节约财政开支，在其他单位讨论的有所不同，对于西校区，是不同的原因，那里的出现冗余、项目重叠……校长和委员会讨论 SHPRS 发生了什么，建议都涌现了出来，我提议说这（合并）是一个不算好的主意，他说不，他说如果你有更好的主意，那带着更好的主意来。"（IG-RP）

不仅在 SHPRS，其他学院，不论是理工学科还是社会学科都接到学术重组的直接行政命令，重组前没有讨论，决议的传达方式较为简单。在技术与创新学院，"院长和我们开了个会，院长说学院要被解散合并到富尔顿工程学院，这就是过程"。地理与城市规划学院的情况也类似，"我只知道系主任那时和所有的教师单独开会，有一些教师不同意加入新学院，于是转去了其他单位。那些对话就像这样，'你知道的，这有一个计划，我们要向前发展，重新分配预算和财务、学术项目……'"教育学院的教授说："我们收到消息，从校长到院长，宣布重组之后就成立了新学院……这不是讨论，没有开会……学院被解散了，教师可以选择加入新学院……人们可以选择，最大的学院在坦佩校区成立……没有沟通。"（IT-RP）

作为全新创设的学院，跨区域研究学院的成立与学院合并的程序呈现出一定的不同，有位教授认为："我们（全院教师）讨论了所有可能的压力，这个程序涉及所有的教师，我们聚集在一起共同讨论这些。还做了很多书面工作，设定课程、项目。设定了学院的四个方向，如社区发展和帮助、移民政策、语言文化和地点。"（IT-RP）另一名教授肯定了这一过程，"我们被告知（合并），要理解决定，整个大学是一个整体……我们的合同变了，为了迎合不相关的社会经济变化，你必须适应这些，我们开始讨论，有很多的会议，我们咨询了全学校的同样面临要更改他们项目的教师，我们查看了所有的学院是怎么做的，我们甚至参考了墨西哥大学是怎么做的，我们吸取他们的经验，并运用到创立这所学院当中"。（IT-RP）

三、ASU 公司化的管理方式

大学组织虽然属于社会组织的重要组成部分，但大学组织是掌握某一领域内高深知识的学者的聚集场所，从创立之初又与社会保持着相对独立的实体地位，因此大学组织的管理方式不能等同于其他社会组织。最初中世纪大学拥有"教授治校"和"学生治校"的不同治理传统，传承至美国大学当中则发展为共同治理的管理模式。ASU 治理结构改革之后出现了公司化

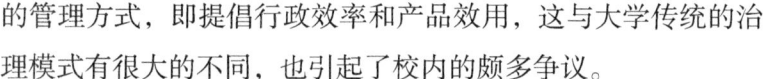

的管理方式,即提倡行政效率和产品效用,这与大学传统的治理模式有很大的不同,也引起了校内的颇多争议。

1. 管理方式的行政化

亚利桑那州是一个典型的受工作权利法保护的州,该法不支持成立员工协会,支持雇主多于雇员。ASU 重组的过程体现了公司化行政管理的典型特征。

SHPRS 的一名教授在阐述重组过程中也特意提到了工作权利法,叙述了由此对 ASU 组织文化基调所产生的影响。"亚利桑那州是所谓的工作权利法州,这意味着很难成立联盟……我来自伊利诺伊州,伊利诺伊州不是一个工作权利法州,对联盟更加友好。亚利桑那州的法律更站在雇主一边,如果你愿意你可以看到很多这样的诉讼案件都在违背公众权利……你也许会感兴趣,最终,法律支持雇主,雇主拥有更大的权力。"(IT-LGS)更有一名教授直接提出大学的公司化发展倾向,他说道:"我不喜欢他(克洛校长)改变了大学管理的文化,我称之为公司或军事模式,所有的命令都来自上层,自上而下。我相信我们这一代人都相信大学实际上应该由教师来管理,而不是日复一日地由经理来付账单,是教师在一起收集、保存大学的价值,你知道的,我们才是大学存在的理由。……所以这是校长领导方式我不喜欢的地方,他将整所大学打造成完全科层制管理,教师处于非常低的地位,他相信大学应该参与公共生活中,他认为作为公立大学我们应该吸引尽可能多的学生,这我同意;他认为大学应该更有创造力,开发更多领域,我也同意;问题是迈克尔·克洛……他的想法不是唯一好的想法,我不相信一个人管理一所巨型大学的时候知道什么对个人或每个单位是最好。……作为大学校长需要很政治化,这是他工作的一部分……但事情并没有以好的方式去实施。"(IT-LGS)

教师教育学院的教授的看法也类似。"在最初(重组)时我们得到的解释是为了提高效率,但解散了一些我们认为最有研究效率的学院。……我们没有参与校长办公室的决议,几年后我们才得到更多信息,才开始认识到……大学是一个整体,不仅是某一个部门,有时候你的部门看起来很好,但对于整所大学的普遍机构来说并不像想象的那么好……在合并前他们没有给我们足够的信息。"(IT-LTC)

参与式的管理方式主要集中体现在新学院的创建中,如跨区域研究学院的创立等。在内部组织变革中,ASU采用了内部混合式、参与式变革和非参与式变革混合,也采用了外来引进型改革方式。当变革遇到阻碍或者反对时,往往会采用通过引进新成员、培育新的追随者、灌输新组织文化和价值观来保证变革按照领导者预期的那样去进行。生命科学学院的重组体现了参与式变革,但对于整所大学来说,变革遇到的困难是涉及全球范围的,詹姆斯·奥布莱恩在此变革基础上提出了外来引进式的管理方法。

"当克洛校长看到他们(生命科学学院)的重组意见的时候都说'绝妙的想法,你们看这样行不行,我们希望提升这个想法',但我们希望提升的是融合不同教师的过程,让我们假设三个系有50—60名教师,一名教师因为他们不确定自己是否喜欢重组而投了反对票或阻止重组……我们要领先一步,我们不会因为一票反对或个人反对就不再重组,谁不想参与这一个过程,可以去其他地方,可以退出,可以加入其他学院……相反,你可以找到让你感到更舒适的新家、新学院,你可以在那儿工作。但如果你加入了教师团队,你要了解,不要抱怨,或者抵抗三年,因为你没有参与创造什么新东西,也不要期望一夜之间重组就会成功……我们需要团结起来让它们发生。"(IG-RO)

2. 企业家型领导力的彰显

在ASU,克洛校长的进取精神和创新形象表现出其作为一名企业家型校长而承担的角色。积极性是企业型领导者的普遍能力,用以创造和领导未来。创新性是企业型领导者在认识创业机会、利用资源、解决问题时发展新颖及有用的理念的倾向和能力,而承担风险反映的是企业型领导者在引导创业型行为、为未来负责时承担可计算的风险的习性和能力。❶但进取型领导方式同样也是"双刃剑",ASU为配合愿景的实现而进行大规模的组织变革和院系重组,行政命令自上而下地发出,在有些院系甚至没有召开教职员工协商会议,重组的进行不可避免地触及了一部分人的利益,也引起了一些教职员工的质疑,变革过程中教职员工的意见也并没有得到应有的重视,变革依旧在行政命令的指示下实施。

正如一位教授所言,克洛校长改变了ASU组织文化的传

---

❶ Afsaneh Bagheri, Zaidatol Akmaliah Lope Pihie. On Becoming an Entrepreneurial Leader: A Focus on the Impacts of University Entrepreneurship Programs [J]. American Journal of Applied Science, 2011, 8 (9): 886.

统,力图将 ASU 打造成一所企业,用企业精神代替传统的学术文化。企业精神追求效率和创新,围绕这一核心进行的组织变革也大多以提高学院效率为目的,在教师教育学院,重组的一个重要目标是削减开销,为了更好地服务于学生,在一些学术项目合并之后,教师教育学院的做法是"已经开始(某一已被合并的)项目学习的学生可以继续完成学业,无论是在坦佩校区还是西校区,他们都能接受相同的教育内容,更好地服务学生是非常重要的。""另一个重要的改变是文化变革……你知道的,因为付给终身教职工资占了预算的很大部分,所以保持学院收支平衡的唯一办法就是提高项目的效率,你不会希望你的教授上的研究生或本科生课上只有五六名学生,这没有效率……因为校长和教务长需要更有效率。"(IT-LGS)

生命科学学院的重组体现了大学决议民主化的特征,这名教授回忆重组的过程:"文理学院院长大卫·杨(David Young)是决定我们要这么做的人,他来自康奈尔大学,他带着愿景来到了我们这儿,认为我们需要重组,正巧我们做的工作也是迈克尔·克洛愿景所希望的……大卫·杨想得很远,思考我们如何变得更好。""我们也有争论,刚开始人们说为什么我们需要改革,总是有争论,但我想争论比我感觉到的还要少。我们成立了教师委员会,我是这个委员会的主席,他们给这个委员会相当程度的工作自治权,代表了所有不同的组织,所以我们有自治权去按照愿景应该运行的方向而工作,不是院长说你应该这么做,你不应该怎么做,你应该把院系都整合到一起,但是你可以指出最好的办事途径,这与有些学院不同。"(IG-GTC)

时任院长的大卫·杨的领导模式才是生命科学学院大规模采用参与式管理方法的关键因素。

按照部分教师的回答，也许克洛校长在推行组织变革的过程中存在独断专行的做法，但他颇具远见的领导方式以及"一所新美国大学"的愿景还是得到了笔者所采访的所有教师的肯定。笔者对这些评价进行了一定划分，显示出的话语均呈现正向性，如表4-2所示。

表4-2 ASU教职员工对校长及愿景的评价

评价对象	评价关键词
对克洛校长的评价	"好""相当好""有创造力的领导者""非常聪明""成功的领导者""好的管理者""有远见、有创新""创业型""极好的"
对愿景的评价	"概念很好""很棒""非常有力""非常好""有趣""支持""积极的"

但毫无疑问的是亚利桑那州独特的政治文化也对克洛校长规划的推行助力颇多，一名教授说道："迈克尔·克洛在亚利桑那的法律体系下感觉极好，他绝不可能运营一所像加州大学系统那样的大学，会有太多的抵抗，并不仅仅会来自教师。"（IT-LGS）

第三节　中层管理人员和教师的反应

一、ASU 教职员工和行政员工的态度类型

笔者访谈的教职员工及行政员工对于重组的决议产生了不同的看法。因为克洛校长是由亚利桑那董事会聘用的，所以教职员工及行政员工并没有直接选举校长，因此研究主要集中于教职员工及行政员工对重组决议的态度。

1.高度支持型

在一些院系，重组的决议获得了一致的支持，得到所有教职员工及行政人员的普遍支持。根据访谈可以看出，他们支持重组主要基于以下几个方面。

（1）提升学院知名度。技术与创新学院的合并为一些较小的学科带来了更多的机会，来自飞行导航专业的一位教授表示："我对此（合并）很高兴，因为在富尔顿的名称下面（整个学院被合并到艾兰·富尔顿机械学院之下）我们能够被曝光得更多，我想富尔顿机械学院会允许我们扩张和成长，并获得我们所需要的曝光，我想这会恰当地起到支持的作用，所以我想这些都是可喜的事情。在导航专业……我试图和教师们沟通，让他们相信将会很好，很积极，导航专业将会发展得更好。"（IT-RO）在生命科学学院的重组中，一位教授也十分

肯定了决议:"我想这很棒,因为我是做科学史的,我是一名哲学家,哲学界认为科学史没有价值,浪费时间,但在生命科学学院他们喜欢这门学科,以前做这个的只有我和其他一两个人,现在我们有一群人在做,我们还有博士项目,我们有很棒的学生,我认为这棒极了。"(IT-RO)

(2)吸引更多资源。在地理科学与城市规划学院,因为规划学院的缩小,与地理科学学院的合并对规划学院来说利大于弊。一名规划学院的教授说:"规划学院以前更大,有一些部门脱离了学院之后,我们比四五年前的规模要小得多,同样地理学院也有它们的问题,它们需要一个新的院长,所以院长认为如果把两个学院合并到一起将会是一个很好的主意,但决定是由上层来做的,规划学院除了两名教师写了信——大概是给教务长(抗议)——其余所有的教师都支持了合并的决议,这在院系转换的过程中并不常见。因为规划学院本身就是跨学科的专业,可以去其他的单位……我个人很支持这个举动,因为我们在原来的学院做得不好,因此搬去别的地方对我们来说是个好主意,大家都支持,非常积极。"(IT-RO)该院的另一名教授也支持合并的决议:"我认为这是一个非常好的决定,这对地理学院的教师非常好,可以去思考他们实际应用我们的工作,也可以思考专业人士如何获得工作,而不仅从研究的角度。对规划学院的教师也非常好,同样可以考虑从不同层次获得资助。对我个人来说,这是一种双赢的局面,可以取得互利。"(IT-RO)技术与创新学院合并到富尔顿工程学院为学院带来了更多的资源。"我实际上很支持,我认为这对整个学校都很好,因为我想可利用的资源比以前更多了……我们在一个学院里招聘人才,帮助学生,但我不希望我们会失掉自己的独特性,所以我倾向于积极的态度,倾向于寻找更好的方法。"(IT-RO)

2. 态度复杂型

很大一部分的学院对重组的决议持有复杂的态度,不赞成亦不反对,或一开始反对而后又逐渐习惯,甚至一部分教师对重组并不关心。技术与革新学院的一名教授说:"大部分的教师和职工,嗯……随便,他们不在乎,他们精疲力尽了,他们对两三年就重组一次感到很疲倦,他们真正希望的是能做点事,有效率,持续的重组并不能带来高产,所以教师们通过不参与来表达自己的疲倦。"

更多的教职员工及行政员工表达出的是疑惑或复杂的情绪,这普遍存在于各个学院,尤其是合同教师,他们担心自己合同的有效性问题。笔者按学院对这种复杂情绪进行分类叙述。

(1) 地理科学与城市规划学院。"改变态度的一个挑战是因为地理学院的教师多过规划学院的教师,我们像是 A 组和 B 组,我们是一个单位,我都支持传播我们的使命,但不是从跨学科的视角,而像是同一把伞下两个独立的团体……我想我们有两个规划学院的同事决定不加入新学院,但因为我们已经合并五六年了,我们现在工作得都很愉快。"

(2) 音乐学院。"仍然有更多的事情要做……你可以宣布合并,但需要几年时间去真正做成功,这是文化改变,有些人能很快地适应文化的改变,而有些则不,花的时间不同,有时候你觉得事情进展得很顺利,其实不然,运行得不好就需要改变。"

(3)技术与创新学院。"我想有些人很疑惑,担心不确定的学术项目的走向,但没有明显的抗议,没有人知道该何去何从,该向谁报告,整体的结构变革是悲哀的,我们不知道很多未解的问题。""有些人很沮丧难过,有些教师赢了,有些教师输了,赢的人觉得合并到一个学院就很好,输的人的学院被解散了,有一小部分人组成团体抗议决议,但规模不大……现在学院有了很多新人,新人不知道历史,他们不知道,有些人留下来了,他们不在乎,所以问题不存在了。"

(4)教师教育学院。"最初人们会焦虑,但受到培养优秀的中小学教师的愿景所激励,他们还控制了课程的变革,所以对改变感到了一点掌控权。"

(5)跨区域研究学院。"我们也有人不同意(创建新学院),这很艰难,因为有一些人想向前,有一些人希望离开,不可能满足所有人,这很正常。人们通常不能很理智地思考,他们思考更多的是私人问题……有些人想要权力,我们只能雇用新人,这是权力问题。"

(6)生命科学学院。"最初反应很混杂,有些人说我不喜欢,另一些人说让我们这么做吧,因为科学家喜欢静观事物的变化,我想现在有很多人都认为这是一个好主意了……有些人害怕改变,有些老人习惯了享有特权的方式,他们会感到受到新来的年轻人的威胁……他们觉得自己在丧失权力。"

（7）历史、哲学和宗教研究学院。"教师不喜欢，非常反对，他们所做的事情会受到很多的限制。有些人不在乎，有些人可能觉得很兴奋。"

3. 普遍反对型

对重组的反对几乎"一边倒"地来自人文社会学科。在SHPRS，笔者访谈的每一位教职员工几乎都表达了对重组决议的反对，他们普遍认为重组只是将几个人文学科组合在一起，实际上并未真正起到学科融合的跨学科作用。

"我是一名人类学家，我不关心宗教研究，但我关心历史，尤其是有坚实根基特征的历史故事，但做这些研究的人现在不在历史系了。"（IT-RO）

"我认为重组可能不是一个好主意……重组希望我们的大学是一个解决问题的场所，而不是一个追寻知识的场所，追寻真相，即使真相令人不适。传统的大学结构、传统的学科强调你承认重要学科是确保我们知道真相的一种途径，训练学者的方法允许用理论来检验实践，但在重组中这些传统可能会丢失。"（IT-RO）

"非常消极，人们没有选择的余地，所以他们只能根据情况做到最好。我们的重组由上层决定，从上层直接发布命令，我们没有被询问，所以在创建学院之前没有咨询教师的意见。"（IT-RO）

教师教育学院也存在一些相同的看法，"我不喜欢（重组），因为（重组）方式太强势，没有讨论，解散学院的最初，我们不能够理解他们的逻辑和理由，我们丢失了一些学生，我

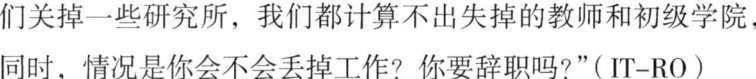

们关掉一些研究所,我们都计算不出失掉的教师和初级学院,同时,情况是你会不会丢掉工作?你要辞职吗?"(IT-RO)

二、ASU 行政员工和学术员工的冲突

大学中行政权力与学术权力是两个永恒冲突的权力关系。行政权力来源于科层制管理中的层级关系,而学术权力则来源于研究地位和声望。由于专业文化的迥异,行政人员和学术人员之间发生工作价值冲突时有发生,行政人员与学术人员角色的冲突给共同治理的实施带来了不利。学术人员通常认为行政人员应当为全校师生服务,有些教授认为,外来的行政人员关注权力要多于为同事服务,他们更关注自身的晋升,特别是帮助自己在另一所更好的大学获得工作。在这种情况下,学术人员会责怪大学领导者增加行政人员数量,分散了学术资源。行政人员的角色是管理组织中各项事务,依序安排并协调好管理工作,确保工作正常运作,解决冲突,行政程序聚焦于决策和问题解决,保证机构的利益,行政人员更像公司经理。而对于大多数学术人员来说,在本专业内的成功是由教学和研究来体现的,对于他们而言,研究是获得认同以及职业晋升至关重要的一个因素。可以说学术人员首先忠于其专业,其次才是所在的大学。❶ 从某种程度上来说,掌握资源分配权力的行政人员更像老板,而学术人员则类似于雇员。在某些大学,一些院系

---

❶ Marietta Del Faero. Faculty-Administrator Relationships as Integral to Highe-Performing Governance Systems [J]. American Behavioral Scientist, 2003, 7 (46): 905.

主任曾经做出过威胁,在学院的例行会议上,"系主任……如果我们不遵从他,他可能不会给我(多种资源)",教授们相信这样的威胁。❶另外,很多行政人员来自外部招聘,和大学教授的逐级晋升方式不同,行政人员认为自己比学术人员更了解当下美国大学所面临的问题和威胁。公立大学中兼职教师人数的增多也不容小视,兼职教师由于工作流动性大、课后与学生或同事交流较少等原因,很少有途径正式或非正式地参与系或学院决策制定。

基于亚利桑那州的"工作权利法"的政治文化,ASU并没有形成有力的教师联盟,行政权力和学术权力的冲突时有发生,但教师群体会因此而处于劣势。SHPRS的教授对管理权力的缺失而在重组中丧失话语权的境况体会最深,因为三所院系的合并对他们而言并没有真正起到推动跨学科发展的作用,相反只是行政权力的一次"发号施令"。一名教授认为"这里没有教师治理,我们只有学术权力,他们没有告诉我可以做什么,不可以说什么,但是他们不可以告诉什么可以,什么不可以发表、研究或教授,他们只是按自己的意愿来组织大学,有些人不喜欢大学做事的方式,但这不是学术自由的问题,这是他们换工作的问题。"(IT-GTC)

SHPRS一名教授明确地提出教师在学院里是缺乏管理权力的。问答过程如下:

---

❶ Gaye Tuchman. Wannabe U: Inside the Corporate University [M]. Chicago: The University of Chicago Press, 2009: 80.

> 笔者：你说这所学院里教师权力很小是什么意思？
>
> 教授：也就是说，我们没有被咨询……我们的意见不重要，不会改变什么……亚利桑那州是所谓的工作权利法州，我的意思是成立联盟是困难的。
>
> 笔者：如果你们有联盟，是不是重组就不会发生在你们学院了？
>
> 教授：是的，当2008年宣布进行重组的时候，我可以说不同系的教师都反对这个决议。事实上有些教师试图筹划一些替代方案，但是都被管理人员否决了。所以如果教师能够拥有更多的权力，将会出现不同的结果。这样的事情更容易发生在公立大学而不是私立大学，私立大学的教师管理更强，（重组）会更困难。（IT-GTC）

教师抱怨最多的就是行政权力对教师个人需求的忽视。"我不反对跨学科的学术工作，我反对的是没有事先咨询的行政命令，不尊重将会受（重组）影响的人们，在这件事情中，不是别人，正是全校的教授。这是不对的。将不同的院系合并到一起不是个好主意，为了大学就直接这么做是不对的，没有考虑哪些院系是适合合并在一起的。"（IT-LGS）

利益冲突是组织常情，变革也必然会带来不确定，组织成员对此缺乏安全感更是人之常情。笔者就变革带来的冲突对克洛校长进行了提问。

> 笔者：组织变革不可避免地侵犯了某些人的利益，您

是如何处理这些冲突的?

　　克洛校长:让我在这儿谈一下管理变革的普遍挑战。变革对多数人来说都是不舒适的。但变革带来的更多,当组织中发生变革时不仅会提供雇佣机会,更会提供组织身份。很多证明显示组织变革最初遭受的抵制最终都会被广泛接纳。这里的逻辑很简单:最初的抵制遭遇了改革需求的乐观主义精神以及沟通良好而带来的机会。新的机构安排通常会带来新的专业网络,新的合作也通常会提升更多生存率。在很多情况下,新发现的意义存在于长期的工作中。我们的创新使命不仅在于技术和知识产出,同样在于创造拥抱改变的组织和运营空间。这是美国高等教育独一无二之处,也是ASU建设新模式的特征。我们希望成为一个回应需求、适应性强的机构,这要求我们的教师、学生和员工能够将变革看作机会而不是挑战。(IP-LGS)

本章小结

　　公立大学是当今社会系统中最复杂的组织机构之一,因其人员涉及之广、拥有资金之巨以及适应变化社会的任务之复杂都决定了公立大学的运作需要拥有丰富经验、强烈的责任心、高瞻远瞩的个性特征的领导者,也需要高效稳定运作的治理结构。对于大学来说,治理结构通常自上而下划分为矩阵式管理体系。

第四章 中层转型：ASU 治理结构变革

从 ASU 访谈的关键词频率分析中可以看出，认为 ASU 学术机构的重组属于"自上而下的执行愿景"以及"教职员工处于弱势地位"的频率最高，如图 4-2 所示。

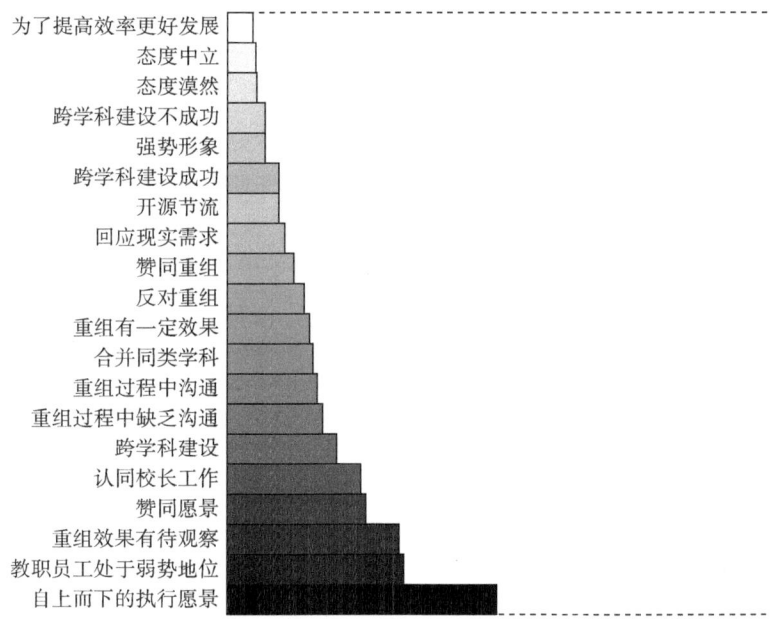

图 4-2 访谈关键词频率分布

美国公立大学的最高层的管理机构包括董事会、社会协调部门和联邦及州政府。校长是全校行政领导者，其下包括各学院院系的院长、系主任，其中又包括各协调和职能分管部门。在 ASU 的个案中，大学考虑到机构的复杂性和成员的多样性，首先充分放权到各个校区，开发以学院为中心的发展模式，授予各校区更大的自主权，使各校区中学院可以根据财政状况获得研究成果的专利权,开发多元资金筹措渠道,校区之间的学术项目各具特色,能够达到与国内同类项目相媲美的程度,而校区间同类项目也可以建设共享内容。

治理结构发生的变化也显示了创业型大学中治理行为的公司化趋向,具体表现为教职员工的管理权的式微、管理方式的行政化、教职员工身份转变等。转变是柄"双刃剑",一方面保证了创业型大学在建设过程中目标一致、方向一致和高效率,另一方面也在威胁美国大学共同治理的传统以及教授治校的学术文化。

第五章　科系重构：ASU学术组织再造

大学组织由学术单位组成，各学术单位基于各自学术传统而建立，吸纳同学科的研究人员，传授本学科知识，开发研究累积到学科知识体系当中。ASU学术组织的再造是在愿景指引、发展战略以及治理结构变革影响下引起的，再造的核心设定是在跨学科组织和应用学科的基础上拓展社会影响力，突破传统学科边界，围绕实际问题的解决融汇多学科视角和解决途径。因此本章将详细分析跨学科组织的运行机制、ASU跨学科组织的模式设计，以及在管理和文化引导下学术组织重组之后的初步效能及成员个体需求。

第一节　大学跨学科组织的设定

一、跨学科组织的内涵及基本形式

学科（disciplinarity）一词是19世纪的产物，与当时现代科学的出现、知识的科学性、工业革命、技术进步和农业风潮相伴而生。根据现代科学和学科发展的趋势,跨学科（Interdisciplinary）是一个综合性的概念,是各种程度学科合作的统称,它包括多学科（Multi-Disciplinary）、交叉学科（Cross-Disciplinary）、跨学科（Inter-Disciplinary）、复杂学科（Pluri-Disciplinary）和横断学科（Trans-Disciplinary）等概念。❶ 人类历史上跨越学科界限进行科学研究并不是新事,但跨学科组织的建立则与现代科学的产生和现代大学组织的建立有关,现代学科体系伴随着现代科学的产生而来,现代大学组织是围绕现代学科体系划分而建立的,随着科学技术的演进而不断发展修正,各个学科有自己特有的研究对象、学科方式和学术传统。在现代大学形成的过程中,因为工业需求和专业人员的聚集而将学科的成立加以巩固。但随着现代生活的发展,学科概念不断受到质疑,包括大学组织结构的问题、学科的政治性、学科之间是否需要联系、是否每一个概念都可以被包含进学科。

大学是以学科为单位而划分的知识系统（System of Wissenschaft）,学术组织之间的差异也是根据学科来区别,学科之间的合作通常都是为了解决特定的实用知识和技术。所以现代跨学科的出现主要因为以下四个原因:在很多情况下仍以传统的理念来组合并综合;研究或教育的学术项目的出现;传统学科的拓展;伴随着跨学科运动而出现。

从学科结构上来说,不仅包括学科主干式的结构,也包括

---

❶ 张炜. 学术组织再造:大学跨学科学术组织的成长机制［M］. 杭州:浙江大学出版社,2012:5.

横向跨越式结构，这是指不同学科对共同的研究课题进行探究，或不同学科的研究方法对某一研究主题的探索，或不同学科的研究组织和人员对共同课题进行协作探究。横向跨越式的学科结构成为跨学科研究存在的基础，所以跨学科研究形成和发展的基本动力来自自然科学和社会科学所固有的复杂性，以及在学科交叉界面可以有效探索和解决基础研究问题，导致大学由单学科结构不断向多学科、跨学科结构演进。❶ 所以跨学科组织的建立不是要推翻既有的学科组织结构，颠覆已有的学科研究范式和传统，而是围绕复杂问题的解决综合多个学科协同创新、把不同学科的理论、研究方法和范式有机地融合探索问题解决的新途径。

根据中国学者张炜的分类，大学中跨学科研究通常有以下几种组织模式：跨学科计划，是根据特定的研究任务而设立，但一般没有组织实体，分属于几个学院或系，可以集中数个学科的优势资源进行大跨度研究；跨学科课题组，是一种规模较小的跨学科组织形式，并非组织实体，一般挂靠在学院下，经常能获得公司或企业的资助，并能够吸收企业或社会科研人员的参加；跨学科实验室，是稳定而相对独立的组织实体，常常根据国家重大科研任务而建立，并不属于任何学院或部门；跨学科研究中心，这是大学中最重要的跨学科组织，与多种学科紧密合作，以科学研究为主兼顾教学。❷

---

❶ 张炜.学术组织再造：大学跨学科学术组织的成长机制［M］.杭州：浙江大学出版社，2012：24.
❷ 张炜.学术组织再造：大学跨学科学术组织的成长机制［M］.杭州：浙江大学出版社，2012：34.

二、大学跨学科组织的运行机制

美国大学跨学科研究通常是以成立研究机构、中心或平台的方式来创建，其目标、作用、功能、组织结构和内在活动存在很大差异，但跨学科组织通常都是以问题或任务为导向。美国大学中对跨学科研究机构的管理一般有以下两种方式。

一是设立激励基金（Incentive Grants）。美国一些大学已经划拨了正式的资金用来支持成立跨系和跨院的研究合作。这些基金被称作种子基金（Seed Grant），通常是一次性的竞争性基金。大学集中拿出一部分资金，为成立跨学科的优秀研究中心而采取竞争措施分配资金，如果成功了，新成立的研究中心就可以并入更大更稳固的组织结构中。有些联邦政府和跨学科基金资助也是跨学科项目发展的推动力。成立新跨院系合作的基金计划也是首创新公司的风险资本的一部分，所以大学管理人员同样希望跨院系合作能带来回报，使大学最终直接受益。

二是控制结构（Steering Structure）。大学通过控制系统监管并协调全校的资源，包括大量的研究机构。它们通过核心设施来控制全校投资，如教师共享的研究的基础设施和服务，通常还包括多学科合作的实验室等。同样，大学还可以通过操控教师聘任、分配任务时间的方式来控制结构。

学者戴安娜·罗腾（Diana Rhoten）对跨学科合作的学术研究环境进行了分析，她结合阮辉（Quy Nguyen Huy）和亨利·明茨伯格（Henry Mintzberg）提出的变化的三角形（Triangle of

Change）理论，提出了跨学科研究系统"变化的三角形"理论，如图 5-1 所示。❶

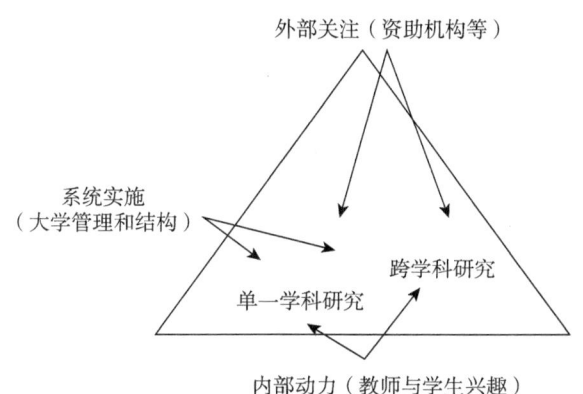

图 5-1 跨学科研究系统"变化的三角形"模型

结论认为，阻碍跨学科研究转变的因素并不是位于三角形顶端的外部关注，包括资助机构、研究经费等，也不是位于底部的内部动力，即教师与学生兴趣的缺乏，而是位于中间的系统实施的欠缺，她指出很多大学之所以没有彻底实施跨学科改革，而只是在原有的学科组织结构的基础上贴上了跨学科的标签，关键原因就在于缺乏旨在为积极支持跨学科研究而对原有学术组织结构进行重新设计的"系统实施"。❷虽然有些小规模的跨学科研究机构的成立是来源于某些研究人员或研究单位自下而上的发起，但在全校范围内进行大规模的跨学科合作研究

---

❶ Diana Rhoten. Interdisciplinary Research: Trend or Transition［J］. Items & Issues, 2004（1）: 6.

❷ 张伟，赵玉麟. 大学跨学科研究系统建构及其对我国大学的启示［J］. 浙江大学学报（人文社会科学版），2011（11）: 48.

就需要自上而下的校级治理系统,甚至校长的支持和管理。跨学科研究一般以问题或研究任务为导向,与传统以知识为中心的学科体制存在很大差异,所以跨学科组织在系统实施过程中特别需要协调好与传统科系的合作关系,这也自然需要大学从总体规划的角度帮助统筹规划传统院系组织与跨学科研究组织之间的相互关系。除了校级管理系统的支持和监管,跨学科组织内部的运行模式是跨学科研究有效开展的另一个重要因素。跨学科组织内部的研究活动主要以跨学科合作为主体方式,跨学科合作是指来自不同学科的成员为了一个共同的产品或目标而建立的人与人之间的合作程序。这一定义反映了跨学科合作所涉及的合作、沟通、协调和伙伴关系。跨学科合作的主要成分是跨学科组织的内部运行流程的构成元素,这些成分包括相互依存、新创建的专业活动、灵活性、目标的集体所有权、过程反应。❶

相互依存是指专业人员之间相互依赖于彼此完成的目标和任务,为使相互依存的关系运作良好,专业人员要能清楚地认识到自己与合作伙伴之间的差异,更好地运用彼此的专业知识。相互依存的特征包括彼此共同度过的正式或非正式时间,专业人员之间口头或书面的交流,尊重彼此的专业意见和产出。

新创建的专业活动是指合作行为、项目和结构可以比专业人员单独活动收获更多,这些活动使合作者的专业水平达到最

---

❶ Laura R. Bronstein. A Model for Interdisciplinary Collaboration [J]. Social Work, 2003, 48(3):299.

大化。新创建的专业活动是合作活动关键，个人或单个项目联合在一起将能整合资源，有机会增大创造力，也就是说合作研究能超越个体合作者以及服务客户最大化收益。

灵活性超越了相互依存的局限，灵活性特征包括能够满足所要求的工作任务，也包括折中的、可替代的做法。这一点也是合作研究的关键组成部分，成功的合作即使在变化的情境下也能够呈现适应性。

目标的集体所有权是指在完成任务的过程中共享责任，包括共同设计、定义、开发和达成目标。来自不同学科领域的专业人员要达成以客户为中心的公式，每一个专业人员都必须承担自己研究成败的责任。

过程反应是指合作者对任务合作过程的关注，包括合作者对任务关系、过程的思考和交谈。

第二节　ASU 学术组织再造的模式设计

一、ASU 学术组织的跨学科重组

1. 全校范围内学术重组

根据克洛校长的组织设计和愿景规划，ASU 的核心学术文化将建立在跨学科和应用研究的基础之上，ASU 应用技术的开发也将是基于跨学科组织的建立，为此 ASU 进行了一系

列大规模变革,包括校园建设、新建建筑物和校区、招募新教师、吸引更多的学生、进行机构调整等,但最重要的是实施全校范围内的学术重组。美国斯坦福大学教授帕翠莎·J.甘波特(Patricia J. Gumport)认为学术重组是"通过增加或是删除课程、学位项目和院系等改变学术组织的方法来应对外部知识更变"。❶ 学术重组也成为研究型大学变革的重要途径。一系列新型应用科学学科被建立起来,例如分子生物学、计算机科学和材料科学等学科的设立意味着基础理论与技术革新的紧密结合,同时一些跨学科专业以及研究领域的综合也反映出当今螺旋形知识的资本价值。学术实验室也从单一追求知识取向转而追求多种目标取向。

自2002年开始,ASU便开始有计划地从以传统学科为基础的机构转换为真正的跨学科组织单位,这是实现克洛校长的"一所新美国大学"的愿景的具体步骤,学术重组的计划并不会减少学位的授予,目的在于合并相关学科、推进合作、创新协同有力的跨学科组织、构建创新型项目,提升ASU的学术质量,帮助学生准备充足地进入劳动力市场,追求职业提升。

重组后,全校共拥有超过12个新成立的跨学科学院,包括人类进化和社会变化学院,历史、哲学和宗教研究学院,计算机、信息和决策系统工程学院,以及地球和空间探索学院。除此之外,ASU还成立跨学科研究中心包括全球可持续发展研究所和生物设计研究所,致力于医疗保健、能源、环境保护和

---

❶ Patricia J. Gumport. Academic Restructuring: Organization Change and Institutional Imperatives[J]. Higher Education, 2000(39): 67.

国家安全领域的生物创新。同时，取消了一些传统学术院系部门，如生物学、社会学、人类学和地质学等。因此，在2015年之前，除新成立的哈瓦苏湖校区外，其他4个校区的院系设计大体类似，但各学院承担的专业方向有所不同，具体如表5-1所示。

表5-1 2015年之前ASU四个校区院系设置

校区	院系设置
菲尼克斯校区	瓦尔特·克拉科特新闻与大众传媒学院
	人文和科学学院
	护理与健康创新学院
	公共项目学院
	玛丽·卢·富尔顿教育学院
	研究生院
	巴雷特荣誉学院
理工校区	莫里森管理与农业经济学院
	人文和科学学院
	护理与健康创新学院
	玛丽·卢·富尔顿教育学院
	技术与创新学院
	研究生院
	巴雷特荣誉学院

校区	院系设置
坦佩校区	W.P. 凯瑞商学院（MBA）
	赫伯格设计与艺术学院
	艾兰·A. 富尔顿工程学院
	桑德拉·德·奥康纳法学院
	人文和科学学院
	文理学院
	可持续发展学院
	玛丽·卢·富尔顿教育学院
	研究生院
	巴雷特荣誉学院
西校区	W.P. 凯瑞商学院
	新跨学科文理学院
	玛丽·卢·富尔顿教育学院
	研究生院
	巴雷特荣誉学院

（1）坦佩校区的 ASU 人文和科学学院历来有跨学科开发新型教学方式的先例。包括建立生命科学、地球与空间探索、人类进化和社会改变，以及社会和家庭流动等跨学科学院。在 2008 年进行学术部门重组时，联合政治科学系和全球研究学院，成立了三个更大、学术力量更雄厚的学院，分别为政府、

政治和全球研究学院；联合非洲及非洲裔美国人研究、亚太美国人研究、电影和传媒研究、公平和社会调查学院以及妇女和性别研究，成立社会变革学院；联合历史系、哲学系和宗教研究系，成立历史、哲学和宗教研究学院。

（2）将 ASU 西校区的全球商务项目与 W.P. 凯瑞商学院合并，凯瑞商学院在西校区设立 MBA 项目。西校区成立新的跨学科文理学院，开发传播学本科生和研究生项目。同时，在菲尼克斯校区设立新教师教育项目，称为菲尼克斯教育项目，属于西校区教师教育和领导力学院的一部分。

（3）技术与创新学院将重组院内的三个院系。包括工程技术系，合并机器工程和制造工程技术系和电子系统系。这两个院系合并后将关注应用工程理论，为商业、工业和政府实业提供更好的方案；将计算机研究项目合并至工程系，将提供计算机系统和软件的最好科研成果，更多直接地连接普通工程理论和计算机科学应用产品；将航空管理技术合并至技术管理系，共享开发应用工作室。

自 2002 年起，ASU 开始逐步从严格基于传统学习的学术组织转型为纯粹基于跨学科的学术组织，合并或新成立以下学术单位。❶

- 可持续发展学院（一个涉及全校诸多单位的跨学科

---

❶ ASU. Arizona State University Achievements: FY2003 through FY2013［EB/OL］.［2015-02-25］. https://president.asu.edu/sites/default/files/ASU_Accomplishments_FY2003_FY2013_010314.pdf.

中心）

- W.P. 凯瑞商学院
    - 会计学院
    - 健康管理与政策学院
- 赫伯格设计与艺术学院
    - 设计学院
    - 艺术、传媒与工程学院
    - 电影、舞蹈与戏剧学院
- 艾兰·A. 富尔顿工程学院
    - 生物及健康系统工程学院
    - 计算机、信息与决策系统工程学院
    - 电力、计算机与能源工程学院
    - 物资、物流与能源工程学院
    - 可持续工程与建筑环境学院
- 瓦尔特·克拉科特新闻业与大众传媒学院
- 人文与科学学院
- 合并玛丽·卢·富尔顿教育学院、教育学院的研究生院以及教育和领导力学院，成立新的玛丽·卢·富尔顿教育学院
- 技术与创新学院
- 护理与健康创新学院
    - 医疗服务供给学院
    - 营养与健康推动学院
- 新跨学科文理学院

- 人文、艺术和文化研究学院
- 数学与自然科学学院
- 社会与行为科学学院
- 人文和科学学院
  - 休·唐斯人类交流学院
  - 年龄与生命发展学院
  - 地球与空间探索学院
  - 地理科学和城市规划学院
  - 政治与全球研究学院
  - 历史、哲学与宗教研究学院
  - 人类进化与社会变革学院
  - 国际文学与文化学院
  - 生命科学学院
  - 物质学院
  - 数学与统计科学学院
  - 社会和家庭动力学院
  - 社会变革学院
  - 跨区域研究学院
- 公共项目学院
  - 社区资源与发展学院
  - 犯罪学与刑事司法学院

具体的一些院系变更如表 5-2 所示。❶

表 5-2　ASU 部分院系变更情况

变更前旧单位	变更后新单位
政治科学系和全球研究学院	政府、政治与全球研究学院
工业设计系、内部设计系和视觉交流设计系	设计创新学院
设计学院和赫伯格艺术学院	赫伯格设计与艺术学院
W.P. 凯瑞商学院，全球管理和领导力学院，莫里森管理和农业经济学院	W.P. 凯瑞商学院
司法、社会调查和妇女研究系，加上非洲和非洲裔美国研究以及亚洲-太平洋美国人研究的项目	社会变革学院
历史、哲学和宗教研究系	历史与批评研究系
公民和环境工程系，德·E. 韦伯建筑学院	可持续工程与建筑环境学院
电力工程系，以及计算机科学和工程系的一部分	电力、计算机与能量工程学院
生物工程和生物医药信息学系	生物与健康系统工程学院
计算机科学和工程系以及工业、系统和操作工程系	计算机、信息与决策系统工程学院

---

❶ Elizabeth Capaldi. Intellectual Transformation and Budgetary Savings Through Academic Reorganization ［R］. Change-The Magazine of Higher Learning, 2009-07-08.

第五章　科系重构：ASU 学术组织再造

续表

变更前旧单位	变更后新单位
生物、植物生物学、微生物学系，哲学和历史系	生物科学学院
营养和训练科学系，护理学院	护理与健康革新学院

2. 跨学科组织的管理结构及模式

正如伯顿·克拉克所言，大学的转型并不是因为单个人获得权力后实施自己的理念，自上而下地落实转型的步骤。美国研究型大学转型为创业型大学同样是从大学基层学术单位和大学中若干人的联合开始的，他们根据大学内外环境变化做出反应，通过有组织地变革，对大学的结构和发展方向进行有目的的调整，以适应复杂多变的外部环境。ASU 的跨学科组织归属于不同的职责分明的行政领导，实施自上而下主导式的领导模式，ASU 对跨学科组织和知识经济商业化的管理结构，如图 5-2 所示。❶

可见，跨学科组织几乎遍布 ASU 全校所有的学科。ASU 跨学科组织的管理是以学院为中心进行，以 ASU 文理学院为例，该学院下属 12 个学院、7 个学系、3 个项目计划和大量研究中心。

---

❶ ASU Research. Organization Charter [EB/OL].[2015-02-10].https://research.asu.edu/sites/default/files/141222_OKED_OrgChart.pdf.

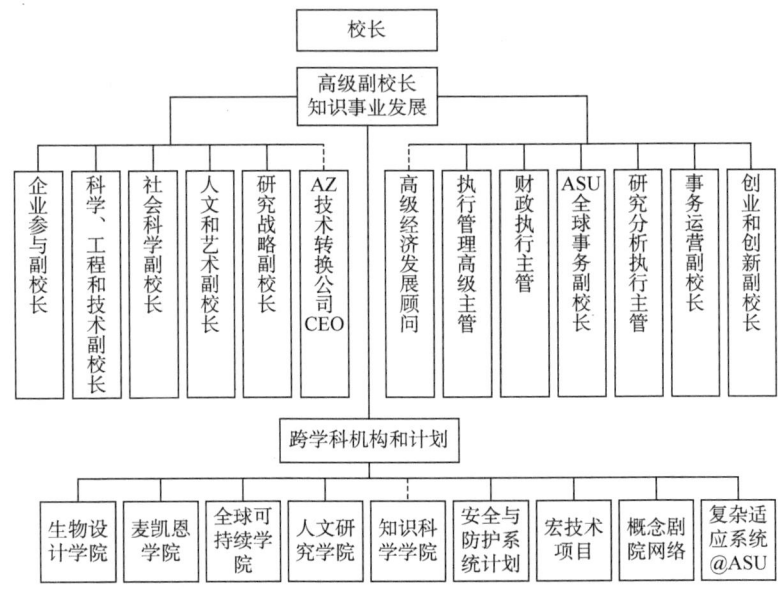

图5-2 ASU跨学科组织及知识经济商业化管理结构

新文理学院的设立十分注重正确问题的驱动,这也是跨学科组织单位的成立机理之一,以问题为导向组织跨学科组织单位,灵活动态的学科组织更容易适应不断变化的外部环境。文理学院在传统系所的基础上建立跨学科学术单位,通过元规划法,追求学术卓越,设置平衡的、有挑战性的课程,识别"正确"的问题来应对各种挑战。❶

为确保跨学科组织高效有序地运行,ASU对跨学科学院的适应性、稳定性和可操作性等方面都做出了一些规定。在适应性方面,学院下属的各学术组织具体的内部管理结构、领导层

---

❶ 黄扬杰,邹晓东,吴伟. 新美国大学的自定义式跨学科组织述评[J]. 高等工程教育研究,2013(5):87.

的确立等各有不同，以保障跨学科组织可以最大限度适应变化的环境。在稳定性方面，除了教师晋升和终身教职的评定等流程相同，原学术组织的领导仍具有双重责任，需要继续领导原先组织的教学和科研，也要带领旧组织过渡到新模式。在可操作性方面，文理学院规定每个学术组织都必须完善运行细则，这些细则需要在每年的评估、提升、终身教职和续聘资格上有明确的操作程序和政策，细则的任何修改都需要获得文理学院和教务办公室的统一，包括主管的任命也需要得到院长的批准。❶

以另一所跨学科学院艾兰·A.富尔顿工程学院为例，在该学院，由教务长对院长进行管理，而院长则领导各下属的小学院院长，同时学院各项事务都有多名副院长或院长助理来协助院长对学院进行管理，如图5-3所示。

2011年3月30日工程学院出台教师章程，并在2012年4月30日进行修订。在章程中规定院长、副院长及各分院系院长的职责和任务。学院由院长领导，只要有必要，院长可以任命副院长和助理院长以及各分学院的院长。院长可以指派副院长或助理院长中一名，也可以来自教师群体的一名，负责学术和学生事务，此人必须是工程学院的终身教职教师，并在教师委员会中任职过两届。院长是工程学院理所当然的领导，可以安排全院职工会议，制定政策规则。

---

❶ 黄扬杰，邹晓东，吴伟.新美国大学的自定义式跨学科组织述评［J］.高等工程教育研究，2013（5）：87.

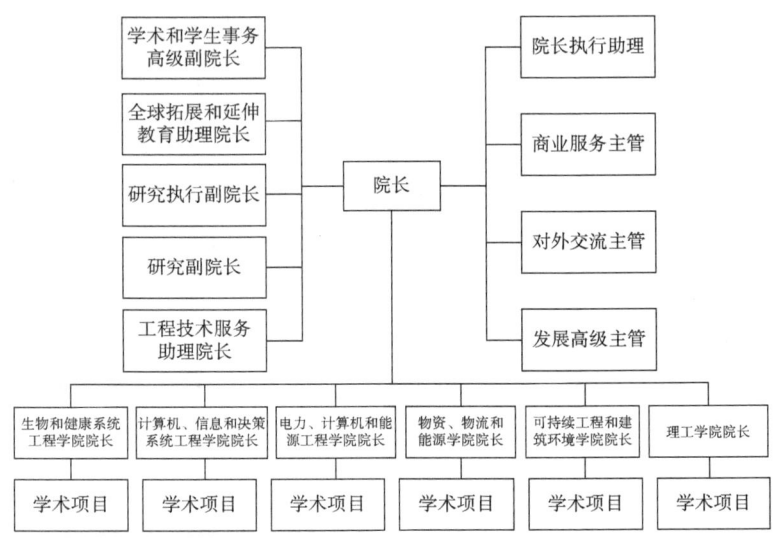

图 5-3　ASU 工程学院管理结构

资料来源：ASU 工程学院网站，http://engineering.asu.edu/.

二、ASU 应用学科的外围经济价值

根据变化的三角理论，ASU 的系统实施获得了上层管理部门的鼎力支持和规划设计，自上而下地形成了校级或院系级正式跨学科学术组织。克洛校长颇具野心地希望将 ASU 塑造成世界一流的研究机构，不论社会背景、种族和出身广纳人才。大学设计理念是将 ASU 打造成"一所新美国大学"，发展基调是优异性、大众化和社会服务，将学术文化建立在跨学科组织和应用研究的基础之上。ASU 也像美国很多大学一样，通过完善硬件设施、新建建筑、更新教学设备等方式对学校进行改善，建设跨学科研究机构、转变大学学术文化、倡导实用科学

研究更是 ASU 组织变革的关键步骤。

1. ASU 作为创业者

ASU 对各所校区的学术项目进行重组以提升教学质量,吸引更多优秀师资和生源,服务日益增长的人群的高等教育需求,同时推动亚利桑那州、菲尼克斯市及周边城市的经济发展是 ASU 学术组织再造的目标之一。根据克洛校长对"一所新美国大学"的定义,他希望 ASU 能够拥有企业的创业精神,但又并非模仿企业的营销模式,而是突出 ASU 不同于其他公立大学的身份特征,强调 ASU 拥有多元的资助渠道、高效的管理团队,承担公共服务职能,满足大众高等教育需求,助推地方经济发展,ASU 成为一个企业实际上就是为了突出其院校差异特征。ASU 是知识企业,推动研究、创新和创业精神,推动亚利桑那州和菲尼克斯大都市圈乃至全美和全球的经济发展。同时,ASU 设计了一套路径用来在全校范围内实施帮助革新内部系统实施,这套系统被称作"大学是创业者"(University as Entrepreneur),如图 5-4 所示。

这一系统建立的初衷是建立创新机制,为了推动全校创新力的提升,ASU 鼓励和激励学生投身创新,创建新事业。创建一所创业型大学是多层次的工作,ASU 以学科为基础,广泛基于所有学科,从艺术、人文、社会科学到自然科学、工程学和专业学校。在这些学科中 ASU 并不是仅仅教授创业课程,而是让每一所学院都拥有创业机会和学习环境。例如护理学院拥有创新和创业中心,新闻学院有一项主要由工业界资助的创新

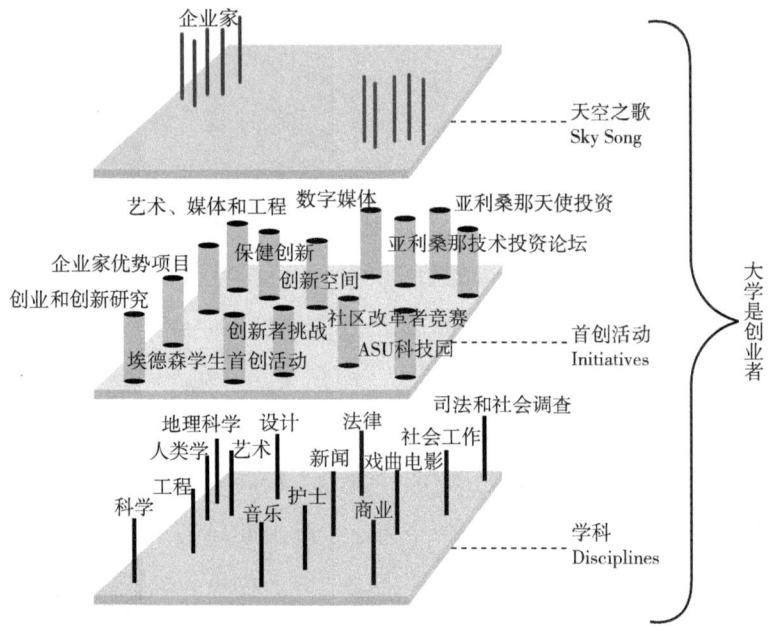

图 5-4　大学是创业者系统图

资料来源：黄杨杰，邹晓东."新美国大学"框架下的 ASU 创业实践［J］.高等工程教育研究，2011（6）：31.

新媒体项目，ASU 所有的学院和专业都设置了创新系统的动态机制。

　　学科上一层是 ASU 实施和发起的一系列首创活动，为了协助学科之外的创业资本的落实。ASU 相信扶植大批量的首创项目是有价值的，因为首创事业有风险，很多新创设的项目不可避免地将会失败，所以 ASU 扩大首创事业的数量，采取优胜劣汰的方式来选择。另外 ASU 设立基金用来资助学生成立的公司，只要是 ASU 学生所拥有的公司，学校并不期望从中获得收益,ASU学生成立公司的数目每年增长稳定。另一项首创事业就是 ASU 技术城(ASU Technopolis),在菲尼克斯地区融合创业者、风险资本家和创新思考者,技术城鼓励创新和经济发展,创新体现在为"技术菜鸟"(Fledgling Technology)和生命科学创业者提供商业概念转换为财富的必要的技能和策略。为了开发资本、提升商业基础设施、汇聚资本获得收益,有必要进行适当的引导。技术城推动经济发展是通过提供一系列严格的教育、培训和本地资本家的交际网络的项目,通过这个项目大约有 500 家新成立的公司获得了指导和培训,私人资本融资高达 7500 万美元。

最上一层是 ASU 的研究园"天空之歌"(SkySong,又译"天颂"),大学设立研究园区并不多见,最初一般都是创业资本投入,最后演变成不动产业。ASU 计划超越传统的不动产项目,拓展愿景。为了将菲尼克斯大都市圈和亚利桑那州定位为在全球知识经济时代也具有创新力,ASU 设计了知识导向产业、技术创新和商业活动中心,即斯考茨代尔市政府和 ASU 基金会合作成立了天颂研究园区,天颂是一项资本高达 5 亿美元、世界一流的汇聚知识、技术研究和交易的园区,园内分设公共合作部门和私人合作部门,不仅吸纳本地的商业合作伙伴,同时还放眼更大的空间吸引全球资本。

天颂研究园区发展的基础是 ASU 的系列政策,克洛校长十分重视政策对创新的支撑作用,他认为很多大学的政策对创业行为造成了诸多限制,妨碍创新思维,将院系领导变成签署书面命令的人。有鉴于此,ASU 制定了数项政策推动创业,使概念转换为行动更加容易，将政策对创业行为的阻碍降到最小。对于不同意或对建设创业型大学存有异议的教职员工，ASU 首先采取沟通交流的方式说明机构重组的意义，吸纳认同发展愿景并愿意参与愿景建设当中的新人。还有非常重要的一点是：一所创业型大学一定是高度网络化的，它与创业者和产业界一定是有合作关系，联系着所有关心创新和发展的个人及团体。随着研究的不断发展，同外部环境和内部组织之间的联系既能提升大学的影响力，也能够推动将概念转换为实际应用。克洛校长希望在这样的创新体系设计之下，ASU 有望成为运作良好的创业型大学。

2. 拓展 ASU 发展外围：与产业界的联盟

ASU 对亚利桑那州和菲尼克斯大都市圈的经济推动作用主要通过大学知识生产和技术发展的方式来完成，ASU 新增设经济事务办公室（The Office of Economic Affairs，EA）和亚利桑那技术转化公司（AzTE）负责加强 ASU 与本地及国际商业团体的交流合作。AzTE 在前文有过介绍，主要是通过科研活动、专利和执照申请等方式将 ASU 的发现和成果投入市场转化为商业产品和服务。❶ 流程如图 5-5 所示。

---

❶ Michael Crow, Mariko Silver. University and Economic Development: Enhancing Connections, Addressing Complex Challenges, and Supporting Economic Growth [A] // Sino-US Institute of University Design. A Toolkit for University Design: Perspectives on Institution Building from Public University Leaders in the United States. Chengdu: Sichuan University Press, 2006: 4.

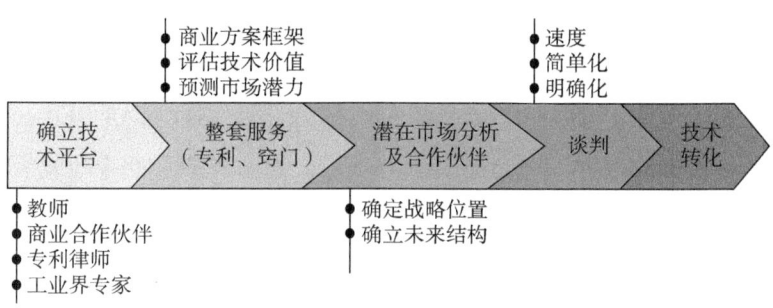

图 5-5 ASU 技术转化流程

经济事务办公室（EA）隶属于科研和经济事务副校长办公室，主要目的是联系大学与商业社区，刺激并为本地和本州的经济增值。EA 通过运营一些项目，创造并协调发展 ASU 的人力资本资源（人员、信息、概念）和当地商业及经济发展组织之间的关系。EA 的项目和活动就是为了与校外机构建立联系，将 ASU 的专业知识和研究转化为可以服务地区知识经济发展的完善产品和服务，促进创业精神、政策发展和分析、培养劳动力并扶持技术。EA 主要有三个职能。

一是促进 ASU 成为州及地区经济的推动引擎。EA 的工作人员常常会同政界及商界领导层做出展示，呈现 ASU 的经济使命和影响力，尤其是在开发菲尼克斯大都市圈中成为知识经济引擎。

二是为 ASU 的教师和组织单位创造经济关系和机会。EA 为 ASU 的教师和行政人员同工业界同行组织会晤，EA 重视为外界公司和 ASU 研究机构之间相互的、有意义的合作创造机会。EA 同样负责为 ASU 周边的商业界和其他感兴趣的机构解释ASU的潜力和研究兴趣。

三是为ASU的单位和当地经济实体提供增值服务。EA运营了一些诸如ASU技术城和埃德森学生创业计划（Edson Student Entrepreneur Initiative）等项目，通过支持早期企业发展来刺激经济。EA同时还针对当前经济问题出台相应报告，整理数据，并对其他同类报告作出回应。❶

通过上述的创新结构的介绍可以发现，ASU的外围拓展主要基于基础研究，并通过应用技术来实现。基础研究是应用科技的坚实后盾，这也是ASU进行大规模学术机构重组的初衷所在，从基础上为创业行为和创新措施提供源源不断的动力。而外围拓展的主要项目则是天颂和ASU技术城。

"天颂"即斯考茨代尔ASU创新中心（ASU Scottsdale Innovation Center），也受EA监管，整个中心占地面积达120万平方英尺，坐落于斯考茨代尔市，利用ASU的人力和技术资源来帮助创新企业获得成功。天颂是亚利桑那州最著名的发展中心，与ASU基金会、众多公司以及斯考茨代尔市都有着密切关系及引人瞩目的合作，资源整合、财政实力、合作经验和创新意识都帮助天颂成为美国西南地区最重要的项目之一。天颂现有约30万平方英尺的办公区域和两栋办公楼提供给承租人。与ASU的合作关系也是天颂吸引承租人的亮点，ASU的

---

❶ Michael Crow, Mariko Silver. University and Economic Development: Enhancing Connections, Addressing Complex Challenges, and Supporting Economic growth [A] // Sino-US Institute of University Design. A Toolkit for University Design: Perspectives on Institution Building from Public University Leaders in the United States. Chengdu: Sichuan University Press, 2006: 17–18.

研究资源将为承租人公司的发展提供劳动力大军、技术支持和产品创新的机会。天颂利用ASU提供的便利服务和项目建立起研究、技术和商业发展的全球创业合作,产业合作伙伴可以获得ASU的新技术,通过ASU提供的商业教育不断提升人力资本。❶

ASU技术城是ASU独家知识产权管理与技术转换组织,也为创业者提供必要的培训和指导。例如2010年ASU技术城开始实施ASU技术城启动平台项目(ASU Technopolis Launch Pad Program,LPP),这是一项创业者指导项目,同时也为创业者提供必要的资源。创业或创新初期都是艰难的,从概念到实践也常常遭遇失败,虽然为创业者提供帮助的项目并不少见,但这些项目通常会缺少详细的运作流程、思维工具、交流机制,启动平台项目的出现就是为了弥补这些不足。LPP的准入门槛保持在很低水平,旨在帮助创业者和革新人才通过提供商业计划模板流程来打造商业机会。LPP的培训课程选用的是超级教练创业训练课(Supercoach® Entrepreneurial Training Curriculum),基于一对一培训方式来帮助创业初期的创业者,教练并不一定是教师,也有可能是有教学或演讲经验的商业界人士。教练在LPP主要起支持和鼓励作用,向学员提出关键的难题,并向他们演示如何找出问题的答案。教练和学员之间类似同辈关系,教练并不评价学员,也不会将自己的答案强加给学员。LPP教授方法是"一个伟大的商业故事"(A Great

---

❶ ASU SkySong. SkySong, a High-Growth Community for Technology-based Businesses [EB/OL].[2021-11-01]. https://skysong.asu.edu/.

Business Story），故事包括两方面内容，一是一个大机会，二是帮助学员回答这样一个问题"你/这个资本为什么可以得到这个机会？"因此，LPP 颠覆了传统商业案例讲授模式，采取引人入胜的商业故事样板流程（Compelling Business Story Prototyping Process）。LPP 最开始要求学员在 30 秒之内将自己的故事讲述清楚，这迫使他们从故事的两个核心内容出发，即机会是什么，为什么是自己有这个机会。故事要包括价值呈现，你想从聆听者那儿获得什么（如投资、伙伴关系、顾客等），或者其他需要强调的地方。然后不断帮助学员练习恰当的演讲，回答关键的商业计划的问题，制定财务预算。学员个人对整个流程的进展负责。最后，学员要写出商业计划。整个过程是互动式的，当新事物发生的时候，学员就可以使用这个过程来思考整个商业流程，制订合理详细的计划。

第三节 ASU 学术机构重组中个体需求与期待

组织成员对重大变革的反应类似于精神病学家伊丽莎白·库布勒－罗斯（Elizabeth Kubler-Ross）划分的多数人在面对致命疾病时的五个阶段反应：震惊和否认；愤怒；讨价还价，试图推迟必然到来的死亡；消沉；接受。❶ 当然并不是所有的组织成员在面对变革时都会依次出现这样的反应，也可能并不会

---

❶ ［美］W.沃纳·伯克.组织变革——理论和实践［M］.燕清联合，译.北京：中国劳动社会保障出版社，2005：83.

第五章 科系重构：ASU 学术组织再造

出现否认和反对，也可能有些成员从始至终都没有步出否认阶段，一直对变革持反对意见。但组织成员对变革的认同感会影响个人动机进而影响组织效能。事实上，从 ASU 的个案来说，因为亚利桑那州"工作权利法"的政治文化影响，组织成员个人的需求和反应在一些学院并没有真正得到重视，在经历了数年的重组之后，许多曾经对重组持有异见的教职员工也已经接受了现实。

从个人的职业发展或从学院的未来的角度，笔者将所访谈的 ASU 教职员工的个人期待分为管理人员和教职员工两层分析。从管理人员的角度来说，校长办公室主任詹姆斯·欧·布莱恩更多从大学的发展使命角度来思考 ASU 的未来，他认为：

> 你知道的这（重组）是一段旅程，不是一天就能完成的事业，因为追求优异，这一目标永远不会完结。所以如果我们想建立一所具有国际声誉的、在各领域产生广泛影响的学院，这样的追求永远不会终结。现在可以想象我们已经走在成功的路上了，也可以说我们 5 年、10 年后会比现在更成功，但我不认为可以说出一个明确的时间认为我们已经达到了目标，我们有一份长达 21 页的成就，我认为这些成就都与达成目标有关，我们目标提升率达到 90%，这在拥有我们这样（多）的入学率的大学中从未发生过……所以我想我们有突出的成就，我们在达成目标的途中获得了很多成功，但提升本地影响力和社会利益不会

停止,我们没有时间说我们已经完成了……这些成功不能归结为一个原因,但在这些原因中首要原因就在于教师的质量,你可以有伟大的愿景,但如果没有高质量的教师,你也不可能完成这样的事,所以教师质量是克洛校长到来之前就有的……也是吸引他来到这里的原因之一。第二个原因是克洛校长提出的愿景,因为愿景的凝结作用,在过去的12年里我们一直朝着既定方向前进,对于这个大型组织而言,对组织发展方向存有共同认识有着巨大价值,甚至对那些并没有完全认同愿景的人来说也是如此。第三个原因就是在愿景的聚合作用下可以允许高质量的教师不断实现愿景。愿景允许人们自动退出,如果人们不认同愿景就可以选择退出。这其实不是一件坏事,他们可以找到自己觉得更舒适的环境。这个愿景可以吸引到此的都是不可思议的高质量教师,我们有好几位诺贝尔奖得主,因为我们提供了让他们感兴趣的环境和工作。(第四个原因是)跨学科组织中也有很多优秀的教师,也在不断吸引教师前来……跨学科创造了组织结构和研究的成功,教师的工作和学院的工作程序融合在一起,他们很难在其他大学也能如此。所以这四个原因帮助我们获得成功。(IP1-IE)

重组异议较多的人文社会学科的教师对 ASU 未来的发展有更多自己的期待。一位教授认为重组之后的确获得了少许的成功,他形容大学"在运作"(Functioning),但"从一开始所有的事情都可以有所不同,成立我们学院最大的问题就在于它是如何产生的,从这一点来说要退回到 2008 年,那时候事情可以有所不同。在那个时候也许会做得更好,在建院过程中如果校长让主任能够同不同系的教师进行沟通,这也许是最好的方式"。(IT-IE)

地理科学和城市规划学院的教师认为重组的确达到了一些目标。"将我们组合在一起的愿景正在稳步实施,我们有一些跨年级的项目,我们也可以在地理学和城市规划两个学科之间设立一些交叉项目,有些被称作地理设计(Geodesign),使用一些地理学的方法论和工具,将之应用到未来和设计当中,我们也正在撰写地理设计项目提议报告,这的确将地理学和城市规划融合在一起思考未来,这仍然需要我们的努力工作,我们的教师开始在一起工作,但他们可以合作得更多……我们有一些教师已经在一起工作,有一到两个班级的学生一半来自地理学一半来自城市规划,我们仍然希望能有一些区别,因为我们也需要在各自的领域内更加专业化,但他们更多感知到其他学科的活动,开始知道其他学科在做什么,所以我不能说什么已经完成了,即使是完成了的,也还需要改变。"(IT-IE)

生命科学学院的教授也认同重组对本学院的意义重大。"当然,发展是好的……让我们想想在改变中我们需要什么,学院从外面招聘一些新的人……但我们失去了一些资助,因为每个人教学太多,教学任务太重,这需要我们找出方法去解决这个问题……发展是在进行的,我们没有终结,不可能说我们已经达到了某些目标,因为有些目标是渐进改变的,所以我们重组希望有更好的名望,能做得更好,我们要继续做,你不可

能做到事事完美，一直做，你将会找到新方式去做事。可以完成一些目标，但永远不会达到最终目的地。"（IG-IE）

在全新创设的跨学科组织跨区域研究学院中，教师对重组普遍持肯定的态度，也对未来的发展抱有更积极的期待。一名教授认为："创造一个跨学科项目并不容易，甚至我们也知道这非常难，我依旧是一个城市规划学者，努力找到更有效的方法进入下一阶段的研究中，我们彼此之间需要更多的对话，开始享受共同工作，这是要拓展的部分。"（IT-IE）

本章小结

美国大学跨学科组织的建设普遍已经处于学科融合与创新，甚至完全跨学科合作的成熟阶段，笔者总结了ASU跨学科组织的典型特征。

（1）跨学科组织战略与行动计划的有效实施十分有力地推动跨学科组织的建设和发展，同时跨学科的研究团队、个体研究者的自发参与、外围网络化关系的铺成促使跨学科组织的知识生产和创新能力的不断提高。

（2）ASU采取中央管理部门集中规划发展战略，自上而下地推进跨学科组织的创设，但在学科基层则采取院系中心放权的自由创新模式，允许各院系根据学科特色和学科布局形成学科重组的方案。

（3）ASU跨学科组织内部运行机制日益成熟，在机构领导任命、政策制定、教师招聘、师资培训开发、研究团队开发、教师评价体系、资源分配等方面初步实现了合理的运作方案，组织变革的初步成效也已显现。

第六章　ASU 组织变革效能分析

第一节　ASU 组织变革初步成效

ASU"一所新美国大学"的愿景是为了证明一所大学可以兼具优异性和包容性，应该参与应用以及由好奇导向的研究，承担起所服务社区的经济发展、文化和环境保护的责任。为此，ASU 在校内进行了一系列大规模的组织变革以更好地履行自己的使命。

从图 6-1 可以看出，ASU 自 2002 年克洛校长上任到 2013 年，总财政收入不断攀升，这其中增长最迅速的是学费，呈明显下降的则是州拨款，其他收入则均呈现不规则增长的趋势。在克洛校长引导的发展规划、模式调整以及组织单元再造的实践下，ASU 已取得了研究、教学、服务地区经济等方面一系列的成就。

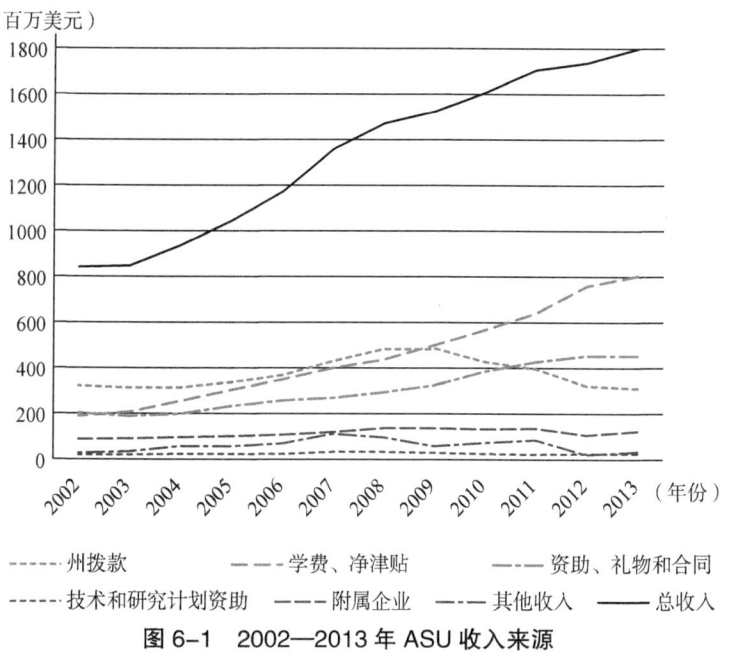

图 6-1　2002—2013 年 ASU 收入来源

一、大学声望成就

因为克洛校长其旗帜鲜明的愿景以及积极的宣传，ASU 在美国高等教育界和社会产生了一定影响，美国《新闻周刊》称 ASU 为"高等教育界最彻底重新设计的大学之一"，《华尔街日报》将 ASU 排为"最受公司雇主喜爱的大学第五名"，美国国家科学基金会（The National Science Foundation）将 ASU 排为"20 所没有医学院的顶尖研究型大学，全国发展最迅速的研究型大学"，美国《高等教育纪事报》称 ASU 为"富布莱特学者产出顶尖学校之一"。2009 年和 2010 年福布斯杂志根据学生教学满意度、就业率、毕业率以及学生和教师学术和研究成就及获奖情况等，将 ASU 评为美国最好的大学之一；2010 年《时代高等教育世界大学排行》(Times Higher Education World University Ranking)根据研究、教学和知识转换三个领域的成就将 ASU 评为世界顶尖的 200 所大学之一；2012 年，上海交通大学比较世界范围内 1200 所高等教育机构，将 ASU 评为世界排名第 79 位的世界一流大学；根据《美国新闻与世界报道》(U, S, News & World Report)的排名，2016—2021 年，ASU 连续六年在美国大学中最具创新力排名第一，超过麻省理工学院和斯坦福大学。2019—2020 学年，ASU 共有 20308 名本科生和 9081 名研究生获得学位。2020 年被该杂志评为全国最佳在线本科课程前十名大学。2021 年 30 个学术项目进入美国大学排名前 10 名，79 个学位项目进入前 25 名。

凯瑞商学院被誉为世界上最好的商学院之一，2010 年《华尔街日报》评选出的 25 所顶尖商学院中，凯瑞商学院排名第 13 位；2012 年夏季上海交通大学的世界商学院排名中，凯瑞商学院排名第 18 位。富尔顿工程学院的本科生和研究生项目在《美国新闻和世界报道》的排名中位列全美前 50 位。富尔顿教育学院 2013 年的排名攀升至全美最好的教育专业之一，公立和私立研究生教育专业排名第 24 位，2012 年，教育学的研究生项目则是分别排名第 16 位和第 26 位。ASU 的创业和创新组织被大学商业孵化器指标（the University Business Incubator Index）誉为世界顶尖大学商业孵化器之一，在全美排名第 10 位，世界排名第 18 位。ASU 同样获得 2013 年美国科学和技术学院（State Science and Technology Institute）颁发的最具潜力的技术支持经济发展计划奖。2013财年，ASU技术支持的衍生公司的研究者获得了6800万美元的外部资助。2020年亚利桑那州长办公室、州教育部和赫利俄斯教育基金会（Helios Education Foundation）之间建立新的750万美元的合作伙伴关系，ASU数字预备学校的亚利桑那虚拟教师学院支持该州的K-12教师在混合式学习环境中提供教学。美国国家航空航天局（NASA）的火星2020漫游者任务中使用的ASU主导的桅杆式摄像机系统Mastcam-Z实现了一个重大里程碑，Mastcam-Z是一个双摄像头系统，可以放大、对焦，并拍摄各种规模的3D照片和全景。❶

二、教师和学生成就

吸引更多优秀师资、提升学生质量是"一所新美国大学"使命履行的基础。自2002年起ASU吸收了一大批各领域杰出的学者，截至2021年，ASU共有5名诺贝尔奖获得者，6名麦克阿瑟天才奖获得者，9名普利策奖获得者，9名美国国家工程院院士，23名美国科学院院士，26名美国艺术与科学学院院士。ASU教师因为参与了跨政府气候改变小组，共享了2007年诺贝尔和平奖。此外，还有40名古根海姆奖获得者，149名全国人文学科捐赠基金获得者，270名富布莱特学

---

❶ Arizona State University. Year in Number［EB/OL］.［2021-11-02］. https://live-aboutasu.ws.asu.edu/sites/default/files/210102_asu_2020_year_in_review.pdf.

者。从性别来分，ASU的男女教职员工的比率趋于平衡，女性教职员工有2423人，占49.3%；男性教职员工有2496人，占50.7%。

2021财年，ASU共授予学位29389个，比2012年的18045个学位授予提升约63%。其中本科学位授予20308人，硕士研究生学位授予8074人，博士研究生学位授予755人，专业学位授予252人。2021年，ASU学生群体来源充分体现了多样性和包容性，主要来自三大洲、136个国家、全美50个州，230个部落国家（Tribe Country），共有13000名国际学生。❶从学生来源的种族分，有52%的白种人、4%的黑人、19%的西班牙裔、7%的亚裔、1%的北美印第安裔和阿拉斯加地区、12%的国际学生等。❷每年，ASU学生都会获得一些顶级学术奖项，包括富布赖特、罗兹、丘吉尔和盖茨剑桥奖学金，以及亚利桑那州立大学优秀奖学金。2020年秋季入学的一年级学生中53%都会获得ASU的顶尖学术奖学金。

三、创业及经济助推成就

自2002年克洛担任校长以来，ASU的创业项目突破传统的商学院或工程学院，扩展至全校所有的专业领域，除了此前介绍的天颂、AzTE和ASU技术城等推动ASU创业活动的

---

❶ Arizona State University. Culture at ASU［EB/OL］.［2020-11-04］. https://admission.asu.edu/campus-life/diversity.

❷ CollegeSimply. Racial Demographics & Diversity［EB/OL］.［2021-11-04］. https://www.collegesimply.com/colleges/arizona/arizona-state-university/students/.

组织，还有熔炉技术转换加速器（Furnace Technology Transfer Accelerator），是 ASU 基于本校技术和知识产权用来塑造、孵化和启动新公司的加速器，为了将学校实验室的研究成果商业化而提供启动资金、办公空间和顶级的工业指导，特别鼓励研究生、博士后研究人员和初级研究人员的参与；亚利桑那启动加速器（Arizona Startup Accelerator），ASU 为在亚利桑那州开办的公司提供服务，包括师资资助（Faculty Spinout）、校友投资和非 ASU 启动资助；亚历山大里亚联合工作网络（Alexandria Co-Working Network），这一项目通过公立图书馆将亚利桑那地区的人们聚合在一起，这一合作空间在公立图书馆的正常开放时间内提供进入合作的渠道，也可以使用其中提供的资源来帮助想法的实现；杰出小型公司网络（Great Little Companies Network），这一网络每年支持 30 多名学生成立新公司，这些学生如申请了埃德森学生创业计划但失败了，每年将获得 3000 美元的资助，并获得来自 ASU 四个校区的变化制造者中心（Changemaker Central）的创业指导。

2020 财年 ASU 对亚利桑那州的生产总值的经济影响高达 46 亿美元。ASU 同工业界的合作取得了双赢的局面，不仅帮助工业部门充分利用 ASU 最新研究成果，也为 ASU 带来巨额资助。大规模并行技术公司（Massively Parallel Technologies, Inc）正是位于天颂技术园中的公司之一，该公司主要发明一系列革新应用软件系统的产品，MPT 公司与 ASU 教育学院的技术支持学习和研究中心合作，优化一种用于智能手机和面板的移动眼球追踪应用软件，合作双方都可以利用各自的技术。软件注入（InfusionSoft）公司位于亚利桑那州钱德勒市，为小公司提供一体化销售和经销软件，该公司同 ASU 合作，有策略地发展与 ASU 的关系以扩大公司的发展规模。公司招聘的大多数员工都是 ASU 校友，除了招聘之外，公司还为 ASU 学生提供实习项目，ASU 同样也会对公司员工进行培训。埃德森学生创业计划对 ASU 学生的初创公司都给予慷慨资助。以下公司都是连续两年获得埃德森学生创业计划的优胜者。G3Box 公司将钢集装箱改装成移动医疗诊所，在集装箱中设置基础的医疗设施，并将此出售给发展中国家有需要的医疗保健公司或组织。万欧迈克（Viomics）公司是一家分子诊断公司，利用先进的科学、工程和商业手段来诊治早期癌症，公司的研究人员通过癌症侦测措施来防治早期癌症。"晚年生活"是一项老年看护计划，通过网络为家庭成员提供全方位的移动录像指导，即使不在家中也可以帮助看护老人。花粉技术公司是一家高科技授粉公司，公司的授粉并不依赖于天气或者良好的蜂箱，而是创造出可持续的授粉场地。KVZ 运动公司使用现代纺织和印花技术设计和生产运动及滑雪衣物，KVZ 运动公司埃德森公司（埃德森学生创业计划的投资公司）是第一家获取投资回报的公司。❶

在克洛校长设想的 ASU 作为一所"企业"的模式引领下，ASU 的角色已经超越了研究机构，在医学和非医学创新研究方面，亚利桑那州立大学现在可以与剑桥大学、麻省理工学院、牛津大学、斯坦福大学、加州大学洛杉矶分校和南

---

❶ ASU Research. Driving Economic Development［EB/OL］.［2015-02-26］. https://research.asu.edu/industry.

加州大学竞争，甚至超过了这些机构。在菲尼克斯市 ASU 帮助扩建了十条创新走廊（Innovation Corridors），包括健康未来中心（Health Future Center）、创业居住中心（Entrepreneurship Residence Center）、梅萨市中心（Mesa City Center）、理工研究园（Polytechnic Research Park）、菲尼克斯生物医药校区（Phoenix Biomedical Campus）、罗福斯创新走廊（Novus Innovation Corridor）等❶，用于帮助吸引全世界的优秀生并帮助毕业生就业。

四、社区服务成就

自 2008 年开始，ASU 每年都入选总统高等教育社区服务榜（President's Higher Education Community Service Honor Roll），这是美国大学在志愿服务、服务性学习和公民参与方面可以获得的最高联邦认可。2011—2012 学年 ASU 超过 1.2 万名学生参与了 75.7 万个小时的社区服务。自 2010 年起，ASU 每年均位列维和部队顶尖大学及学院（Peace Corps Top Colleges and Universities）榜单中。北极星基金会（The Lodestar Foundation）向 ASU 捐出基金会史上最大一笔资助，用来扶持非营利性领导力和管理，现名为博爱及非营利性创新北极星中心（Lodestar Center for Philanthropy and Nonprofit Innovation）。

致力于改善周边经济环境和条件是 ASU 使命之一。借此，

---

❶ Chamber Business News. ASU's "Enterprise" Model to Drive Arizona's New Economy [EB/OL].［2021-11-03］. https://chamberbusinessnews.com/2020/11/17/asus-enterprise-model-to-drive-arizonas-new-economy/.

ASU 设立了大学经济师（University Economist）职位，大学经济师体现了大学在知识经济时代的独立地位，他们探究高等教育对个人和社区的经济价值。大学经济师是受过训练的经济学家和卓有成就的学者，他们也同公共社会以及特定的社区合作，帮助他们利用、理解和获得知识经济时代的前沿知识以及大学在其中的作用。2005 年，ASU 校长办公室和凯瑞商学院联合启动了效率发展项目（The Productivity and Prosperity Project），该项目联合大学经济师，着力发现世界经济中亚利桑那州的一席之地，以及大学在提升本州经济地位中的作用。项目属于社会科学研究，侧重于经济和计量分析，总结现有的经验论据，并对相关学科的学术和商业文献进行综述，然后以报告或其他形式与社区分享研究成果，同时也为州及地方政策制定者、商界决策人士以及社区定期更新报告。❶ 菲尼克斯城区指标项目联合凯瑞商学院、公共项目学院、教育学院、地理学院、莫里斯学院和大学技术办公室，制定一系列指标、表格和图表，旨在为社区和地区竞争力提供基准线，提供未来发展的策略。美国国家自然科学基金会资助的沙漠城市决策中心与 ASU 的决策舞台合作，ASU 的决策舞台拥有 270 度的环形屏幕，可同时容纳 25 人，决策舞台通过对未来进行可视化展示，帮助决策者和社区成员创造身临其境的决策氛围。决策舞台也相当

---

❶ Michael Crow, Mariko Silver. University and Economic Development: Enhancing Connections, Addressing Complex Challenges, and Supporting Economic Growth [A] // Sino-US Institute of University Design. A Toolkit for University Design: Perspectives on Institution Building from Public University Leaders in the United States. Chengdu: Sichuan University Press, 2006: 6.

于实验室,不仅进行科学分析,同时也将科学应用于实践。❶

ASU 同样强调与社区和城市的关系,创造学习的机会。ASU 通过教师、学生、员工以及与社区、城市的合作伙伴关系,参与社区及城市的活动等方式来营造联系。自 2002 年起 ASU 承办了数以百计的亚利桑那地区、华盛顿特区及美国其他地方的会议、社区和文化项目。2006 年亚利桑那州发展报告中开始突出本州所面临的多元化人群的问题,并积极寻求解决方法,报告旨在为政策决定者和社区人员推动全亚利桑那州的进步。每一份报告都由 ASU 与一个独立组织共同合作完成,共有 7 份报告来反映亚利桑那地区的拉丁人群、非洲裔美国人、印第安人、亚裔美国人和太平洋群岛居民所面临的问题。

ASU 的学术重组不仅改变了学术项目的构成,也成功缓解了 ASU 的财政危机。2008 年,也就是计划实施的当年,ASU 通过裁减冗余行政机构、合并相关学术单位便节省了 600 万美元,而学生的学位并未受此影响,可以照常获得学位。削减 2 名院长职位、18 名系主任职位,以及 28 名行政和辅助职位,并将不再填补 33 名行政空缺,❷ 整所大学各个校区的行政职位都有所缩减。

---

❶ Michael Crow, Mariko Silver.University and Economic Development: Enhancing Connections, Addressing Complex Challenges, and Supporting Economic Growth [A] // Sino-US Institute of University Design. A Toolkit for University Design: Perspectives on Institution Building from Public University Leaders in the United States. Chengdu: Sichuan University Press, 2006: 9.

❷ ASU. ASU Announces Budget Reduction Plan [EB/OL]. [2008-08-18]. https://asunews.asu.edu/.

第二节　ASU 领导效能的权变分析

权变理论的基本设想在于，组织与其环境之间以及在各分系统之间都应有一致性，管理的主要任务就是寻求最大的一致性，组织与环境以及与组织内部各系统设计之间的一致状态可以提高组织效能、效率，提升参与者的满足感。也就是说不同类型的组织都有适当的关系模式，在组织内外部的有关变量之间达到权衡的组织适应性最强。在面临不同环境时组织会呈现出不同的内部特征，因此劳伦斯（Lawrence）和洛施（Lorsch）提出组织至少在两个层面上与环境相匹配或对接：（1）组织内的每个子单位的结构特征必须与该单位所联系的特定环境相适应；（2）组织的分化与整合模式必须与其所在环境的总体复杂度相适应。❶ 权变理论反对的正是不顾外界环境而追求最好的管理方式和领导模式，而是应当根据具体的环境条件采取不同组织结构、领导模式和管理方式。所以劳伦斯和洛施的焦点主要放在三种形式上：一是组织与外部环境之间的关系；二是组织内各部门之间的关系；三是组织成员与组织之间的关系。

在权变管理中领导者扮演着重要的角色。费德勒（Fred E. Fiedler）是权变领导理论的奠基人，在其《领导力有效性的权

---

❶ ［美］W. 理查德·斯科特，杰拉尔德·F. 戴维斯. 组织理论——理性、自然与开放系统的视角［M］. 高俊山，译. 北京：中国人民大学出版社，2011:117.

变模型》(*A Contingency Model of Leadership Effectiveness*)一文中构建了领导力的权变模型(LPC模型)。领导者指导并协调整个组织的任务导向。费德勒认为领导行为的有效性取决于领导者的领导风格与情景变量之间相互作用的结果。所以费德勒模型有两个基本假设,第一个假设是认为领导者的个性特征在其动机体系中是一种稳固而持久作用的因素,领导风格则是领导者个性特征在其领导工作中的体现。领导风格与情境变量存在两种选择,使工作情景适合领导者的领导风格,或领导者根据工作情景改变成与之相对应的领导风格。费德勒支持前一种选择。第二个假设是领导风格产生的效果取决于领导情景,而领导情景主要由三个重要变量组成:一是领导与下属的关系,下属对领导的感情,领导是否关心下属;二是工作结构,指工作任务是否明确、可操作程度、工作步骤的清晰程度和结果的可测程度;三是正式的权力关系,指领导者所被赋予的职务权力的范围和程度、任期时间等。❶

第一,ASU的组织变革是基于现有的大学资源基础和外部环境的合理措施。高等教育环境变得愈加不确定和复杂,组织内部的构造也愈趋多样且错综复杂,知识资本化的时代趋势以及财政危机的外部环境迫使ASU的领导者做出回应,战略性调整必然会带来组织结构和程序上的变更。在主政ASU之前,克洛校长已在沟通科学技术与社会、经济和环境成果之间作出了卓越的贡献并积攒了丰富的经验。面对复杂的环境,克洛校

---

❶ 唐宗清.权变领导论的基本思想——主要模式及对校长工作的启示[J].教育评论,2001(6):47.

长依据已有工作经验和现实情景所做出的合理反应就是基于现有条件，另辟蹊径，承诺打造"一所新美国大学"的战略性组织变革的决定。

根据 ASU 现有资源可以看出其是一所中等规模的州立研究型大学，也是美国学生人数最多的公立研究型大学之一，位于美国西南部重要经济商圈，拥有便利的地理位置和经济优势，这些资源是 ASU 转型为创业型大学的前提条件，保证在转型过程中大学有足够的软硬件基础来承担风险并开发新项目。中等资源的公立大学没有顶尖的私立研究型大学的"财大气粗"的底气，选择转型为创业型大学，注重具有直接经济效益的项目和研究的开发是符合 ASU 实际的明智选择。同样，公立大学仍需履行公共服务职能，不会也不可能如同私营企业一般始终优先考虑效益和效率，因此 ASU 的战略选择中除了缓解财政压力的迫切需求，仍然继续关照亚利桑那州乃至全美社会、经济和文化的提升和进步，依照民主制的基本要求尽可能为尽量多的合格青少年提供高等教育的机会。

第二，ASU 工作任务明确清晰，不仅要建设"一所新美国大学"，更在于改革任务的具体性和可操作性。2015 年，基于 ASU 已取得的成就以及未来发展方向，克洛校长又一次重申并提升了五年内 ASU 的使命和目标。❶

---

❶ Michael M. Crow, William B. Dabars. Designing the New American University [M]. Baltimore: Johns Hopkins University Press, 2015: 253-254.

- 显示在学术优异性和大众化方面的领导力
  - 保持容纳所有符合就读研究型大学条件的学生的基本准则；
  - 保持符合亚利桑那州社会经济多样性标准的入学率；
  - 大学毕业率从 75% 提高到 80%，保持每年毕业生人数为 2.5 万；
  - 提高质量，并降低获得学位的成本；
  - 招收 10 万名在线和远程教育学位攻读学生；
  - 加强与社区学院的联系，以便于拓展学士学位获得人数，以达到全国领先标准；
  - 提高学生发展水平和个体学生学习水平，以达到全国领先。
- 打造学术质量和各领域各专业的全国优秀声誉
  - 每个学院的学术质量获得全国优秀声誉（达到全国 5—10 名）；
  - 每个学院的毕业生的学习价值获得全国优秀声誉；
  - 成为学术领先大学，每个系或学院至少有一名教师、一项发明、研究或创造性活动达到一流水平。
- 将 ASU 建设成跨学科研究、发现和发展的全球中心
  - 成为跨学科学术、发现和发展的世界领先中心；
  - 成为社会科学、艺术和人文学科发现及学术的全美领先中心；
  - 每年研究经费支出将超过 7 亿美元用来提升研究竞争力；

- 通过研究、发现和增值项目来提升地区经济竞争力。
● 提升地区影响力和社会嵌入型
- 为亚利桑那州提供教学、学习和发现资源的交互式网络，以反映 ASU 作为综合知识企业的能力范围；
- 开发现实生活问题的解决方法（如降低城市热岛指数，提升菲尼克斯市区长期的空气质量等）；
- 提升称职的 K-12 教师到 25%，开发供教师和行政人员评估教育表现和结果的工具；
- 同梅约诊所合作建立创新健康解决路径，能够为 2 亿人提供健康护理知识；参与在线健康护理知识传播惠及 2000 万人；为 200 万患者提升治疗水平。

第三，克洛校长的个人特质是造就 ASU 如今权力结构的重要原因。自克洛校长 2002 年上任至今，ASU 的转型取得的成就有目共睹，经过十几年的重构和再置，组织结构和程序之间已经形成了一定的一致性和和谐度，分析研究这些组织结构的一致性是寻找组织转型成功经验的必然步骤。权变领导理论可以为本研究提供适合的分析框架和理论视角。克洛校长个人的领袖气质和领导模式十分可圈可点，是一名有创造力的、有远见的大学规划师，曾与他共事的哥伦比亚大学同事评价说"很少有学术领导人是不可取代的，迈克（即克洛校长——笔者注）就是很难被取代"。[1]《时代杂志》将克洛校长评为"十

---

[1] Amy Medeiros.Michael Crow, New American University transform ASU in 11 years［EB/OL］.［2013-11-14］.http://www.statepress.com/2013/11/14/michael-crow-new-american-university-transform-asu-in-11-years/.

位最佳大学校长"之一。他兼具野心和手段，包括笔者此前的访谈也可以看出部分教师将克洛校长的改革手段称为"企业化"甚至是"军事化"，也有很大一批教师表达出对克洛校长改革过程中沟通欠缺的不满，但从他积极回应社会问责、主动宣传 ASU 愿景等方面也可以看出其实施改革的决心和魄力。改革决策和实施的过程也深刻打上了克洛校长本人的个性烙印：推崇组织效率、实用并与市场连接，推动大众化和多元化。但正因如此，也有批评家指出这种做法太过"华尔街"而导致不公平，花费巨资聘请知名教授的做法急功近利，在教授群体中制造待遇不公平。甚至行政管理人员的权力进一步提升，远超过他们原有的权力领域，加剧了行政人员和学术人员之间关系的紧张。❶

第三节　ASU 管理效能的权变分析

众所周知，大学组织是一个开放系统的组织，由复杂的松散耦合系统联结或结合在一起，系统各部分之间彼此独立又相互依赖、相互关联。大学作为开放系统的概念源自系统论，美国籍奥地利生物学家贝塔朗菲（Ludwig von Bertalanffy）于 20 世纪 20 年代创立了系统论学科，主要研究一切综合系统或子系统的一般模式、原则和规律。系统是由若干相互作用且相互

---

❶ Matt Culbertson. Crow's Vision Attracts both Praise, Criticism [EB/OL]. [2008-11-05]. http://www.statepress.com/archive/node/2559.

联系的部分组成的整体,各部分具有各自的功能,彼此相对独立,结合在一起形成整体并与环境发生联系。任何人类组织都可以被理解为开放组织,因为其依赖于并与其所处环境相互作用。从开放系统的视角来看,环境决定、支撑和渗透着组织。开放系统理论家强调个体拥有多重归属和身份。人们根据讨价还价的结果决定是加入还是离开。开放系统观将组织视作"相互依赖的活动与人员、资源和信息流的汇聚,这种汇聚将不断变迁的参与者同盟联系在一起,而这些同盟则根植于更广泛的物质资源与制度环境"。❶ 组织工作的主要任务就是谈判、联络感情和创造共同的解释体系。所以有关组织及其管理的权变观点可以如下说明:

> 组织是个系统,它由各分系统组成,由可识别的界线与其环境超系统区别开来。权变观点所要研究的是组织与其环境之间的相互关系和各分系统内与各分系统之间的相互关系,以及确定关系模式即各变量的形态。权变观点强调的是组织的多变量性,并力图了解组织在变化着的条件下和在特殊环境中运营的情况。权变观点的最终目的在于提出最适宜于具体情况的组织设计和管理行动。❷

权变理论的管理方法主要根据事先预定的计划行事,为了

---

❶ [美] W. 理查德·斯科特,杰拉尔德·F. 戴维斯. 组织理论——理性、自然与开放系统的视角 [M]. 高俊山,译. 北京:中国人民大学出版社,2011:35.

❷ [美] 弗莱蒙特·E. 卡斯特,詹姆斯·E. 罗森茨韦克. 组织与管理:系统方法与权变方法 [M]. 北京:中国社会科学出版社,2000:144.

第六章　ASU 组织变革效能分析

进行某项工作会预先设定要完成什么，完成的程序如何，确定完成的总体任务，主要的生产领域，具体需要完成的目标，以及在完成目标时所需要的政策、规章和程序。权变学派的视域中计划都是事先制定的，计划包括三个特点：它一定涉及未来，它一定涉及行动，它一定涉及个人或组织的参与因果关系。❶也就是说在拟定计划之前，计划要分析四个方面以及各方面之间的关系，面对环境中的机会，组织可以做什么？组织拥有哪些能力和资源，即组织实际可以做什么？经营管理上有什么兴趣，组织要做什么？面对社会责任，组织应该做什么？

首先是设定目标。组织目标是权变管理的重要成分，组织设定目标和目标是否是多层次的同样重要。创立"一所新美国大学"的发展愿景成为 ASU 组织目标的集中体现，在此目标之下，克洛校长制定了更加详细的子目标，一是利用本地优势，根据当地的需求适当调整研究方向是构建新价值观的具体指导；二是回报社会，在本地学校、政府、博物馆、社区服务等方面施加影响力；三是重视创业，参与具有突破性意义的研究，开发新型学习工具、商务应用的新产品；四是注重实用研究；五是关注学生的需求，强调每个独一无二的学生的成功；六是融合知识学科，开发新的学术项目；七是嵌入社区，迎合本地社区的需求；八是与世界啮合，关注全球问题。❷

其次是组织和表现变量。在卢桑斯的权变管理模型中，

---

❶ 郭咸纲．西方管理思想史（插图第 4 版）[M]．北京：世界图书出版公司北京公司，2010：256.

❷ Michael Crow. A New American University: The New Gold Standard [EB/OL]. [2002-11-08]. http://www.asu.edu/president/inauguration/address/address.pdf.

$M×R$ 代表了组织变量，$M×E$ 则是组织表现变量，整个组织系统的表现则是 $M×E×R$。就资源而言，在克洛校长到达 ASU 时，ASU 并不是一所在全国范围内优秀且知名的大学，从克洛校长上任之后 ASU 的经费开支急趋上升。

从图 6-2 可以看出 2002—2013 年 ASU 的财政总支出大幅增加，对学术活动、学生、教师和公共服务的扶持支出呈现直线上升。

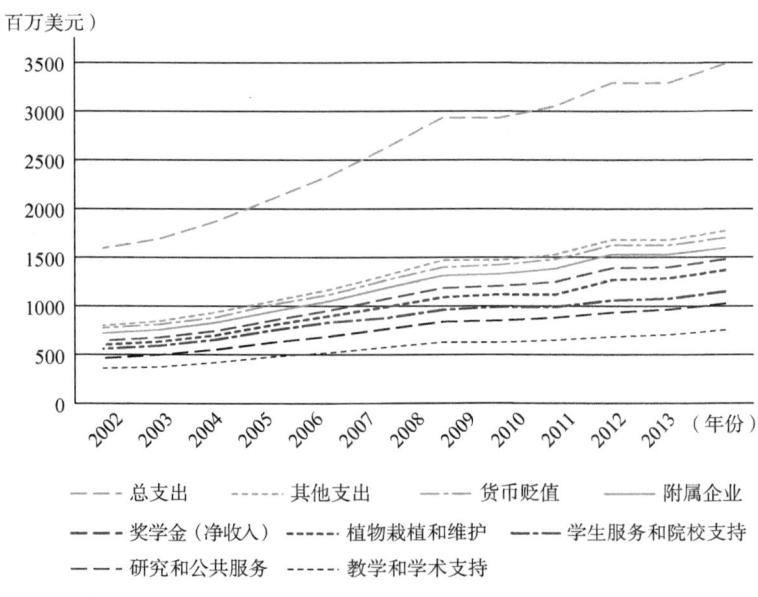

图 6-2　2002—2013 年 ASU 财政支出明细

2002 年克洛校长上任后，其管理方向偏向引导 ASU 发展应用学科，利用跨学科机构塑造 ASU 的知识产业，在此过程中克洛校长的清晰愿景是 ASU 的改革规划，更是结合其个人特征、工作经验以及外部环境的综合考量。进入21世纪，ASU面临的外部环境是已经成熟的知识经济社会以及更为开放的大学—产业—政府三边合作关系，选择创立"一所新美国大学"是企业家型的克洛校长在面临大学危机时根据既有经验、组织文化传统、现有组织资源（$M×R×E$）而做出的合乎常理的选择。管理效能集中体现在ASU组织变革中的决策效率高，克洛校长几乎带着愿景上任，在强愿景型领导模式下围绕校长组建政策实施管理层，并有管理层将决策下达至各个院系分别执行。愿景的实施伴随着基层院系单位的重组，ASU事实上自2008年才开始着手全校范围内大规模的院系重组，至2015年已基本完成了4个校区和各大院系的合并重组，在此过程中未遭遇教师团体的实质或有力的反对，管理的效率和成效颇高。但这并不表示高效的管理不存在弊端，自上而下的行政命令破坏了大学组织的学术传统，导致教职员工在共同治理结构中权力式微，学术人员的个人需求和期待被忽视。

本章小结

自2002年以来，克洛校长在ASU任职已有20年，他带领的大学组织机构重组和学术变革提升了ASU学术声誉，并且实际提高了ASU的大学排名。作为一所中等规模、地处中等规模城市的区域性研究型大学，ASU的组织变革为遭遇环境影响的同类大学提供了一个转型范例，突出具有实用功效和经济价值的科学研究是符合公立大学的现实发展需求。同时，ASU 的变革路径具有很强的个人特色，虽然很多措施卓有成效，但也因缺乏沟通而遭到了一部分教师的不满。如何在创业型大学中平衡教师诉求和科研市场化的功利倾向，是所有大学发展规划者应该思考的问题。

第七章 结 语

第一节 ASU 组织变革特征分析

一、组织管理结构转型

结合亚利桑那州的特有政治文化，ASU 的组织管理采用矩阵式管理结构，管理层自上而下逐级分布。矩阵式管理结构是组织管理中常见结构之一，保留了直线型管理体制的有效、决策集中等优点，也保证了各下级机构的信息沟通、部门合作、灵活机动的特点。从 ASU 的个案出发，其组织结构集中体现了以下特点。

第一，战略型领导者。虽然早在大规模变革之前学校中已有部分院系进行了一定程度的改变，但 ASU 的组织变革主要自上而下地来自管理层不遗余力的计划政策、推行和实施，ASU 的克洛校长个性鲜明的改革方案是 ASU 组织变革的方案基础。战略型领导者是组织中负责设定和改变组织环境、文化、策略、结构、领导和技术的人，他们的角色是修改或制定并实施组织发展愿景和战略。❶ 组织在寻求转型和变革时，领导者对环境的理解至关重要，不仅如此，实施发展战略过程中领导者的角色也不可或缺。诸多研究显示外部环境越变动，内部组织越不确定，领导者的角色就越重要，组织需要领导正确分辨形势，提供组织发展目标和方向，处理各利益相关者、内部成员的关系或冲突。领导能力是随环境变化而变化的，在不同的环境中领导力要能够随着具体情境而变化，关于"优秀学校"的一个前提条件揭示了关于良好素质这方面的要求：一所好学校是由一位强有力、有远见的教育领导者领导的。❷ 本研究的访谈记录显示，即使组织变革引发了内部一些冲突或不满，但在 ASU 教职员工心目中 ASU 校长仍是一位"有远见的、有创造力、开拓型"的领导者，克洛指责那些精英和保守模式（大学），他时常重新回溯了那些杰出的大学校长，说需要恰当的创新和民主，他利用每一个公共平台呼吁超越源自 19 世纪的大学模式，这些公关平台越来越重要也越来越多。虽然 ASU 在美国众多研究型大学中并不是最出类拔萃或历史悠久的大学，组织越年轻，领导者的个性和偏好就越能体现在组织的文化、发展战略和结构中。可以说克洛校长本人的勇气、创新力、决策力和进取心奠定了 ASU 转型的战略基础。

第二，目标明确的管理层。ASU 转型战略的推行离不开中央管理层和各学院管理层的配合。愿景导向的组织发展战

---

❶ Afsaneh Nahavandi. The Art and Science of Leadership (Third Edition) [M]. New Jersey: Upper Saddle River, 2003.

❷ ［美］李·G. 鲍曼，特伦斯·E. 迪尔，组织重构——艺术、选择及领导 [M]. 高杰英，桑强，译. 北京：高等教育出版社，2005.

第七章 结 语

略为中央管理层和学院管理层提供了明确的工作方向和任务指导。从权变学派的路径目标领导理论（Path-Goal Theory of Leadership）的角度来看，领导者的行为可以影响到下属的满意度和表现力。❶ 根据该理论，领导者行为对下属满意度的影响主要基于情境，这包括任务的难度和下属的资质，领导者要根据这些客观条件增加激励下属的动机或改变管理方式，情境变量还会影响下属对某一特定的领导行为的印象，并进而影响下属对领导的满意度。领导者设定具有挑战性的目标，寻求更加优异的表现，同时也对下属完成目标的信心充足。在笔者所访谈的部分管理人员看来，克洛校长的确起到了激励和积极的作用，管理人员普遍认同其推行的新愿景和价值观。强愿景型的管理方式最大特点就是使用明确而清晰的概念阐明组织未来需要改变什么，需要完成什么任务，描述组织所期待完成的最终状态。愿景还会使用假设性危险来激发组织成员的共同信念，如克洛校长始终强调沿袭自19世纪的大学模式已经不再适应当下竞争激烈、压力巨大的美国高等教育，美国高等教育若要继续保持世界一流水平就需要变革，而ASU的全体教职员工是"正在从事开创'新美国大学'基本模式的先锋"，ASU正是要成为新型的大学，成为一所"处于学术优异最顶端的、涵盖范围广的、社会影响力最大的平等主义高等教育机构"（Michael Crow, Inauguration Speech）。领导者是愿景的勾勒人，但不是愿景实施的具体执行人，克洛校长的管理层毫无疑

---

❶ Gary Yukl. Leadrship in Organizations (Third Edition) [M]. New Jersey: Prentice Hall, Englewood Cliffs, 1994: 285.

问才是执行人，落实愿景并处理矛盾。

克洛校长在访谈中特意将组织变革的功劳归功于各院系的主任，他说："我们的系主任同样也在计划和实施组织变革中发挥了重要作用。我们早期的院系再设计就是由大学设计小组来领导，这个小组包括我们的教务长、副校长代表、院和系的主任。他们被选择参加小组是因为他们对大学的奉献精神，他们的承诺更有社会影响力，他们也有能力创造性地思维。"

二、动态的机构运行机制

在伯顿·克拉克对创业型大学的五个要素的分析中，创业型大学的很多单位比传统学术机构拥有更为拓展的外围，更多地与校外组织或企业联系起来。财政资助的来源渠道更加宽广，传统大学转型为创业型大学同样还需要大学内部的学科重组，需要科系学院本身也成为创业型单位，制定新的计划，建立新的关系。ASU的组织变革要求内部机构相应进行更新和改变，同样内部机构与政府、产业界的关系也随着发生变化。

第一，建设外部协同的运行机制。本书第二章对创业型大学的概念和内涵进行了辨析，创业型大学重新定义了大学与社会之间的"社会契约"，为获得更多学术事业的资本，大学以建立经济和社会事业作为交换条件。亨利·埃兹科维茨提出的三螺旋理论表明在以知识为基础的社会中，大学—产业—政府之间的相互作用是改善创新条件的关键。产业是生产进行的场所，政府是契约关系的来源，并确保稳定的相互作用与交换，而大学则是知识经济的生产力要素。新型外部关系催生创业型大学机构运行机制的调整。亨利·埃兹科维茨还划分了转型为创业型大学的三个步骤，第一个阶段，通过校外捐赠、财政拨款或提高学费来增加财政收入，又或是与资源提供者进行协商，学术机构将根据产业需求制定、调整或设定发展策略以及优先追求的目标。第二个阶段，大学热衷于将本校教职员工和学生学术活动成果的知识产权商业化，成立技术转换办公室，并将学术资源内化。第三个阶段，学术机构在提升地区环境创新中扮演积极的角色，继续与政府部门和产业部门合作。ASU发展的现阶段，利用知识资本商品化、技术转换等创业手段集中体现在学校组织架构当中，知识事业发展高级副校长对全校知识产业和跨学科机构进行管理，几乎涵盖全校所有文理、工程和艺术专业，也包括 ASU 附属的 AZ 技术转换公司。

第二，打造校内网络的运行机制。大学运行机制需要统筹协调内外部所有组织、机构和人员之间的关系，校内机构的相互联系机制建立是解决实际问题的活力源泉，内部学术组织机构的协同要突出的教育、研究和知识资本开发一体化功能。ASU 组织环境发生变化必然带来校内机构的再设定。因此，ASU 重新规划并整合了 4 个校区的学科和学术项目，以跨学科组织为纵向坐标，以人文社会科学、自然科学学科、工程技术学科为横向坐标安排。ASU 的跨学科组织建设目前依旧建立在以经验为基础的传统学科基础之上，在院系的理论经验基础上，围绕实际问题和实用功能为核心，突破学科边界，在人文社会科学、自然科学和工程技术科学的基础上建立特定综合的教育、科研体系。学生可以被划分在传统的基本院系单位中，系统学习某一学科的经验、理论和方法论，也可以选择在功能定向的实验室、工作室中学习，教育过程更加灵活多元。矩阵式组织结构实体同样适用于功能定向的跨学科合作研究，合作院系之间既有纵向本学科的职能部门沟通，也有与横向合作多学科实施方法、理论和人员的互动和协作。

三、独特的学校文化创设

在伯顿·克拉克的创业型大学五要素分析中，整合的创业文化是凝聚创业型大学全体员工和学生共同为大学转型而努力的黏合剂。克洛校长在不同场合多次提出抛弃传统思维，提倡将创业思维融入大学学术文化中，创业文化成为 ASU 新的组织文化，是所有组织成员所需要习得的核心价值观和信念。根据沙因的组织文化理论，文化植入分为主要的文化植入机制和次要的表达和强化机制。在主要的文化植入机制中，领导者需要定期关注、检测和控制问题，懂得应对组织危机和处理关键事件，需要分配资源，进行角色示范和指导，制定奖惩机制，招聘、选拔、提拔以及解雇员工；次要的表达和强化机制包括组织设计与组织结构、组织制度与组织程序、组织中的典礼和仪式、物理空间和建筑物、重要人物和事件的描述、规章流程和组织信条的声明。❶

---

❶ ［美］埃德加·沙因.组织文化与领导力［M］.章凯，罗文豪，朱超威，等译.北京：中国人民大学出版社，2014.

第七章 结 语

第一,在主要的文化植入中,克洛校长通过言行举止传递ASU组织的新价值观,利用学校典礼、开学和毕业仪式以及各种媒体渠道一再强调和重申ASU的发展使命,强化成员对组织的向心力和凝聚力。在笔者对克洛校长的访谈中,曾提出非常尖锐的问题,在问及组织变革无可避免地触及了一部分人的既有利益时,克洛校长与其办公室主任的意见相同,变革一定会引起部分人的不适,ASU是自由开放的,所有的教职人员和行政人员都有权选择自己觉得更舒适的工作场所,选择离开本院系或者ASU,这也是植入文化的重要一部分,留下的组织成员和新招聘的组织成员更加认同组织发展理念,新的教师晋升制度也将随之而建立。

第二,在次要表达和强化机制中,ASU主要利用跨学科学术组织的建设来表达核心价值观。根据克洛校长的组织设计和愿景规划,ASU的核心学术文化将建立在跨学科和应用研究的基础之上,为此ASU进行了一系列大规模变革,包括校园建设、新建建筑物和校区、招募新教师、吸引更多的学生、进行机构调整等行动,但最重要的是实施全校范围内的学术重组。学术重组的计划并不会减少学位的授予,目的在于合并相关学科、推进合作、创新协同有力的跨学科组织、构建创新型项目,提升ASU的学术质量,帮助学生准备充足地进入劳动力市场,追求职业提升。重组后的各科系和学术项目将落实跨学科合作的发展理念,吸收新的组织文化。

ASU提出的学术创业文化绝不仅是大学研究的商业化,为了尽量扩大ASU学术创业文化的社会影响力,ASU通过相互联系的多重途径进行革新，从而对主要社会系统施加影响力。促进大学与社区、工业界和政府的学术合作，鼓励学生、教职员工和职工处理与社会有关的问题。一是创设新社区，鼓励合作。对 ASU 而言，社区拥有特殊及在地化资源，可以帮助启发探索和解决问题，本州内所有人都可能是未来解决问题潜在的合作伙伴、潜在的受益者和贡献者。二是创造应用知识，转变学术目标。作为一所巨型大学，ASU 目标是处理复杂问题，为棘手的问题提供多种不同的解决方案。三是发展新知识，引领行动，寻找将解决方案惠及尽可能多的人的方法。也就是说，作为一个企业，ASU 清醒地认识到其身处激烈的市场竞争中，作为学术机构，ASU 也完全明白其所肩负的社会服务职能。ASU 不仅在争取研究资金，也在争取最好的教师、学生和管理人员，以更好地履行大学使命和职能。

第二节　ASU 组织变革的深入思考

一、准确把握大学战略定位

ASU 发展战略和转型目标的出发点和立足点在于对大学身份的正确认识和准确定位，ASU 建设成为创业型大学是综合了所处地缘条件、所具备的学术资源和所拥有的师资学生素质等硬件基础上所做出的转型路径选择。ASU 是一所年轻的研究型大学，也是全美受单一董事会领导的最大的公立研究型大学，这一条件奠定了 ASU 寻求发展路径的基调。

第一，社会定位决定了 ASU 组织变革的方向。说 ASU 年轻是指其建校时间较短，至今仅 130 多年，属于亚利桑那州董事会所管辖的三所州立大学之一，创立之初并不及赠地大学亚利桑那大学所受的关注度。作为后来者，ASU 清醒地认识自己的价值和学术地位，并以此为基础准确制定发展战略。州立大学意味着 ASU 接受州财政教育拨款，受州大学董事会的领导，必须依旧遵循并履行大学传统的教学、研究和社会服务的职能，为本州的社会、经济、文化发展以及本州人民的高等教育需求服务。美国学者普遍认同一所研究型大学首要和核心目的是：（1）通过普通教育和职业准备扩展知识；（2）通过研究和创造性工作增进知识；（3）通过出版发表、专业推广服务以及公民教育传播知识。❶ 在地理环境上，ASU 临近加州和墨西哥边境、地处美国第五大城市菲尼克斯的地缘优势为 ASU 带来多元人群和文化，也为 ASU 提供了和全美边界经济、文化合作的机遇。

第二，资源定位决定了 ASU 组织变革的类型，研究型大学是 ASU 转型为创业型大学的条件基础。美国大学具有界限分明的体系，不同类别的大学肩负着不同的教育使命和社会职责。根据美国卡内基教学促进基金的分类，美国高等学校可以分为博士型大学、硕士型高校、学士型学院、副学士型学院、

---

❶ ［美］达雷尔·R.刘易斯，詹姆斯·赫恩. 美国公立研究型大学——为新时代公共利益服务［M］.杨克瑞，王晨，译. 保定：河北大学出版社，2008：2.

专门型院校和部落学院六大基本类型。其中，博士型大学是指年授予博士学位数不少于20个的学校，这类大学还可以根据科研经费、研究人员数、博士学位授予数等指标细分为3类，即科研能力很强的研究型大学、科研能力强的研究型大学、博士学位授予型研究型大学。一般而言，博士型大学即通常所称的"研究型大学"。❶ ASU 毫无疑问属于中等资源的公立研究型大学，拥有足够的基础学科、财政支持、技术保障、人力资源确保转型的进行和实施，但在具体变革中，ASU 依旧要基于现有条件，合并同类学科，增减相关科系，最大限度地利用所有资源。

第三，学术定位决定了 ASU 组织变革的目标，ASU 转型为创业型大学的实践并不适用于所有面临经济和知识资本化压力的研究型大学。自1088年第一所大学博洛尼亚大学建立伊始，大学至今已走过了900多年的旅程，独立自由地探索、探索高深学问始终是大学的基本价值观和文化基调。恰如赫钦斯所说，"大学唯一的生存理由，即在不受功利或'结果'的压力牵制情况下，为追求真理提供一个天堂"❷，大学教育本质是发掘人的本性、引导人走向终极自由的思考。即使在实用主义思想主导的美国社会对大学实施自由教育，"大学教育不是职业教育"的讨论时常出现，哈佛、耶鲁、哥伦比亚等老牌顶

---

❶ Carnegie Foundation for the Advancement of Teaching. Classification Description [EB/OL].[2013-08-24]. http://classifications.carnegiefoundation.org/descriptions/basic.php.

❷ [美]赫钦斯.美国高等教育[M].汪利兵,译.杭州：浙江教育出版社，2000：25.

尖研究型大学依旧不遗余力地在大学中推广通识教育和自由教育。创业型大学因其浓郁的商业气息、科层制的企业管理方式以及对人文学科的忽视也颇受美国社会和学者的诟病。ASU作为公立研究型大学，在师资、科研条件、经费投入、人才培养等方面无法与精英研究型大学相抗衡，而借助科技转化政策红利和市场—政府—大学互动的平台，选择转型为创业型大学是对自身定位的清醒认知，虽然在转型中出现了一定的分歧，但学校声望、财政经费、人才引进、教育质量等也确实得到了提高。

同理，创业型大学的定位并不适用于所有的中国大学，需要高校综合评估自身学术能力、科研水平、人才结构、师资队伍和资源状况。我国大学的战略定位容易出现同质化倾向，都一致建设综合类研究型大学，讲求大学规模和层级的大而全，尤其是层级划分不明确、定位不清晰造成大学盲目攀比物质规模、科研产出、追求应用技术开发和学生就业数量。又或者因为定位的不清晰而导致大学发展战略的模糊和不可持续性。因此，清晰的大学战略定位需要在政府指导和政策引导下，设定科学的高等教育层级体系，每所大学能够认识到自己在高教系统中的位置，认识到大学层级发展的规律性，教学型大学、应用型大学和研究型大学能够各司其职，力争在同类大学中取得一流水平。

二、创业思潮对大学学术传统的颠覆

在本书的第三章和第四章详细描述了一些院系的教职员工对 ASU 组织变革的反应和态度,其中显示了人文社会科学对缺乏沟通的变革流程的不满和无奈。人文社会科学遭到忽视侧面体现了创业型大学中技术倾向和应用科学的兴趣,也凸显了当下教职人员在大学管理中权力的逐步丧失。

第一,人文社会学科的边缘化。人文学科式微始于 20 世纪 70 年代,高效率成为研究型大学发展的核心观念,由财政压力带来的效率要求推动了结构变革,同时新兴学科如计算机科学和生物化学学科的迅速崛起,经济、政治和社会氛围鼓励美国研究型大学转变诉求,大学的商业化倾向愈发突出,经济效益明显的学科如工程技术学科、商学等受到大学管理层的重视,因为公共资金投入的削减和市场机制的引入,大学比历史上任何一个时期都更热衷于创业。知识资本化带来学术资本主义,美国学者希拉·斯劳特和拉里·莱斯利将"院校及其教师为确保外部资金的市场活动或具有市场特点的活动"称作"学术资本主义",很多研究也显示,大学逐步失去特色,向企业靠拢。学术资本主义带来的讨论主要集中在对大学传统精神的危害上,虽然大学卷入市场,商业行为增多是不可避免的趋势,但商业元素和精神侵害了大学精神,资源分配向应用学科倾斜也造成了人文社会学科发展的危机。随着学术变得越来越职业化和专业化,大学使命和社会职责的有机联系就被割裂开来了。学校课程里基本上已经没有了忍耐、礼貌以及个人和社会责任等价值观念。❶一些大学的本科不再对学生进行思维训练和价值熏陶，转而将大批精力投入职业培训中，而研究生教育则专注于研究能力的训练，却一再忽视为学科道德规范和实际教学做准备。

第二，管理方式公司化，共同治理模式受到挑战。1966年美国教授协会（AAUP）、美国教育委员会（ACE）及美国大学和学院董事协会（AGB）联合发布的《学院与大学治理声明》中正式提出共同治理（Shared Governance）的概念，将共同治理定义为：基于教师和行政部门双方特长的权力和决策的责任分工，它代表教师和行政人员共同工作的承诺。声明对院校治理中董事会、校长、评议会、教师和学生各自的责权分配都作了详细规定和描述。共同治理是美国大学治理的基本共识之一，体现了院校自治和大学校园民主。大学学术精神转变、院校文化转向的商业化对共同治理的理念冲击最为强烈，学术资本主义的浪潮带来的第二个重要影响就是管理的变革，新管理主义思想进入高等教育组织，新管理主义的特征包括自上而下的科层管理的消失，强调管理的重要性大过其他所有的活动，监管组织成员的表现，达成经济或其他目标。新管理主义与外部问责要求相连，包括广泛使用表现指标、目标设定、表现管理基准设定等。亚利桑那州独特的"工作权利法"的政治基调为克洛校长推行自上而下的管理方式提供了文化基础，新管理

---

❶［美］詹姆斯·杜德斯达，福瑞斯·沃马克.美国公立大学的未来［M］.刘济良，译.北京：北京大学出版社，2006：167.

主义式的管理手段虽然提高了行政效率,但因缺乏有效沟通和讨论,无可避免地损害了一部分人的既有利益。

学术权力和行政权力的冲突是高校管理中普遍存在的问题,这一问题在大学治理结构发生变化的新兴美国公立大学中更为突出。高等教育内部学科价值结构的改变加剧了学术人员自主权的丧失。笔者对教职人员和行政人员对组织变革的反应进行了一定的访谈,通过分析结果不难看出,教职人员和行政人员并不完全支持,甚至有部分教职人员十分反对克洛校长"独断专权"的作风。但因为组织文化的偏向,在表达异见时有些院系曾组织过抗议活动,有些院系的教师则虽有怨言但并没有做出行动反对。在现有文化背景下,教职人员和行政人员的抗议声微,在应对反对和冲突上,克洛校长表达出尊重大学成员的去留选择,通过吸纳更认同大学发展愿景的新成员来实现新价值观的植入。但并不是所有的教师都可以承担辞职或重找工作的成本,他们会继续留任原位,或许因为管理层压力而暂时对变革习以为常,但缺乏沟通和回应不啻为组织的"定时炸弹",更加上大学教职人员学术探讨的自由天性以及教授治校的传统时时与企业化管理的效率优先的观念相冲突,若不真正对教师的不满意见作出实质回应或解决,长此以往必不利于ASU 的平稳转型和长期发展。

三、利用大学科研成果服务社会

社会服务职能是北美大学对欧洲大学职能的继承和发展,

使知识走出象牙塔,使探索不再局限于学者,使研究不再只是限定范围的学术讨论。全球化和知识经济时代的到来,不仅对大学参与社会服务的程度提出了挑战,更是对大学解决社会问题、服务社会的广度和深度提出了要求。社会服务职能从最初服务本州或地区经济发展、政府咨询,拓宽到文化传承、社区建设、民主意识培育以及教育福利保障等方方面面。考虑到时代要求和大学社会服务职能的拓展,以问题为核心整合资源解决实际问题成为大学服务社会的新方向。ASU 打造的跨学科平台和研究中心也正是出于这一目的。ASU 的战略定位就包括提升地区和全球影响力,在发展规划的八项设计里,第七项和第八项设计需求都点明了 ASU 的社会使命,要求 ASU 嵌入当地社会,促进本地发展的责任,服务于亚利桑那州本地、全国乃至全球的发展需求。大学不仅推动经济的发展,更是引领社会进步、满足居民终身学习需求的场所。大学可以为完善民主社会、孕育创新思维、提升地区竞争力提供适宜的发展土壤。积极参与全球事务,扩充已有的国际项目,从全球发展的角度思考未来大学的功能作用以及趋势未来。因此,在 ASU 的组织变革中始终怀抱着强烈的社会责任感,不仅内部转型,也在与本地企业和政府互动过程中强调承担社会进步的使命感。

可以说,ASU 的组织变革和发展规划并未跳出大学职能的范畴,而是在外部环境剧烈变化的时代背景下,重新以更加鲜明的口号强调了创业赋权、社会服务和办学自主权。克洛校长试图对组织同质化和结构性相似的问题进行修正,并提出 ASU 打造"一所新美国大学"的核心在于差异性,传统的公立大学机构设置雷同，运营方式刻板，思考方式类似，问题解决模式化。像大多数公立大学一样，ASU 的主要办学经费都是来自州政府，导致大学在过去一段时间内被视为政府的分支，也给大学发展带来很多外在限制。克洛校长提出创建"一所新美国大学"是对环境变量的权变反应，从 ASU 的改革开始重新定义美国的大学。与美国高校相比，我国高校偏重于推动科研活动拉动地区经济发展的"高大上"作用，而对大学促进社会发展、文化引导和公众教育等社会服务职能则较为漠视。自 2015 年开始，在建设"双一流高校"的政策导向下，我国高校纷纷提出建设"世界一流大学"的目标，追求"国际化、综合化、研究型"的类型定位，学科设置相似度高，学校分类层次不清，容易落入发展同质化，发展定位窄化的窠臼，只是简单地将大学规划归类为发展目标、类型、层次、服务对象的区分。但高校发展不可能"千校一面"地成为综合类研究型大学。从政府角度而言，要始终为大学的个性化发展提供一定的政策空间，设定科学的高等教育层级体系。我国高校的创业型大学的建设依然是热点和趋势，需要本土化探讨创业型大学的"舶来"概念，系统化诠释中国特色社会主义语境下的创业型大学理论，在厘清大学组织制度化变革的基础上仍需要进一步研究和讨论。对于扎根本地的地方服务型高校，ASU 的改革模式具备一定的参考价值。在内部组织转型的同时，扩大地区和国内社会影响力，也是提升本校知名度、加强整体竞争力的一条可取路径。

第七章 结 语

第三节 本研究的不足与未来展望

一、ASU 案例的独特性与普遍性

本研究属于案例研究，是针对 ASU 这一所大学的组织变革所进行的个案研究。笔者在 2013 年 9 月至 2014 年 9 月的一年时间里对 ASU 进行较长时间的观察、资料搜集和部分人员访谈。ASU 的组织变革并不是独一无二的事件，而是美国公立高等教育面临公共财政削减、知识经济效益提升的背景下作出的理性选择之一，但 ASU 本身也具有很多不同于其他公立大学的个性特征，这些特性构成了本研究 ASU 案例的独特性和普遍性。

1. 独特性

第一，亚利桑那州特有的政治文化为 ASU 组织变革的发生提供了政治基础。在笔者对 ASU 教授的访谈中，多人曾多次提到《工作权利法》在 ASU 组织变革中起到的作用。《工作权利法》是 ASU 变革中组织文化的政治文化来源，保护雇主的法律规定在一定程度上助长了 ASU 企业化管理方式的滋生，通常大学中教师协会或教师联盟秉承了大学"教授治校"的学术传统，以院系为单位的教师选举教师代表参与大学管理进程中，就大学中学术事务、管理事务、组织结构、财政状况等提

出建议和意见，在教职人员和学校行政人员发生冲突时起到协调沟通的中间作用。但在《工作权利法》的规定下，ASU难以形成强有力的教师协会，不仅个体教师，甚至包括一个院系的教师都难以对自上传达的变革命令表达出回应之声，也无法对变革不合理之处提出抗议或建议。从效率的角度来说，从管理高层向下属院系下达的变革指示或命令因为教师协会这种中介组织的缺失而得到了迅速落实，这在一定程度上节约了变革的时间，加速了变革的完成。但上下层沟通的缺失也是组织成员丧失信心的原因之一，在笔者的访谈中可以发现一些对变革不满的员工已经离开了本院系甚至是ASU另谋出路。诚然，筛选更高组织认同感的成员也是变革的一部分，但也有一部分教师至今依旧对变革存有异议，这当然也需要引起组织管理者的关注。

第二，ASU是一所建校历史并不算悠久的研究型大学，无论从学术声誉、科研成果、大学排名、所在地区等指标来看，ASU在全美均属于中等水平。ASU进行组织变革所制定的发展战略、目标、变革过程都是基于其现有的资源规模、人员构成、科研水平、学生数量和质量以及与外部社区、社会的关系之上。一所具有悠久历史和传统的大学，如哈佛大学、耶鲁大学或普林斯顿大学等美国一流精英研究型大学，若这类大学进行类似于ASU的全校范围内的变革首先需要解决的便是学术文化和传统积淀问题，这也是各类变革首当其冲会遇到的最大阻碍，因为思维的改变最为缓慢，尤其在面对创业型大学对学术自由和大学自治传统理念的冲击时，精英研究型大学作出的反应更为缓慢和漫长。更由于精英研究型大学的学术资本、校友资源和人力资源等优势可以缓冲急剧变化的外部环境的冲击，选择转型为创业型大学并不是他们的当务之急。基于这几点，ASU 的组织变革具有一定的独特性。

第三，ASU 的特殊性还表现在其领导者身上，可以说克洛校长凭借其一己之理念引导 ASU 的组织转型。对比亚利桑那州其他两所州立大学 UA 和 NAU 的校长而言，克洛校长更具开拓性、创新性、积极性和个人魅力，他重视舆论宣传，也重视与普通员工和学生的交流。虽然他从未提出过要将 ASU 转型为一所创业型大学，但其所作所为较多地符合创业型大学的行为特征，如扩大市场化行为、偏重应用学科、将研究成果直接投入市场、鼓励教师参与校外商业合作、与政府和产业界建立三边合作关系等。领导者的个性特征也是其他美国大学并不完全拥有的资源。

2. 普遍性

通过本研究，主要体现了美国公立大学甚至全世界高等教育发展的一些共性和趋势。

第一，外部环境的变化对美国高等教育系统都有所影响，大学危机的宣言层出不穷。自 20 世纪末开始，多所公立大学作出了学术重组或组织变革的声明，前文也提到密苏里大学系统、东北大学、印第安纳大学布卢明顿分校、伊利诺伊大学香槟分校等大学先后进行变革以应对大学财政压力，以及满足教育市场的多样需求。从这一点看 ASU 组织变革的举措并不是特例，也反映了公立大学在保留教学、科研、社会服务职能的前提下外围任务拓展的趋势,现代大学建立的初衷之一便是为国家和民族服务,公立大学首当其冲地被要求具有高适应性,充分发挥经济助推器的功能,及时满足变化的社会需求,这些压力在可预见的未来内不会减弱,相反,还会有继续增强的趋势,所以对 ASU 组织变革进行深入探究,以个案观照群体的方式分析美国公立大学的未来发展趋势正是本书选择个案例研究方法的一个原因。

第二,组织变革成为美国公立大学不可逆的一种趋势,大学—产业—政府的新型关系也不仅是创业型大学单独面对的,无论是否自称或被称为"创业型大学",几乎所有的美国公立大学都在学科设置中增加或强调了应用学科的比重。ASU 将构建实际问题解决导向的跨学科组织作为学科重构的核心,拥有前沿科技转换水平、卓越的科学研究、有创业价值的学术团体已成为研究型大学的新标志。从本书的研究也可以看出,克洛校长提出的建立"一所新美国大学"的愿景并不会真正拓展大学已有的教学、科学研究和社会服务职能,甚至也并没有突破美国高等教育服务于地方和国家经济提升的传统,但 ASU 组织转型的最可贵之处在于为美国州立大学摆脱财政、招生、资源有限等危机提供了一些参考以及有价值的经验。同理,对我国高等教育的借鉴价值也如此。

第三,本研究同样发现了组织变革中存在一些普遍问题,这些问题现今早已成为高等教育领域世界级的两难问题。尤其是大学在转型为创业型大学,或大学市场行为增多的趋势下如何保持学科发展的平衡,在当今知识资本化的浪潮下,大学如何维护和秉持千百年的追求高深知识的自由传统，笔者在前文作出了一些回答，但仍希望能够引起更多研究者的重视和解答。

二、理论上需要进一步探讨的问题

本研究基于权变理论，对 ASU 转型为创业型大学的实践措施进行了综合分析，从环境要素、资源要素、管理要素协同一致的角度考察了 ASU 组织变革中的变革基础、变革目标、变革程序和变革成果。总的来说，在未来的研究中还需要进一步探讨以下问题。

第一，本研究采用个案研究法，选取 ASU 作为个案对象，对 ASU 的部分教师、行政人员、管理人员进行了访谈，但由于身份和时间的限制，本研究的样本量并不大；虽然对 ASU 的领导方式、组织文化、管理体制、学术组织结构都进行了勾画，但如果能对 ASU 中央管理层人员进行更多的访谈，获取更大的样本，相信能够更加充分地解释 ASU 组织变革的操作动因和机制。

第二，因为本研究是个案研究，为进一步证实、修改和完善本研究提出的组织变革模型还需要研究更多的公立大学。本研究的访谈结果分析都基于 ASU 这一所学校，在对其他公立大学的研究中还希望能够探讨是否也出现了与 ASU 类似的分析结果，如果没有，原因又是什么。

第三，ASU 选择的组织变革路径是成为创业型大学，这虽然代表了一部分公立大学的发展取向，但没有选择这条路径的公立大学又是出于什么原因，反映了高等教育发展的什么问题。

第四，ASU是一所公立大学，本研究提出的模型是否适用于私立大学，如果不适用，需要在哪些方面做出修改与调整，最后通过对组织变革的研究进一步加深对美国公立与私立研究型大学特点的理解。

参考文献

一、中文图书

［1］郭咸纲.西方管理思想史［M］.插图第 4 版.北京：世界图书出版公司，2010.

［2］贺国庆.德国和美国大学发达史［M］.北京：人民教育出版社，1998.

［3］马万华.从伯克利到北大清华：中美公立研究型大学建设与运行［M］.北京：教育科学出版社，2004.

［4］沈红.美国研究型大学形成与发展［M］.武汉：华中理工大学出版社，1999.

［5］王雁.创业型大学：美国研究型大学模式变革的研究［M］.上海：同济大学出版社，2011.

［6］王英杰.美国高等教育的发展与改革［M］.3 版.北京：人民教育出版社，2002.

［7］吴志功.现代大学组织结构设计［M］.北京：北京师范大学出版社，1998.

［8］宣勇.大学组织结构研究［M］.北京：高等教育出版社，2005.

［9］张慧洁.中外大学组织变革［M］.上海：复旦大学出版社，2005.

［10］张炜.学术组织再造：大学跨学科学术组织的成长机制［M］.杭州：浙江大学出版社，2012.

［11］中美大学战略规划研究所.大学与经济发展：美国公立大学校长的视角［M］.成都：四川大学出版社，2006.

［12］［美］埃德加·沙因.组织文化与领导力［M］.章凯，罗文豪，朱超威，等译.北京：中国人民大学出版社，2014.

［13］［美］伯顿·克拉克.高等教育系统——学术组织的跨国研究［M］.王承绪，等译.杭州：杭州大学出版社，1994.

［14］［美］伯顿·克拉克.高等教育新论——多学科的研究［M］.王承绪，等译.杭州：浙江教育出版社，2001.

［15］［美］伯顿·克拉克.建立创业型大学：组织上转型的途径［M］.王承绪，译.北京：人民教育出版社，2007.

［16］［美］伯顿·克拉克.大学的持续变革——创业型大学新案例和新概念［M］.王承绪，译.北京：人民教育出版社，2008.

［17］［美］达雷尔·R.刘易斯，詹姆斯·赫恩.美国公立研究型大学——为新时代公共利益服务［M］.杨克瑞，王晨，译.保定：河北大学出版社，2008.

［18］［美］丹尼尔·布尔斯廷.美国人：从殖民到民主的历程（第一卷）［M］.时殷弘，谢延光，等译.上海：上海译文出版社，2014.

［19］［美］德里克·博克.走出象牙塔——现代大学的社会责任［M］.徐小洲，陈军，译.杭州：浙江教育出版社，2001.

［20］［美］弗莱蒙特·E.卡斯特，詹姆斯·E.罗森茨韦克.组织与管理：系统方法与权变方法［M］.北京：中国社会科学出版社，2000.

［21］［美］菲利普·G.阿特巴赫.世界级大学领导力［M］.姜有国，译.北京：中国人民大学出版社，2014.

［22］［美］赫伯特·J.鲁宾，艾琳·S.鲁宾.质性访谈方法：聆听与提问的艺术［M］.卢晖临，连佳佳，李丁，译.重庆：重庆大学出版社，2010.

［23］［美］亨利·埃兹科维茨.国家创新模式：大学、产业、政府"三

螺旋"创新战略[M].周春彦,译.北京:东方出版社,2014.

[24] [美]亨利·埃兹科维茨.大学与全球知识经济[M].南昌:江西教育出版社,1999.

[25] [美]亨利·埃兹科维茨.三螺旋[M].周春彦,译.北京:东方出版社,2005.

[26] [美]亨利·罗索夫斯基.美国校园文化——学生·教授·管理[M].济南:山东教育出版社,1996.

[27] [美]克拉克·克尔.大学之用[M].5版.高铦,高戈,汐汐,译.北京:北京大学出版社,2008.

[28] [美]克拉克·科尔.大学的功用[M].陈学飞,等译.南昌:江西教育出版社,1993.

[29] [荷]吉尔特·霍夫斯泰德,格特·扬·霍夫斯泰德.文化与组织——心理软件的力量[M].2版.北京:中国人民大学出版社,2012.

[30] [美]李·G.鲍曼,特伦斯·E.迪尔.组织重构——艺术、选择及领导[M].高杰英,桑强,译.北京:高等教育出版社,2005.

[31] [美]罗伯特·伯恩鲍姆.大学运行模式:大学组织与领导的控制系统[M].别敦荣,译.青岛:中国海洋大学出版社,2003.

[32] [美]罗伯特·伯恩鲍姆.学术领导力[M].周作宇,等译.北京:北京师范大学出版社,2008.

[33] [美]罗杰·盖格.大学与市场的悖论[M].郭建如,马林霞,译.北京:北京大学出版社,2013.

[34] [美]罗纳德·G.埃伦伯格.美国的大学治理[M].张婷姝,沈文钦,杨晓芳,译.北京:北京大学出版社,2010.

[35] [美]Matthew B. Miles, A. Michael Huberman.质性资料的分析:方法与实践[M].2版.张芬芬,译.重庆:重庆大学出版社,2008.

[36] [美]托马斯·库恩.科学革命的结构[M].2版.胡新和,译.北

京：北京大学出版社，2012.

[37][法]托克维尔.论美国的民主[M].董果良，译.北京：商务印书馆，2013.

[38][美]W.理查德·斯科特，杰拉尔德·F.戴维斯.组织理论：理性、自然与开放系统的视角[M].高俊山，译.北京：中国人民大学出版社，2011.

[39][美]W.沃纳·伯克.组织变革——理论和实践[M].燕清联合，译.北京：中国劳动社会保障出版社，2004.

[40][美]威廉·多姆霍夫.谁统治美国——权力、政治和社会变迁[M].5版.吕鹏，闻翔，译.南京：译林出版社，2012.

[41][美]希拉·斯劳特，拉里·莱斯利.学术资本主义——政治、政策和创业型大学[M].梁骁，黎丽，译.北京：北京大学出版社，2008.

[42][美]亚瑟·M.科恩，卡丽·B.基斯克.美国高等教育的历程[M].2版.梁艳玲，译.北京：教育科学出版社，2012.

[43][美]约翰·S.布鲁贝克.高等教育哲学[M].2版.杭州：浙江教育出版社，2001.

[44][美]约翰·范德格拉夫，等.学术权力——七国高等教育管理体制比较[M].王承绪，等译.杭州：浙江教育出版社，2001.

二、中文论文

[1][美]布朗·考尔.组织及领导者能力建设的系统方法[J].李强，编译.国家教育行政学院学报，2006（1）：42-46.

[2]陈伟.学术权力与行政权力的对抗游戏——论美国高校教师与高等院校之间的集体谈判[J].比较教育研究，2007（1）：1-6.

[3] 程晓舫，袁新荣，刘景平.知识经济时代大学的地位、责任与使命[J].中国高教研究，2006（11）：25-28.

[4] 范跃进，孙国茂.大学教育基金与现代大学制度[J].东岳论丛，2013（1）：105-117.

[5] 甘永涛.大学治理结构的三种国际模式[J].高等工程教育研究，2007（2）：72-76.

[6] 黄彬，陈丁堂.大学组织变革的困境与出路[J].高等教育研究，2011（2）：34-38.

[7] 黄亮.当代西方教育管理模式中的政治模式——利益冲突解决机制分析[J].文教资料，2011（7）：119-120.

[8] 黄扬杰，邹晓东，吴伟.新美国大学的自定义式跨学科组织述评[J].高等工程教育研究，2013（5）：85-88.

[9] 黄扬杰，邹晓东."新美国大学"框架下的ASU创业实践[J].高等工程教育研究，2011（6）：30-33，106.

[10] 李芹，赵宜华.高校组织文化状况诊断与重建[J].华南师范大学学报，2007（3）：114-118.

[11] 林杰.美国院校组织理论中的政治模型——以鲍德里奇的个案为原型[J].高等教育研究，2007（9）：93-101.

[12] 刘宝存.大学对地方社会经济发展的贡献——加州大学伯克利分校的个案研究[J].清华大学教育研究，2005（6）：59-65.

[13] 刘国瑜.略论大学科研及其组织重构[J].国家教育行政学院学报，2007（11）：57-59.

[14] 刘亚荣，李文长.高校组织运行模式的分析——基于高校预算管理案例[J].国家教育行政学院学报，2013（1）：23-28.

[15] 刘叶，邹晓东.探寻创业型大学的"中国特色与演变路径"——基于国内三所研究型大学学术创业实践的考察[J].高等工程教育研究，2014（3）：44-49.

［16］汤萱.我国公立高校内部权力研究——基于治理理论的视角［J］.大学教育科学，2009（3）：62-66.

［17］王坤，蒋国平.基于创业型大学的高校组织转型障碍问题［J］.现代教育管理，2010（8）：46-48.

［18］王林.新经济时代美国大学治理的改变［J］.高教探索，2012（1）：54-58.

［19］王英杰.大学学术权力和行政权力冲突解析——一个文化的视角［J］.北京大学教育评论，2007（1）：55-65.

［20］王英杰.在创新与传统之间——斯坦福大学的发展道路［J］.北京大学教育评论，2004（3）：80-86.

［21］温正胞，谢芳芳.学术资本主义：创业型大学的组织特性［J］.教育发展研究，2009（5）：28-33.

［22］杨英杰，黄超.大学跨学科研究合作的动力机制与政策影响［J］.高教探索，2013（2）：16-22.

［23］易高峰，赵文华.创业型大学：研究型大学模式的变革与创新［J］.复旦教育论坛，2009（1）：53-57.

［24］易高峰.创业型大学的内涵与基准［J］.现代教育管理，2013（11）：6-9.

［25］张定方.高校组织资源重组与再造：一个管理学的视角［J］.现代教育管理，2009（11）：32-34.

［26］张红峰.高校组织变革中利益博弈的聚点效应分析——以澳门一所高校为例［J］.清华大学教育研究，2012（6）：119-124.

［27］张伟，赵玉麟.大学跨学科研究系统建构及其对我国大学的启示［J］.浙江大学学报（人文社会科学版），2011（11）：47-58.

［28］张炜，邹晓东.我国大学跨学科学术组织发展的演进特征与创新策略［J］.浙江大学学报（人文社会科学版），2011（6）：59-66.

［29］张秀萍，迟景明，胡晓丽.基于三螺旋理论的创业型大学管理模式

创新[J].大学教育科学,2010(5):43-47.
[30] 赵婷婷,邓彤,苗苗.美国大学与企业的科研联系模式对教师科研自由的影响[J].比较教育研究,2008(5):67-71.
[31] 赵文华,易高峰.创业型大学发展模式研究——基于研究型大学模式创新的视角[J].高教探索,2011(2):19-22.
[32] 周清明.浅析现代大学制度的基层学术组织重构[J].高等教育研究,2009(4):34-37.
[33] 周小虎,孙启林.试析利益集团对美国教育政策的影响[J].比较教育研究,2006(11):19-22.
[34] 邹晓东,陈汉聪.创业型大学概念内涵、组织特征与实践路径[J].高等工程教育研究,2011(3):54-59.

三、中文学位论文

[1] 罗泽意.制度变迁视角下大学创业趋向研究——基于农业院校的案例[D].南京:南京农业大学,2011.
[2] 李建军.硅谷模式及其产学创新体制[D].北京:中国人民大学,2000.
[3] 汤萱.基于治理视角的中国公立高校权力整合机制研究[D].武汉:武汉理工大学,2007.
[4] 张伟.学术组织中的成文规则——基于A大学的个案研究[D].上海:华东师范大学,2012.

四、英文图书

[1] Afsaneh Nahavandi. The Art and Science of Leadership(Third Edition)

[M]. New Jersey: Upper Saddle River, 2003.

[2] Alain Fayolle, Dana T. Redford. Handbook on the Entrepreneurial University[M]. Northampton: Edward Elgar Publishing, INC, 2014.

[3] Daniel P. Kinney. Organizational Structure in Community Colleges: Past, Present and Future[M]. Ann Arbor: ProQuest, 2008.

[4] Don Williams. Corporation: A History of College and University Governing Boards[M]. New York & London: Falmer Press, 2000.

[5] Ernest J. Hopkins. The Arizona State University Story[M]. Nashville: Southwest Publish. Co, 1960.

[6] Gary Yukl. Leadrship in Organizations (Third Edition)[M]. New Jersey: Prentice Hall, Englewood Cliffs, 1994.

[7] Gaye Tuchman. Wannabe U: Inside the Corporate University[M]. Chicago: The University of Chicago Press, 2009.

[8] Henry Rosovsky. The University: An Owner's Manual[M]. New York: W. W. Norton & Company, 1991.

[9] Holden Thorp, Buck Goldstein. Engines of Innovation: the Entrepreneurial University in the Twenty-first Century[M]. Chapel Hill: University of North Carolina Press, 2010.

[10] James L. Fisher, James V. Koch. The Entrepreneurial College President. Westport[M]. CT: American Council on Education and Praeger Publishers, 2004.

[11] Jennifer Wahburn. University Inc.: The Corporate Corruption of American Higher Education[M]. New York: A Member of the Perseus Books Group, 2005.

[12] John B. Miner. Theories of Organizational Structure and Process[M]. Oak Brook: Dryden Press, 1982.

[13] Kathryn Mohran, Jian Shi, Sharon E. Feinblatt, et al. Public Universities

and Regional Development [M]. Chengdu: Sichuan University Press, 2009.

[14] Lee G. Bolman, Joan V. Gallos. Reframing Academic Leadership [M]. San Francisco: Jossey-Bass, 2011.

[15] Michael Fetters, Patricia G. Greene, Mark P. Rice. The Development of University-Based Entrepreneurship Ecosystems: Global Practice [M]. Northampton: Edward Elgar Publishing, INC, 2010.

[16] Michael L. Vasu, Debra W. Stewart, G. David Garson. Organizational Behavior and Public Management (Second Edition) [M]. New York: Marcel Dekker, INC, 1990.

[17] Michael M. Crow, William B. Dabars. Designing the New American University [M]. Baltimore: Johns Hopkins University Press, 2015.

[18] Michael R. Carrell, Daniel F. Jennings, Christina Heavrin. Fundamentals of Organizational Behavior [M]. New Jersey: Prentice-Hall, INC, 1997.

[19] Palgrave Connect. The Entrepreneurial University: Engaging Publics, Intersecting Impacts [M]. New York: St. Martin's press, LLC, 2014.

[20] Patricia A. Pelfrey. Entrepreneurial President: Richard Atkinson and the University of California, 1995-2003 [M]. Berkeley Los Angelas London: University of California Press, 2012.

[21] Paul R. Lawrence, Jay W. Lorsh. Organization and Environment: Managing Differentiation and Integration [M]. Boston: Havard Business Review Press, 1986.

[22] Piers Myers, Sally Hulks, Liz Wiggins. Organizational Change: Perspectives on Theory and Practice [M]. UK: Oxford University, 2012.

[23] Ray Everett. Arizona History and Government [M]. Tempe: Center for Public Affairs of Arizona State University, 1984.

[24] Robert Birnbaum. How Academic Leadership Works: Understanding

Success and Failure in the College Presidency [M]. San Francisco: Jossey-Bass, 1992.

[25] Robert J. Howlett. Innovation through Knowledge Transfer 2010 [M]. Berlin: Springer, 2011.

[26] Ronald G. Ehrenberg. Governing Academia [M]. Itbaca and London: Cornell University Press, 2004.

[27] Sheila Slaughter, Gary Rhoades. Academic Capitalism and the New Economy: Markets, State, and Higher Education [M]. Baltimore: Johns Hopkins University Press, 2004.

[28] Sol Gittleman. An Entrepreneurial University: The Transformation of Tufts, 1976-2002 [M]. Medford: Tufts University Press, 2004.

[29] Stankiewicz, Rikard. Academic Entrepreneurs: Developing University-Industry Relations [M]. London: F. Pinter, 1986.

[30] Terrence J. MacTaggart, Cynthia Crist. Restructuring Higher Education: What Works and What Doesn't in Reorganizing Governing Systems [M]. San Francisco: Jossey-Bass Publishers, 1996.

五、英文期刊

[1] Afsaneh Bagheri, Zaidatol Akmaliah Lope Pihie. On Becoming an Entrepreneurial Leader: A Focus on the Impacts of University Entrepreneurship Programs [J]. American Journal of Applied Science, 2011,8(9):884-892.

[2] Clyde W. Barrow. The New Economy and Restructuring Higher Education [J]. The NEA Higher Education Journal. 1996,12(1): 63-81.

[3] Colin Macilwain. US Higher Education: the Arizona Experiment [J].

Nature, 2007（46）: 968-705.

［4］ D. J. Hickson, C. R. Hinings, C. A. Lee, et al. Pennings. A Strategic Contingencies' Theory of Intraorganizational Power［J］. Administrative Science Quarterly, 1971,16（2）: 216-229.

［5］ Edward R. Hines. Restructuring Higher Education［J］. The Journal of Higher Education, 1997, 68（2）: 238-239.

［6］ Eliezer Geisler. Industry-University Technology Cooperation: A Theory of Inter-Organizational Relationships［J］. Technology Analysis & Strategic Management, 1995,7（2）: 217-229.

［7］ Fred Luthans, Todd I. Stewart. A general Contingency Theory of Management［J］. The Academy of Management Review, 1977,2（2）: 181-195.

［8］ Fred Luthans, Todd I. Stewart. The Reality or Illusion of a General Contingency Theory of Management: A Response to the Longnecker and Pringle Critique［J］. The Academy of Management Review, 1978,3（3）: 683-687.

［9］ Gary Rhoades, Sheila Slaughter. Academic Capitalism, Managed Professionals, and Supply-Side Higher Education［J］. Academic Labor, 1997（7/8）: 9-38.

［10］ Gerlinde Mautner. The Entrepreneurial University: A Discursive Profile of a Higher Education Buzzword［J］. Critical Discourse Studies, 2005,2（2）: 95-120.

［11］ Hasan Simsek, Karen Seashore Louis. Organizational Change as Paradigm Shift: Analysis of the Change Process in a Large, Public University［J］. The Journal of Higher Education, 1994,65（6）: 670-695.

［12］ Henry Etzkowitz, Andrew Webster, Christiane Gebhardt, et al. The Future of the University and the University of the Future: Evolution of Ivory Tower to Entrepreneurial Paradigm [J]. Research Policy, 2000 (29): 313-330.

[13] Henry Etzkowitz. Anatomy of the Entrepreneurial University [J]. Studies of science, 2013, 52 (3): 486-511.

[14] Henry Etzkowitz. Research Groups as "Quasi-Firms": the Invention of the Entrepreneurial University [J]. Research Policy, 2003 (32): 109-121.

[15] Henry Etzkowitz. The Norms of Entrepreneurial Science: Cognitive Effects of the New University-Industry Linkages [J]. Research Policy, 1998 (27):823-833.

[16] Henry Etzkowitz. When Knowledge Married Capital: The Birth of Academic Enterprise [J]. Journal of Knowledge-based Innovation in China, 2013,5 (1): 44-59.

[17] Jen Nelles, Tim Vorley. Entrepreneurial Architecture: A Blueprint for Entrepreneurial Universities [J]. Canadian Journal of Administrative Sciences, 2011 (28): 341-353.

[18] Kim S. Cameron. Organizational Adaptation and Higher Education [J]. The Journal of Higher Education, 1984,55 (2): 122-144.

[19] Laura R. Bronstein. A Model for Interdisciplinary Collaboration [J]. Social Work. 2003,48 (3): 297-306.

[20] Lee Roy Beach, Terence R. Mitchell. A Contingency Model for the Selection of Decision Strategies [J]. The Academy of Management Review, 1978,3 (3): 439-449.

[21] Marietta Del Faero. Faculty-Administrator Relationships as Integral to Highe-Performing Governance Systems [J]. American Behavioral Scientist, 2003,7 (46): 902-922.

[22] Tucker J Marion, Denise R Dunlap, John H Friar. The University

Entrepreneur: A Census and Survey of Attributes and Outcomes[J]. R & D management, 2012,42(5):401-419.

[23] Michael B. McCaskey. A Contingency Approach to Planning: Planning with Goals and Planning Without Goals[J]. The Academy of Management Review, 1974,17(2):281-291.

[24] Michael Crow. Differentiating America's Colleges and Universities: Institutional Innovation in Arizona[J]. Change: The Magazine of Higher Learning, 2010(9/10):36-41.

[25] Michael Crow. Enterprise: The Path to Transformation for Emerging Public Universities[J]. The Presidentcy(American Council on Education), 2007, 10(2):24-28.

[26] Michael Crow. None Dare Call It Hubris: The Limits of Knowledge[J]. Science and Technolgy, 2007,23(2):1-4.

[27] Michael Crow. Organizing Teaching and Research to Address the Grand Chanllenges of Sustainble Development[J]. Bioscience(Americna Institute of Biological Science), 2010,60(7):488-489.

[28] Michael Crow. Toward Institutional Innovation in America's Colleges and Universities[J]. Trusteeship, 2010,18(3):8-13.

[29] Michael Dupuis. Michael Crow, Manager of the New American University[J]. The Minnesota Review, 2010(74):53-61.

[30] Patricia J. Gumport, Stuart K. Snydman. The Formal Organization of Knowledge: An Analysis of Academic Structure[J]. The Journal of Higher Education, 2002, 73(3):493-520.

[31] Patricia J. Gumport. Academic restructuring: Organization Change and Institutional Imperatives[J]. Higher Education, 2000(39):67-91.

[32] Paul R. Lawrence, Jay W. Lorsh. Differentiation and Integration in Complex Organizations[J]. Administrative Science Quartrely, 1967,12

（1）: 1-47.

[33] Susan A Holton, Gerald Phillips. Can't live with them, Can't live without them: Faculty and Administrators in Conflict [J]. New Directions for Higher Education, 1995（92）: 43-50.

六、英文报告

[1] Arizona State University Office of the President. A New American University White Paper [R]. 2004（4）.

[2] Elizabeth Capaldi. Intellectual Transformation and Budgetary Savings Through Academic Reorganization [R]. Change-The Magazine of Higher Learning. 2009（7/8）.

[3] Harvard University. Harvard University Policy on Individual Financial Conflicts Interest for Persons Holding Faculty and Teaching Appointments [R]. 2012-05-26.

[4] Michael Crow. Building an Entreprenurial University [R]. Third Annual Kauffman Foundation-Max Planck Institute Entreprenurship Research Conference, 2008-06-08.

[5] Michael Crow. Hope, Change, and Affirmation: New Values to Guide Institutional Innovation in American Higher Education [R]. College Board Forum, 2008-11-06.

[6] Michael Crow. The Research University as Comprehensive Knowledge Enterprise: The Reconceptualization of Arizona State University as A Prototype for A New American University [R]. Seventh Glion Colloquium in Montreux Switzerland, 2009-06-20.

[7] Michael M. Crow. Differentiating America's Colleges and Universities:

 参考文献

Institutional Innovation in Arizona [R]. Change, 2010 (9/10).

[8] Northern Arizona University. Arizona's Repaid Growth and Development: People and the Demand for Sevices [R]. Eight-Ninth Arizona Town Hall, 2006.

[9] Rachel Hendrickson, Christine Maitland, Gary Rhoades. Negotiating Academic Restructuring [R]. The NEA 1996 Almanac of Higher Education, 1996.

附 录

附录一 Consent Form

Researcher: Min Gui

Topic of research: The topic of my doctoral dissertation is about academic restructuring in American Public Universities, with ASU as a case. Like other American Public Universities, ASU struggles with external pressures and internal challenges. To deal with these issues, ASU has implemented various forms of restructuring such as adding or deleting academic programs, merging differernt departments into one school, or creating new schools. The prime research queations of my dissertation is the role of the president in the change process of academic restructuring in ASU.

Purpose: To explore the experience of academic restructuring in American Pubilc Universities.

Procedures: You will be participanting in an interview with me. I will ask you a few questions about academic restructuring at ASU. You may ask me any questions about my interview plan and you should feel free to comment on any stage of the process. You have the right to withdraw from the interview at any time. The total interview time should be between 15 and 45 minutes, with some extra time at the end for final comments.

Risks: There have no risks related to participating in this research, and your answers will be completely confidential. You name will not appear in my dissertations as well.

Thank you for your time.

I agree to participate in the interview of academic restructuring at ASU.

Signature
_____

Date
_____

附录二　Interview Outline

1. What do you think about the academic restructuring?
2. What are the goals of academic restructuring in your school?
3. What is the process of academic restructuring in your school?
4. What was the role of the President Michael Crow played in the

merge of your school? Who else do you think also play an important role?

5. What are your individual needs and value toward the merge? / What do you expect from the merge?

6. What were the reactions and attitudes of faculty and administrators to this merge? / What was your personal attitudes?

7. Are there any conflicts between faculty and administrators?

8. Do you think is there anything more to be done? Do you think the goals are all achieved after merge?

9. What do you think about the vision of "A New American University" described by the President Crow? How do you evaluated about what the president Crow did for the vision?

10. Are there any documents or files you still have when the merge started and they informed you?

附录三　The Vision of "A New American University"

To establish ASU as the model for a New American University, measured not by who we exclude, but rather by who we include and how they succeed; pursueing research and discovery that benefits the public good; assuming major responsibility for the economic, social and cultural vitality and health and well-being of the community.

附录四 Mission & Goals

1. Demonstrate leadership in academic excellence and accesibilty.

2. Establish national standing in academic quality and impact of colleges and schools in every field.

3. Establish ASU as a global center for interdisciplinary research, discovery and development by 2025.

4. Enhance our local impact and social embeddedness.

附录五 Design Aspirations

1. Leverage our Place

ASU embraces its cultural, socioeconomic and physical setting.

2. Transform Scoiety

ASU catalyzes social change by being connected to social needs.

3. Value Entrepreneurship

ASU uses its Knowledge and encourages innovation.

4. Conduct Use-Inspired Research

ASU research has purpose and impact.

5. Enable Student Success

ASU is committed to the success of each unique student.

6. Fuse Intellectual Disciplines

ASU creates knowledge by transcending academic disciplines.

7. Be Socially Embedded

ASU connects with communities through mutually beneficial partnerships.

8. Enagade Globally

ASU engages with people and issues locally, nationally and internationally.

后 记

《创立新美国大学：亚利桑那州立大学组织变革研究》是关于一所美国公立研究型大学进行组织变革的书，终于得以出版，不仅象征着我博士期间学术生活有所收获，更是我人生一个阶段的见证。

自五岁发蒙，近而立才毕业，我的学习生涯持续了二十余年，这期间有奋进、有迷茫，有所得、也有所失。2005年，我因高考志愿填报原因，被调剂至淮南师范学院的小学教育专业就读，彼时的我从未了解过教育学专业，更遑论竟然一学便是十年。真正让我开始对专业感兴趣也是源于身边的问题，为什么有的同学上了大学之后会变得懒散？为什么有的老师上的课如此无聊？美国的大学生也是这么学习生活的吗？带着这样的疑问，我北上求学，继而辗转来到美国亚利桑那州立大学，也便有了这本书的诞生。

许倬云在《十三邀》访谈中说过一句话，"我们要想办法，拿全世界人类曾经走过的路，都要算是我走过的路之一"，这或许是"他山之石，可以攻玉"的另一种解释，也可以解释比较教育学存在的某种意义。为什么一个中国大学生对中国高等教育的疑问需要美国大学来回答，也许是因为他们曾经走过的路可能是未来我们将要面对的。大学的发展固然需要大师，也需要良好的学术氛围、积极的学习面貌以及自由的外部环境。亚利桑那州立大学是一所相对年轻的公立研究型大学，其初始条件不算优异，只是亚利桑那州三所公立大学之一，经过校长迈克尔·克洛（Michael Crow）的苦心经营，也得益于政策推动和地缘位置，已成为受人瞩目的研究型大学的"后起之秀"。亚利桑那州立大学走过的路或许可以对我国一些区域型、中等规模大学的创新发展提供借鉴思路。

在本书的写作、出版过程中，我得到了太多人的帮助，令我感激万分。首先要感谢的是我的导师王英杰教授，此生有幸拜于先生门下，虽生性懒钝但承蒙不弃，在先生的循循善诱、谆谆教诲下得以顺利学成毕业。还要感谢我在亚利桑那州立大学公共事务学院的导师 Kathryn Mohrman 教授，在她的引荐下我得以完成了本书中所有访谈工作，感谢她对我生活和学业的关心，她的耐心指导和豁达生活观让我见识到一名女性学者优雅而专注的魅力。感谢刘宝存教授、马健生教授、谷贤林教授对我博士期间学业和学术上的关怀与指导。感谢我的硕士导师孙益副教授、张斌贤教授、王晨教授在教育历史与文化研究院学习期间为我的学术工作打下了坚实的基础。

感谢我在亚利桑那州立大学的挚友龙呈承、朱紫璐、卢祎，因为你们的陪伴才让身处异国他乡的我度过了一段难忘的时光。感谢我在北京师范大学的挚友屈廖健，我们时常的学术讨论总能迸发出新的观点，感谢挚友孙琪师姐，总能为我提供看待事物的不同视角，感谢李函颖师姐、杨志学友、赵志红学友、曹春平学友，感谢在我读书期间遇到的每一位真诚帮助过

后 记

我的兄弟姐妹,感谢北京教育科学研究院终身学习与可持续发展教育研究所的同事对我给予的帮助。

最要感谢的是我的家人,感恩父母的无私奉献,帮我遮风挡雨,助我完成学业,助我在京成家立足,父母恩情永世难忘。感谢王倩和王世纬小朋友对我所有决定无条件的支持,感谢我的两只猫花菜和白菜在我码字时安静的陪伴。

本书的出版只象征着阶段性研究的结束,在未来的研究工作中,我还将持续探索高等教育功能发挥的相关主题,为我国高等教育体制机制改革贡献绵薄之力。

桂 敏

2021 年 11 月 10 日